西安邮电大学学术专著出版基金资助出版

中国电信业改革绩效评价及政策优化研究

张权 著

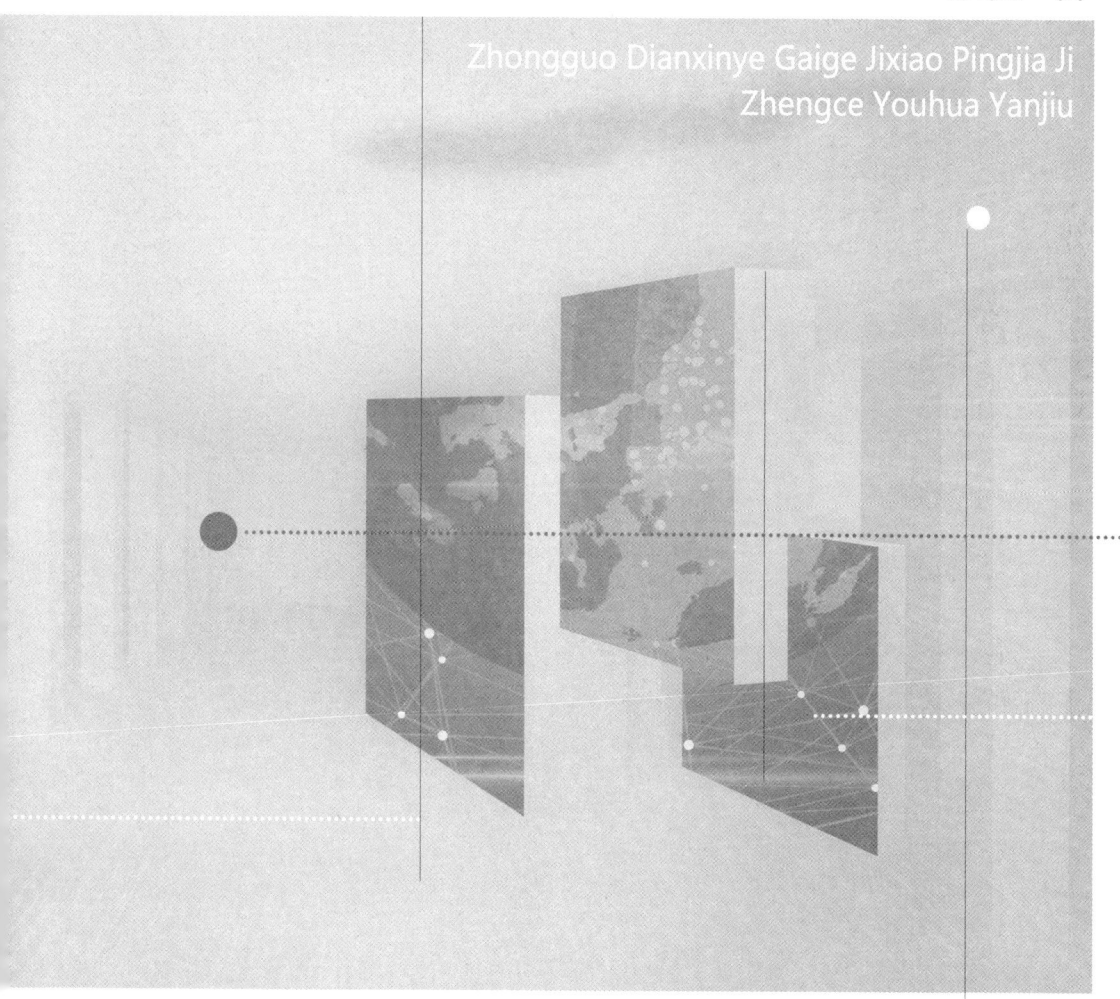

中国社会科学出版社

图书在版编目(CIP)数据

中国电信业改革绩效评价及政策优化研究/张权著.—北京：中国社会科学出版社，2019.9
ISBN 978-7-5203-4234-6

Ⅰ.①中… Ⅱ.①张… Ⅲ.①电信—邮电经济—经济发展—研究—中国　Ⅳ.①F632.3

中国版本图书馆 CIP 数据核字(2019)第 058649 号

出 版 人	赵剑英
责任编辑	刘　艳
责任校对	陈　晨
责任印制	戴　宽

出　版	中国社会科学出版社
社　址	北京鼓楼西大街甲 158 号
邮　编	100720
网　址	http://www.csspw.cn
发 行 部	010-84083685
门 市 部	010-84029450
经　销	新华书店及其他书店

印　刷	北京明恒达印务有限公司
装　订	廊坊市广阳区广增装订厂
版　次	2019 年 9 月第 1 版
印　次	2019 年 9 月第 1 次印刷

开　本	710×1000　1/16
印　张	17.75
插　页	2
字　数	256 千字
定　价	88.00 元

凡购买中国社会科学出版社图书，如有质量问题请与本社营销中心联系调换
电话：010-84083683
版权所有　侵权必究

前　言

　　2014年,《中共中央关于全面深化改革若干重大问题的决定》的出台,进一步明确了中国电信业市场化改革的方向。那么,如何对中国电信业历次改革的绩效进行评价,为未来中国电信业的改革提供借鉴,成为社会各界普遍关注的热点问题。

　　长久以来,我对中国电信业改革绩效评价方面的研究也有着浓厚的兴趣,并孜孜不倦地不断探索。而兴趣的产生最初源于在读研期间,我有幸参与完成了西安邮电大学张鸿教授负责的国家自然科学基金项目《基于电信产业链整合的商业运营模式创新研究》。自此以后,我逐渐对电信产业的改革、组织演变和绩效评价等方面的研究产生了浓厚的兴趣。2008年,我入职西安邮电大学,一直从事相关的教学与研究工作。近十年的时间,我先后承担、参与完成了16项省市课题,发表论文35篇,获得省部级以上科技成果奖励3项,厅局级科技成果奖励4项,取得了一些成绩。但令人遗憾的是,虽然我有近十年电信业研究成果的积累,但这些成果都显得有些碎片化,不能系统地阐释20年来中国电信业波澜壮阔的改革历程与成效。有鉴于此,我在2016年底终于下定决心动手撰写《中国电信业改革绩效评价及政策优化研究》,经过近一年的辛勤努力,终于完成了本书的写作工作。

　　本书在对传统产业组织理论梳理与归纳的基础上,将政府规制因素纳入到传统SCP研究范式中从而构建了R－SCP（Regulation－Structure－Conduct－Performance）理论框架。而该理论框架由"政府规制—市场结构—市场行为—市场绩效"四部分构成。本书将中国电信产业发展历程划分为四个阶段,即竞争机制的引入阶段、双寡头垄断竞争阶段、比较竞争阶段、融合竞争阶段。在此基础上,按照 R-SCP 理论框架,分析电信业的规制政策、电信市场结构、电信业市场行为和电信业市场绩效,采用赫芬达尔指数分析电信业市场结构演变,采用 DEA-CRS、DEA-VRS 和 DEA-CE 模型测算出中国电信业的 X 效率,并对电信业的社会福利、技术进步和市场势力进行测算,运用计量经济学的方法分析影响电信业改革绩效的因素。

本书的主要发现:

第一,电信业高的市场集中度对纯技术效率的提升具有正向的影响作用,而配置效率与市场集中度具有双向的互动因果关系。因此,配置效率与纯技术效率及规模效率对市场集中度存在着非同步性变动。

第二,电信产业具有一定程度的市场势力与企业规模并不损害电信业的社会福利,相反在可竞争的电信市场中,电信企业通过竞争和效率的提高获得的市场势力和企业规模,会在一定程度上增加消费者福利与社会福利,减少社会成本;资源的配置效率可以减少电信业社会福利损失;技术进步推动电信新业务的创新,电信企业为了获得超额经济利润,常常采用撇脂定价法,造成新业务资费水平的大幅度提高,影响了消费者福利的增进,造成了电信业社会福利损失的增加;激励性电信规制政策的运用将增加国民生产总值中的社会福利损失占比;电信资费水平的下降将会提高消费者福利与社会福利;电信资费的市场化水平将会减少电信业社会福利损失;成本效率的提高会减少电信业社会福利损失,但具体的影响程度难以确定。

第三,市场势力、企业规模、配置效率、电信资费水平、电信资费的市场化水平和成本效率等因素对中国电信业社会福利水平提升有促进作用,电信业全要素生产率与激励性电信规制政策对其有阻碍作用;配置效率、成本效率和市场结构变动具有循环累积的因果关系;价格上限规制政策对配置效率、成本效率提升具有正向促进作用,对价格水平下降和消费者的福利也具有正向的促进作用;

前言

重组拆分规制政策对市场集中度的优化具有负面作用，对价格下降具有正向作用；高集中度的市场结构对技术进步水平具有促进作用；电信业纯技术效率对市场集中度水平仅存在着单向的正向影响。

在此基础上，本书提出电信业发展的政府规制和绩效提升政策建议，为今后电信业的政府规制策略和创新战略的制定提供理论参考。

本书主要的创新：

第一，在对传统产业组织理论梳理与归纳的基础上，将政府规制因素纳入到传统 SCP 理论中从而构建了 R–SCP 的理论分析框架。

第二，在对中国电信业的 R–SCP 范式分析基础上，运用计量经济学方法对它们之间所存在的互动关系进行实证分析，揭示中国电信业市场结构、行为、绩效和规制政策之间的关系。

第三，采用 DEA–CRS、DEA–VRS 和 DEA–CE 模型测算出中国电信业的纯技术效率、配置效率、规模效率、综合规模技术效率以及经济效率，并运用格兰杰因果检验方法分析中国电信业市场结构演变与效率变动的长期均衡影响关系，揭示电信业市场结构、行为和绩效之间的作用与反作用机制。

第四，在构建电信业社会福利损失计算方法的基础上测算了中国电信业社会福利损失，运用回归模型分析了电信行业特性、电信业的 X 效率及规制政策三方面因素对其的影响作用。

第五，依据所建立的政府规制、市场结构、市场行为和市场绩效之间的逻辑关系，重新审视中国电信业市场改革历程中的某些问题，为今后电信业政策的制定提供理论参考。

本书的完成标志着前一阶段研究工作告一段落，但作为一名研究工作者，意味着新的研究之旅的开始。

张 权

2017 年 11 月 28 日

目　　录

第一章　导论 ………………………………………………… (1)
　第一节　研究背景 …………………………………………… (1)
　第二节　研究动态 …………………………………………… (3)
　第三节　研究目的与框架 …………………………………… (7)

第二章　R-SCP 研究范式 …………………………………… (8)
　第一节　R-SCP 研究范式的构成要素及作用机制 ………… (8)
　　一　R-SCP 理论构成要素 ………………………………… (8)
　　二　R-SCP 要素间的作用机制 …………………………… (10)
　第二节　政府规制 …………………………………………… (10)
　　一　社会性规制 …………………………………………… (10)
　　二　经济性规制 …………………………………………… (13)
　第三节　市场结构 …………………………………………… (16)
　　一　市场集中度 …………………………………………… (16)
　　二　进入壁垒 ……………………………………………… (17)
　　三　产品差异性 …………………………………………… (18)
　第四节　市场行为 …………………………………………… (18)
　　一　价格行为 ……………………………………………… (18)
　　二　非价格行为 …………………………………………… (19)
　　三　战略联盟 ……………………………………………… (20)
　第五节　市场绩效 …………………………………………… (20)
　　一　X 效率 ………………………………………………… (20)

1

二　社会福利损失 ………………………………………（21）
　　三　技术创新 …………………………………………（21）

第三章　中国电信业改革 …………………………………（22）
第一节　中国电信业的严格规制时期 …………………（23）
　　一　电信规制政策 ……………………………………（23）
　　二　电信网络建设 ……………………………………（24）
　　三　电信业务发展 ……………………………………（25）
第二节　中国电信业的政策扶持时期 …………………（27）
　　一　电信规制政策 ……………………………………（28）
　　二　电信网络建设 ……………………………………（29）
　　三　电信业务发展 ……………………………………（30）
第三节　中国电信业的放松规制时期 …………………（34）
　　一　电信规制政策 ……………………………………（35）
　　二　电信网络建设 ……………………………………（40）
　　三　电信业务发展 ……………………………………（41）

第四章　中国电信业发展概况 ……………………………（48）
第一节　中国电信业市场发展概况 ……………………（49）
　　一　中国电信业的稳步发展阶段 ……………………（49）
　　二　中国电信业的高速发展阶段 ……………………（52）
　　三　中国电信业的融合发展阶段 ……………………（57）
第二节　中国电信产业价值链发展 ……………………（63）
　　一　电信产业价值链理论 ……………………………（63）
　　二　电信产业价值链演进 ……………………………（65）

第五章　中国电信业市场结构 ……………………………（75）
第一节　中国电信业市场集中度 ………………………（75）
　　一　市场集中度指数 …………………………………（75）
　　二　电信业市场集中度 ………………………………（76）

目 录

　　第二节　中国电信业市场进入壁垒 …………………………（90）
　　　一　市场竞争引入阶段的进入壁垒 …………………………（90）
　　　二　双寡头垄断竞争阶段的进入壁垒 ………………………（91）
　　　三　比较竞争阶段的进入壁垒 ………………………………（91）
　　　四　融合竞争阶段的进入壁垒 ………………………………（92）
　　第三节　中国电信业产品差异化 ……………………………（93）
　　　一　基础电信业务的发展 ……………………………………（94）
　　　二　增值电信业务 ……………………………………………（97）

第六章　中国电信业市场行为 ………………………………（106）
　　第一节　价格行为 ……………………………………………（106）
　　　一　二部定价 …………………………………………………（107）
　　　二　三部定价 …………………………………………………（108）
　　　三　捆绑定价 …………………………………………………（110）
　　第二节　非价格行为 …………………………………………（110）
　　　一　通信技术创新 ……………………………………………（111）
　　　二　产品策略 …………………………………………………（113）
　　第三节　战略联盟 ……………………………………………（130）
　　　一　电信运营商间的联盟 ……………………………………（130）
　　　二　电信运营商与设备提供商及内容提供商的联盟 ………（131）
　　　三　跨行业联盟 ………………………………………………（131）
　　　四　电信业战略联盟典型案例 ………………………………（131）

第七章　中国电信业市场绩效 ………………………………（141）
　　第一节　中国电信业 X 效率 …………………………………（141）
　　　一　DEA 理论 …………………………………………………（142）
　　　二　数据指标选择及处理 ……………………………………（148）
　　　三　实证结果 …………………………………………………（155）
　　第二节　电信业产业价值链效率 ……………………………（159）
　　　一　网络 DEA 模型 ……………………………………………（160）

3

二　电信产业价值实现过程：概念框架……………………（165）
　　三　指标选择与数据来源……………………………………（166）
　　四　电信业产业价值链效率分析……………………………（167）
第三节　中国电信业社会福利损失………………………………（176）
　　一　社会福利损失测度方法…………………………………（178）
　　二　实证结果…………………………………………………（179）
第四节　中国电信业技术进步水平………………………………（182）
　　一　研究方法…………………………………………………（183）
　　二　数据指标选择及处理……………………………………（187）
　　三　实证结果…………………………………………………（187）
第五节　市场势力…………………………………………………（188）
　　一　勒纳指数…………………………………………………（189）
　　二　中国电信产业市场势力…………………………………（191）

第八章　中国电信业改革绩效评价及政策优化……………………（193）
　第一节　市场结构与效率变动关系………………………………（193）
　　一　单位根检验………………………………………………（194）
　　二　格兰杰因果检验…………………………………………（195）
　　三　协整检验…………………………………………………（195）
　　四　结论及启示………………………………………………（196）
　第二节　市场结构与技术进步关系………………………………（197）
　　一　模型构建…………………………………………………（197）
　　二　实证结果…………………………………………………（198）
　　三　结论………………………………………………………（198）
　第三节　中国电信业市场势力、福利损失及"X-效率"
　　　　　关系………………………………………………………（198）
　　一　文献回顾…………………………………………………（199）
　　二　计量方程构建……………………………………………（200）
　　三　实证结果…………………………………………………（201）
　　四　结论及政策建议…………………………………………（205）

目　录

第四节　电信产业价值链效率影响因素 …………………（208）
　　一　影响因素选取 ………………………………………（208）
　　二　模型设定 ……………………………………………（210）
　　三　实证结果 ……………………………………………（210）
　　四　结论及政策建议 ……………………………………（215）

附录A　我国电信业务种类 ……………………………（219）

附录B　电信业改革效率测算结果 ……………………（223）

参考文献 …………………………………………………（259）

第一章 导论

第一节 研究背景

2014年,《中共中央关于全面深化改革若干重大问题的决定》的出台,进一步确立了我国电信业市场化改革的方向。近年来,电信业市场的有效竞争进一步加强,消费者福利不断增加,社会福利损失不断降低。而随着国家网络强国战略的提出,我国电信业较快地实现了电信业务的提速降费,加快推进了移动互联网、IPTV、物联网等新型业务的发展,取得了较为显著的成绩。工信部统计数据显示,2017年我国电信业务量达到27557亿元,比上年增长了76.4%,电信业务收入12620亿元,比上年增长了6.4%。其中,移动互联网业务收入5489亿元,电信业务收入占比达43.5%,收入增长贡献率达152.1%;IPTV业务收入121亿元,比上年增长32.1%;物联网业务收入比上年大幅增长86%[1]。显然,电信业的蓬勃发展离不开政府规制政策对其的影响作用,而规制政策通俗理解就是电信业的改革。因此,如何科学、客观和系统地评价电信业改革的绩效,已成为学术界与相关政府决策部门普遍关心的问题。

为此,国内学者(例如:刘新梅和董康宁,2005[2];高锡荣,

---

[1] 运行监测协调局:《2017年通信业统计公报》,2018年2月,中华人民共和国工业和信息化部(http://www.miit.gov.cn/n1146312/n1146904/n1648372/c6048643/content.html)。

[2] 刘新梅、董康宁:《中国电信业市场结构与X效率的实证研究》,《预测》2005年第4期。

2008[①];张超等,2010[②];张权和王红亮,2013[③];张权等,2014[④])在对我国历次电信业改革梳理归纳的基础上,运用实证分析方法对中国电信业市场结构与效率之间的影响关系进行了研究,结果表明高市场集中度妨碍了电信业效率的提升。显然,目前大部分学者对中国电信业改革绩效的研究,偏重于市场结构对市场绩效单向的线性影响关系,没有综合考虑电信业结构—行为—绩效(Structure - Conduct - Performance)之间的互动影响关系,造成电信产业改革绩效评价的不系统性。并且,对于具有自然垄断属性的电信业而言[⑤],政府规制(Regulation)[⑥]成为决定电信业绩效不可或缺的重要影响因素。因而,杨宏伟(2005)认为政府规制因素是影响中国电信业市场结构变化的首要因素,将其与产业组织学经典 SCP 分析范式相结合,构造出 R - SCP 框架用于我国电信业改革绩效的分析[⑦]。曹宁(2015)[⑧]采用联立方程模型分析我国电信业场结构、行为、绩效和规制政策之间的因果互动关系,结果表明各因素之间具有较为复杂的影响关系。但该研究仍偏重于电信业的规制政策、市场结构和绩效三方面因素的实证分析,较少涉及电信业的市场行为研究。可见,现有学者对中国电信业改革绩效的研究,缺乏系统、全面的实证分析,难以得出令人信服的结论。

---

① 高锡荣:《中国电信市场的去垄断改革与技术进步》,《经济科学》2008 年第 6 期。

② 张超、张权、张鸿:《中国电信业改革历程及效率评价》,《统计与信息论坛》2010 年第 7 期。

③ 张权、王红亮:《中国电信业去垄断化改革前后经济效率比较》,《西安邮电大学学报》2013 年第 4 期。

④ 张权、韦久丽、陆伟刚:《中国电信业市场结构演变与效率变动研究》,《西安邮电大学学报》2014 年第 3 期。

⑤ 胡鞍钢:《反垄断:一场深刻的社会经济变革》,《中国改革》2001 年第 7 期。

⑥ Regulation 一般译为"管制"或"规制"。但在市场经济条件下,"规制"更能体现政府通过法律制度对产业或企业的经营活动进行调控,而非对其经营活动的直接干预。

⑦ 杨宏伟:《中国电信业的产业组织与变迁》,博士学位论文,复旦大学,2005 年,第 52 页。

⑧ 曹宁:《基于 RSCP 的中国电信业改革实证研究》,《西安邮电大学学报》2015 年第 5 期。

有鉴于此，本书拟在对我国电信业改革历程梳理与归纳的基础上，运用 R-SCP 分析范式对我国电信业政府规制、结构、行为和绩效间的互动关系进行实证分析，以期为我国电信业的下一步改革提供借鉴。

第二节 研究动态

电信产业改革绩效研究的相关理论，主要涉及了产业组织学理论。该理论最初诞生于 20 世纪 30 年代的美国[①]，以梅森（Mason）和贝恩（Bain）等人为代表的哈佛学派，在吸收和继承马歇尔（Marshall）的完全竞争理论、张伯伦（Chamberlin）的垄断竞争理论和克拉克（Clark）的有效竞争理论等研究成果的基础上，将产业按照结构、行为和绩效划分为三个相互联系又相对独立的体系，构成了产业经济学最为经典的分析框架 SCP 范式。1959 年，贝恩在其所出版的《Industrial Organization》书中系统地阐述了 SCP 范式，标志着产业组织学的正式形成。在产业发展中，企业追求规模经济所产生的垄断与竞争活力之间形成的"马歇尔冲突"，难以用新古典经济理论的完全竞争模型加以解释。在采用 SCP 范式分析产业发展时，贝恩认为结构→行为→绩效之间仅存在单向的因果关系。他认为企业追求规模经济的结果是获得高的集中度，从而成为市场中的垄断企业，决定其市场行为方式，例如，它可与同类企业利用合谋的方式限制产出、提高价格和构筑进入壁垒等市场行为，以获得和固化企业的超额利润[②]。可见，贝恩将规模经济作为企业长期利润的来源，强调市场结构对绩效的单向正向影响作用。随着产业组织学的发展，其观点逐渐受到兴起于美国 20 世纪 70 年代的芝加哥学派的批判，代表人物如斯蒂格勒（Stigler）、德姆塞茨

---

① 卫志民：《20 世纪产业组织理论的演进与最新前沿》，《国外社会科学》2002 年第 5 期。

② Joe Staten Bain, *Industrial Organization*, New York: Harvard University Press, 1959, pp. 26 - 39.

(Demsetz)、波斯纳（Posner）[1]。该学派理论观点主要为：一是企业在可竞争的市场中所形成的高市场集中度不一定造成不好的市场绩效，高集中度的市场结构有利于产生高效率和低成本；二是企业的市场绩效与效率对市场结构具有反作用；三是政府直接干预并不能解决企业资源配置效率低下的问题。因此，他们不赞成规制部门直接对集中度高的产业中的企业采取拆分的方式以降低市场集中度的做法。

鉴于此，国内外许多学者通过运用计量经济学模型与效率测算模型，结合经济学的理论，对某个电信运营企业或某个国家电信业的技术效率、规模效率或全要素生产率进行测算，评价电信企业的运营效率与整个电信业的改革绩效。其中，国外学者 Lien 和 Peng (2001)[2] 较早地采用 DEA（Data Envelopment Analysis，数据包络分析）模型中的 CRS（Constant Returns to Scale，规模报酬不变）与 VCR（Variable Returns to Scale，规模报酬可变）方法，对 24 个 OECD（经济合作与发展组织）成员国的电信业的技术效率进行了研究，研究结果显示电信业市场化程度的加强提高了整个电信业的产出效率。国内学者，如白秀广等（2007）[3]、高锡荣（2008）[4]、顾成彦和胡汉辉（2008）[5]、张东辉和初佳颖（2008）[6] 等人，运用 DEA 方法对我国电信业与个别电信企业的技术效率、规模效率及全要素生产率进行测算，研究结果与国外学者的结论也非常相似。但是，高锡荣（2008）与顾成彦和胡汉辉（2008）的研究结论出现了一些矛盾，前者认为中国电信业的增长主要是源于技术前

---

[1] 许书国：《基于 R - SCP 理论框架下的我国移动通信产业市场分析》，硕士学位论文，北京邮电大学，2009 年，第 10 页。

[2] Donald Lien, Yan Peng, "Competition and Production Efficiency Telecommunications in OECD Countries", *Information Economics and Policy*, Vol. 13, No. 1, January 2001.

[3] 白秀广、闻捷、赵雪峰：《电信运营企业经营效率与影响因子分析》，《北京邮电大学学报》（社会科学版）2007 年第 6 期。

[4] 高锡荣：《中国电信市场的去垄断改革与技术进步》，《经济科学》2008 年第 6 期。

[5] 顾成彦、胡汉辉：《基于 Malmquist 指数的中国电信业动态效率研究》，《软科学》2008 年第 4 期。

[6] 张东辉、初佳颖：《中国电信产业的规制效率分析》，《财经问题研究》2008 年第 4 期。

沿面的改变而非技术效率的提高，而后者持相反的观点。另外，张东辉和初佳颖（2008）认为规制政策对中国电信产业整体绩效的提高影响并不显著。刘新梅和董康宁（2005）[①]、焦兵和周凯（2008）[②]认为市场结构优化，即市场竞争的加强，赫芬达尔指数的下降，可以促进电信产业平均技术效率的提升。然而，张超等（2010）[③]的研究结论却与之不同，他通过对中国电信业1993—2008年的四个改革阶段的DEA效率评价发现，由于电信业的网络性产业属性以及竞争特质，市场竞争的引入在一定程度上降低了纯技术效率，而资源的规模效率却得到了较大的提升，从而提升了电信业的整体经济效率。因此，基于这一研究结论的假设，张鸿等（2010）[④]认为电信业的市场结构要趋于合理，而不是简单的拆分。

由此可见，1999年中国电信业所进行的横向拆分改革，2001年电信业所进行的纵向拆分改革，虽然优化了我国电信业的市场结构，但是电信业市场集中度的下降却引起了纯技术效率的降低，造成了电信业整体效率的非最优。因此，政府在制定产业组织政策时，要充分考虑到市场结构演变对效率变动的综合效应，而不是一味地强调垄断行业内的市场竞争程度，从而导致不必要的经济效率下滑。杨宏伟（2005）[⑤]将电信规制理论和"SCP"范式相融合，建立一个"政府规制—市场结构—企业行为—经济绩效"（R-SCP）的理论框架，将规制与结构和行为均作为产业发展过程中的内生变量，规制不仅影响市场结构和企业行为，同样也受到结构、

[①] 刘新梅、董康宁：《中国电信业市场结构与X效率的实证研究》，《预测》2005年第4期。
[②] 焦兵、周凯：《基于市场结构的电信业效率影响因素分析》，《中国管理信息化》2008年第10期。
[③] 张超、张权、张鸿：《中国电信业改革历程及效率评价》，《统计与信息论坛》2010年第7期。
[④] 张鸿、张利、杨润等：《产业价值链整合视角下电信商业运营模式创新》，科学出版社2010年版，第106—108页。
[⑤] 杨宏伟：《中国电信业的产业组织与变迁》，博士学位论文，复旦大学，2005年，第52页。

行为和绩效的影响。李伯阳（2016）[①] 认为我国电信行业垄断现状同样令人担忧，加强规制、引入竞争、实施改革已是势在必行，建立与健全法律法规更是刻不容缓。张欣和曲创（2017）[②] 分析了中国电信行业规制由过去的横向拆分转变为纵向分离所起到的正反两方面的作用。

  从国内外的现有文献来看，学者在研究电信业"规制—结构—行为—绩效"的因果关系中存在五个方面的问题：一是测算时间跨度过短，不能较为恰当地反映市场结构与效率变动趋势的影响互动关系；二是测算效率的模型假设过于严格，如有些研究假设在规模报酬不变的条件下，使得研究结论缺乏信服力；三是效率测算比较单一，往往关注资源的利用水平，过少关注要素的配置效率、规模效率及经济效率问题，使得结论较为片面；四是在验证市场结构与效率的因果关系时，简单地使用回归方法，忽视变量之间"伪回归"问题的存在；五是缺乏构建恰当的规制、市场结构、行为和绩效之间的逻辑关系，使得中国电信市场改革绩效评价产生了许多有争议的问题。

  有鉴于此，本书拟选取 1998—2016 年中国电信业发展的相关数据作为样本数据，假设在规模报酬可变和不变的条件下，采用 DEA 模型测算出中国电信业的纯技术效率、配置效率、规模效率、综合规模技术效率以及经济效率，并将资费定价、技术创新等作为电信业市场行为，而将经济效率、消费者福利等作为市场绩效，纳入到"规制—结构—行为—绩效"的 R－SCP 分析框架中，建立它们之间的关系假设，运用实证方法揭示规制、结构、行为和绩效之间的正反作用机制，为今后电信业的政府规制策略的制定提供理论参考。

[①] 李伯阳：《电信行业反垄断的法律规制探析》，《科技经济导刊》2016 年第 25 期。

[②] 张欣、曲创：《纵向分离、进入壁垒与电信行业改革》，《经济与管理研究》2017 年第 1 期。

第三节 研究目的与框架

本书在构建 R-SCP 研究范式基础上，将政府规制因素纳入到 SCP 框架之中，建立规制、结构、行为和绩效之间的互动关系假设，运用多种实证分析方法验证它们之间的关系，以揭示政府规制政策、电信市场结构、行为和绩效之间的作用机制，为今后电信业的改革提供理论参考。

本书研究框架可以分为五部分：其一，提出研究问题，定义研究边界；其二，界定清楚"规制—结构—行为—绩效"的 R-SCP 研究范式，建立各因素之间的互动关系假设；其三，在梳理中国电信业改革实践的基础上，分析我国电信业市场结构的演变，不同竞争环境下的市场行为，以及不同时期我国电信业的市场绩效；其四，依据所建立的规制、结构、行为和绩效之间的逻辑关系，运用实证方法对其进行分析；其五，根据研究结论，提出相应的政策建议（见图 1-1）。

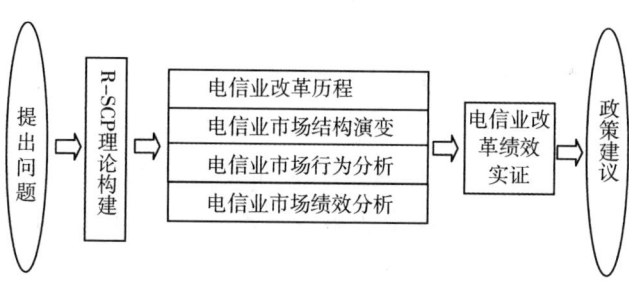

图 1-1　研究框架

第二章 R–SCP 研究范式

第一节 R–SCP 研究范式的构成要素及作用机制

由于电信产业具有外部经济性、规模经济性和网络外部性等特征[①]，政府规制对产业的健康和快速发展具有重要的作用。经典 SCP 研究范式采用单向线性静态的逻辑关系，已不适宜于电信业市场结构、行为和绩效之间的逻辑关系分析[②]。本书将政府规制因素纳入到经典 SCP 分析范式中，以考察规制因素对于产业的市场结构、行为和绩效的影响作用，构成 R–SCP 研究范式。

一 R–SCP 理论构成要素

R–SCP 研究范式由"政府规制（Regulation）—市场结构（Structure）—市场行为（Conduct）—市场绩效（Performance）"四部分构成，用于分析我国电信产业的经营活动，如图 2–1 所示。

（一）政府规制

政府规制包括社会性规制（Social Regulation）与经济性规制（Economic Regulation）。经济性规制与社会性规制本质都属于政府对产业的政策干预，不同的是前者主要是通过对电信市场结构与行

---

① 朱金周：《电信竞争力——理论与实践》，北京邮电大学出版社 2006 年版，第 146—149 页。
② 刘广生、吴启亮：《基于 ESCP 范式的中国电信业基础运营市场分析》，《中国软科学》2011 年第 4 期。

为的直接限制和约束达到规制目标,而后者则通过立法、建立标准、许可证的发放和收费补偿等手段纠正企业行为,以控制电信企业行为所造成的负外部性。

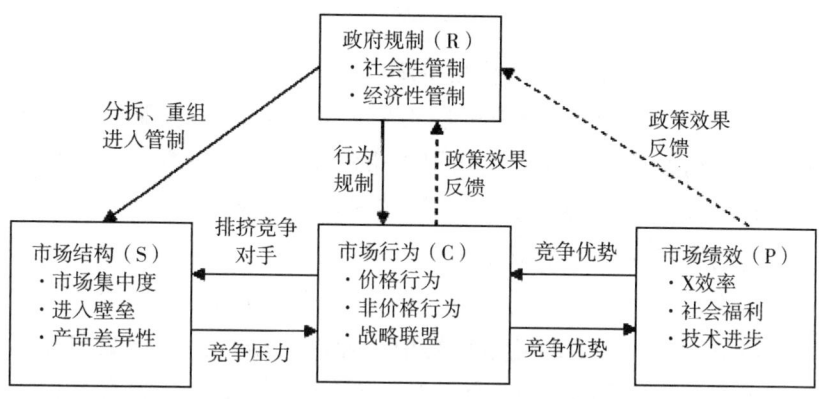

图 2-1　R-SCP 研究范式理论框架

资料来源:曹宁:《基于 RSCP 的中国电信业改革实证研究》,《西安邮电大学学报》2015 年第 5 期。

(二) 市场结构

市场结构是指影响电信产业内部的竞争程度、价格形成和创新行为的市场组织特征,集中反映为市场集中度、进入壁垒和产品差异性。

(三) 市场行为

垄断的市场结构中的市场主导者会利用其垄断地位对其他企业产生竞争压力,迫使其退出电信市场,而其他电信企业则会采用价格行为、非价格行为和战略联盟等排挤竞争对手的策略与垄断企业争夺市场份额。

(四) 市场绩效

市场绩效反映电信产业在一定的市场结构特征与市场行为条件下,企业在成本效率、配置效率、技术进步和价格水平等方面达到的最优水平,反映企业在价格、产量、利润、成本及技术进步等方面的最终经济成果，好的绩效表现为社会福利的增加，产品价格水平的下降，成本的降低及资源的充分配置，技术的不断进步与产品满足社会需求。概括来讲，市场绩效主要包括 X 效率、社会福利和技术进步三个要素。

二 R-SCP 要素间的作用机制

R-SCP 要素间的作用机制主要表现为：一是规制政策一方面通过市场结构和行为间接作用于市场绩效，另一方面市场绩效对规制政策具有反馈作用。二是市场结构决定了企业的市场行为。垄断所形成的高市场集中度，可以在很大程度上排挤、打压竞争对手，从而削弱市场的竞争活力。三是市场行为直接作用于市场绩效。垄断或垄断竞争市场中企业的价格行为往往是打压竞争对手的策略，而非价格行为在一定程度上可以形成有效的竞争，并且企业间的战略联盟对于打破既定市场格局具有一定的帮助。四是市场绩效是产业发展与政府规制的最终期望目标。X 效率的最优表示资源配置实现了合理的优化。技术进步和社会福利都表示产出的最大化。

第二节 政府规制

在我国，电信行业规制的实施主体一般指政府部门[①]。在市场经济条件下，我国相关政府部门通过制定相应的政策法规，对电信产业经营活动进行干预或是调控，旨在矫正市场失灵，降低电信企业的效率和社会福利损失。在电信领域，政府规制一般可以分为社会性规制和经济性规制两种类型。

一 社会性规制

社会性规制旨在通过限制厂商行为，以维护环境卫生、生产者

---

① 尹栾玉：《社会性规制的经济学分析》，博士学位论文，吉林大学，2005 年，第 16 页。

安全和消费者安全①。对于电信行业而言，社会规制政策主要表现为政府部门为了矫正或是减轻电信企业垄断经营活动造成的外部与内部不经济性②，对其采取互联互通、普遍服务等规制措施，具体如下：

（一）互联互通规制

电信市场本质上是具有垄断竞争特征的市场，本地网电信业务市场垄断特征更为明显。并且电信服务具有较强的网络外部性，用户服务价值与使用该电信企业网络的所有用户的数量成正比③。新的电信运营商进入市场后，其他在位主导电信运营商为了自身利益的最大化，不可能自动地实现通信网络的互联。主导运营商即使与新电信运营商进行互联，也会通过高价格或低服务质量，以获取不正当的竞争优势。因此，电信市场要形成有序、有效的竞争，规制部门就需要对电信运营商间的网间互联协议的达成和实施进行监督和管理，尤其是促使主导电信运营商向其他电信运营商开放电信网络的互联互通。

2014年9月，中华人民共和国工业和信息化部修正颁布的《公用电信网间互联管理规定》中将互联定义为："建立电信网间的有效通信连接，以使一个电信业务经营者的用户能够与另一个电信业务经营者的用户相互通信或者能够使用另一个电信业务经营者的各种电信业务。互联包括两个电信网网间直接相连实现业务互通的方式，以及两个电信网通过第三方的网络转接实现业务互通的方式。"④2016年2月，国务院第二次修订所颁布的《中华人民共和国电信条例》第十七条则进一步将互联互通定义为："电信网之间

---

① 钟庭军、刘长全：《论规制、经济性规制和社会性规制的逻辑关系与范围》，《经济评论》2006年第2期。
② 朱金周：《电信竞争力——理论与实践》，北京邮电大学出版社2006年版，第122页。
③ 柏正蕙：《互联互通与中国电信行业法律规制》，硕士学位论文，复旦大学，2005年，第8页。
④ 政策法规司：《公用电信网间互联管理规定》，2014年9月，中华人民共和国工业和信息化部（http://www.miit.gov.cn/n1146295/n1146557/n1146624/c3554802/content.html）。

应当按照技术可行、经济合理、公平公正、相互配合的原则,实现互联互通。"① 并且它们都规定了主导电信运营商,即对基础电信设施具有控制权和固定业务量占本地网业务市场份额达50%以上的运营商,不得拒绝非主导运营商提出的互联互通要求,并且所提供的服务质量不能低于本网内的同类业务质量。

因此,各国电信规制部门制定相应的法律规制制度,对主导电信运营商及其所承担的互联互通的权利与义务给予了明确的界定。而在我国,规制部门并未制定相应法规和成立独立的电信业规制机构,仍主要依靠《中华人民共和国电信条例》促成电信企业间的互联互通,降低了约束电信运营商不正当竞争行为的规制效果。

(二) 普遍服务规制

国际电联(International Telecommunication Union,ITU)将普遍服务定义为"不论贫富状况和地区差异,向绝大多数国民提供最基本的电信服务"②。世界经合组织(Organization for Economic Cooperation and Development,OECD)的定义为"任何人在任何地点都能以承担得起的价格享受电信业务,而且业务质量和资费标准一视同仁"③。

2016年2月,国务院第二次修订所颁布的《中华人民共和国电信条例》第四十三条规定:"电信业务经营者必须按照国家有关规定履行相应的电信普遍服务义务。国务院信息产业主管部门可以采取指定的或者招标的方式确定电信业务经营者具体承担电信普遍服务的义务。电信普遍服务成本补偿管理办法,由国务院信息产业主管部门会同国务院财政部门、价格主管部门制定,报国务院批准

---

① 政策法规司:《中华人民共和国电信条例》,2016年2月,中华人民共和国工业和信息化部(http://www.miit.gov.cn/newweb/n1146295/n1146557/n1146619/c4860613/content.html)。

② 周伟:《电信普遍服务的历史演进》,《求实》2006年第S3期。

③ 高潮:《"十五计划"期间中国电信普遍服务浅议》,2002年4月,人民网(http://www.people.com.cn/GB/it/50/145/20020422/714764.html)。

后公布施行。"① 由此来看，在我国普遍服务解决的主要问题就是：一要保障全体公民的基本通信需要；二要促进地区经济与社会均衡发展；三要对农村和边远地区提供基本电信服务②。因此，在电信市场垄断阶段，电信企业一般采用交叉补贴策略，使基本所有的电信用户能以可支付价格享受到统一的电信服务。但在电信市场竞争阶段，电信业规制部门既要降低电信企业的垄断地位，同时也需防止市场新进入企业采用撇脂定价策略赚取超额利润，而忽略企业普遍服务的社会责任③。

因此，政府规制部门通过制定相应的政策，纠正市场对电信资源的自由配置，以向全社会提供无差异的电信服务或产品④。而在中国，政府对电信运营商的普遍服务规制，最直接的表现是督促主导运营商向农村提供价格低廉和高质量的电信服务。

二 经济性规制

经济性规制是指在自然垄断和存在信息不完备性的领域，为防止资源配置的低效率和确保服务供给的公平性，规制部门通过价格、数量和进入退出等规制策略对产业的市场结构和市场行为进行干预，以期达到较高的市场绩效⑤。

(一) 进入规制

为保证电信业的规模经济性和电信业市场绩效，防止无效进入所产生的企业的过度投资行为，恶性竞争所引发的价格战以及重复

---

① 政策法规司：《中华人民共和国电信条例》，2016 年 2 月，中华人民共和国工业和信息化部 (http://www.miit.gov.cn/newweb/n1146295/n1146557/n1146619/c4860613/content.html)。

② 百度百科：《电信普遍服务》 (https://baike.baidu.com/item/%E7%94%B5%E4%BF%A1%E6%99%AE%E9%81%8D%E6%9C%8D%E5%8A%A1/105835#reference-[1]-702693-wrap)。

③ 吕志勇、陈宏民：《定价约束、社会福利与电信普遍服务机制设计》，《上海交通大学学报》2005 年第 3 期。

④ 李丹、米运生：《电信普遍服务理论综述》，《重庆邮电大学学报》2008 年第 6 期，第 21 页。

⑤ 植草益：《微观规制经济学》，中国发展出版社 1992 年版，第 27 页。

建设，规制部门通过审批或许可手段，限定或控制电信市场中企业的总数，维持市场中寡头垄断竞争的格局①。但电信业的进入规制并不等同于禁止新的电信运营商进入，而是根据规制目的的不同允许企业适度进入，以促成电信业的有效竞争，增加消费者福利和降低社会福利损失②。

我国电信业务可分为基础电信业务和增值电信业务③。其中，基础电信业务指的是提供公共网络基础设施、公共数据传送和基本话音通信服务的业务；增值电信业务指的是利用公共网络基础设施提供的电信与信息服务的业务④。《中华人民共和国电信条例》规定：国务院信息产业主管部门通过审查批准方式，向电信运营商授予《基础电信业务经营许可证》后，其才能进入基础电信业务市场开展相应的经营活动；电信运营商进入增值电信业务市场，同样需要获取经营许可证。与进入基础电信业务市场不同的是，国务院信息产业主管部门负责审查批准增值电信业务覆盖范围在两个以上省、自治区或直辖市的《跨地区增值电信业务经营许可证》，省、自治区或直辖市电信管理机构负责审查批准业务覆盖范围仅在一省、自治区或直辖市的《增值电信业务经营许可证》。

(二) 价格规制

电信价格又称电信资费，指用户享用电信运营商为其提供信息转移过程的完整服务，按规定费率缴纳的费用标准⑤。电信价格规

---

① 马凌、卢安文、何建洪：《通信企业竞争优势战略》，人民邮电出版社2007年版，第19页。
② 牟清：《全业务竞争形势下中国电信业规制研究》，上海财经大学出版社2011年版，第37页。
③ 业务资源处：《电信业务分类目录》，2015年12月，中华人民共和国工业和信息化部（http://www.miit.gov.cn/n1146285/n1146352/n3054355/n3057709/n3057714/c4564270/content.html）。
④ 政策法规司：《中华人民共和国电信条例》，2016年2月，中华人民共和国工业和信息化部（http://www.miit.gov.cn/newweb/n1146295/n1146557/n1146619/c4860613/content.html）。
⑤ 侯广吉、梁雄健：《电信资费形成机制的研究》，北京邮电大学出版社2010年版，第39页。

制包括投资回报率规制和价格上限规制两种形式。投资回报率规制主要用于电信业垄断时期，价格上限规制则普遍用于电信市场引入竞争时期[①]。

（1）投资回报率规制

规制部门采用投资回报率规制策略时，对电信运营商所制定的电信服务价格，按照一定的投资回报率做出必要的调整，其模型如下：

$$R(P \cdot Q) = C + S(RB) \qquad 2.1$$

在式 2.1 中，R 为电信运营商的收入函数，它决定于电信运营商所提供的业务价格 P 和数量 Q；C 为成本费用；S 为政府规定的投资回报率；RB 为投资回报率的基数，即电信运营商的投资总额[②]。

（2）价格上限规制

电信业的价格上限规制（Price Cap）通过控制电信资费的上限，达到促进电信业有效竞争和经济效率提升的目的。

具体公式如下：

$$P_t < P_{t-1} \times (1 + RPI - X) \qquad 2.2$$

在式 2.2 中，P_t 为电信价格指数，电信业价格上限管制模型设定 $P_{t-1} \times (1 + RPI - X)$ 为第 t 年电信业的最高价；RPI 为零售物价指数（Retail Price Index），即通货膨胀率；X 为调整生产效率，由规制机构确定，以此为基础可以确定电信资费的增长率[③]。政府规制部门针对零售价指数 RPI，规定电信运营商的业务价格上调幅度不得超过 $RPI-X$ 的标准，从而确定了资费的上限。当 X 大于 RPI，则意味着电信资费应当降低；当 X 小于 RPI，$RPI-X$ 为正值，则

[①] 姜昆：《中国电信价格规制模式的选择：理论及案例研究》，硕士学位论文，湖南大学，2007 年，第 26 页。
[②] 李新征：《我国电信业价格规制实证研究》，《经济论坛》2010 年第 12 期。
[③] 宋灵恩：《基于有效竞争的中国电信价格规制研究》，博士学位论文，华中科技大学，2007 年，第 11 页。

意味着电信企业可以适当提高资费标准,但仍应低于零售物价指数①。

第三节　市场结构

市场结构反映了电信市场的竞争和垄断程度。市场结构的衡量指标主要包括市场集中度、进入壁垒和产品差异性。

一　市场集中度

市场集中度是构成市场结构的最基本和最重要的要素。它采用电信业中电信运营商的数量和相对规模的差异状况,反映电信业市场的竞争和垄断程度,一般用行业集中度(CRn)、赫芬达尔指数(Herfindahl - Hirschman Index,缩写为 HHI)和电信运营商数量三个指标表示。

行业集中度指规模最大的前几位电信运营商的有关数值 X,如销售额、增加值、职工人数、资产额等,占整个电信市场或行业的份额②。行业集中度系数只能反映电信业中规模最大的前几位电信运营商的集中程度,无法衡量电信业内所有电信运营商的整体集中度状况③。

与之相比,赫芬达尔指数则用产业内所有电信运营商衡量集中度,所以该指标反映了电信业的整体集中度情况。赫芬达尔指数采用电信市场上所有电信运营商市场份额的平方和表示。

电信运营商的数量也可以用于表示电信产业的市场集中度情况。电信运营商数量少的电信业的市场集中度较高,反之,电信运

---

① 何霞:《我国电信行业规制中的上限价格理论应用》,《北京工商大学学报》(社会科学版) 2009 年第 7 期。
② [法] 泰勒尔:《产业组织理论》,张维迎总译校,马捷等译,中国人民大学出版社 1997 年版,第 72—73 页。
③ 吴燕萍:《基于 SCP 分析范式的中国移动通信产业研究》,硕士学位论文,广东外语外贸大学,2014 年,第 16 页。

营商数量多的电信业市场集中度较低。因此，在分析电信运营商的规模及分布状况时，可以用市场上电信运营商的数量这个指标来补充①。

二 进入壁垒

进入壁垒也是用于衡量电信市场结构的重要因素，其形成的主要原因是规模经济、进入时的最低必要资本量、产品差别化和绝对费用等②。不同于市场集中度和产品差异化衡量电信业的垄断竞争程度，进入壁垒考察的是潜在进入者对于电信产业内市场结构的影响。由于进入壁垒与电信业的垄断力量相联系，主导电信运营商要保证自身的市场势力，就需要找到排斥其他运营商进入电信市场的方法③。电信业的进入壁垒越高，新运营商进入就越困难，越容易产生垄断，而垄断往往会引起价格严重偏离价值，产生垄断利润④。

具体而言，电信业中在位运营商拥有相对于潜在进入企业的优势，使原有电信运营商可以持续地把价格提高到最小平均生产和销售成本以上，以阻止新企业进入电信业，并可分为结构性壁垒和策略性壁垒。电信业的结构性壁垒主要表现为规模经济、必要资本量和网络效应等壁垒。电信业的高固定成本与低可变成本的产业特性，决定了市场中的在位电信运营商具有很强的规模经济，电信服务成本与边际成本随着业务量的增加而持续降低，因而对将进入该产业的企业形成了巨大的威胁与压力，成为阻止其进入的规模经济壁垒。策略性壁垒指在垄断竞争的电信业市场结构环境下，产业内的电信运营商利用自身的优势，通过一系列的有意识的策略性行为构筑起防止潜在进入者进入的壁垒。而我国电信产业的进入壁垒主

---

① 金碚:《产业组织经济学》，经济管理出版社1999年版，第114—117页。

② 赵琳:《基于SCP理论的我国电信运营业改革绩效研究》，硕士学位论文，西安理工大学，2007年，第11页。

③ Kenneth W. Clarkson, Leroy Roger Miller, *Industrial Organization: Theory, Evidence, and Public Policy*, New York: McGraw-Hill, 1982, p. 373.

④ [美]张伯仑:《垄断竞争理论》，郭家麟译，生活·读书·新知三联书店1958年版，第5页。

要为结构性壁垒,尤其是规模经济壁垒。

三 产品差异性

在电信市场上,电信运营商可以通过电信业务的差异化巩固或扩大自身的市场占有率,提高市场集中度,形成进入壁垒,是构成市场结构的重要因素。电信业务差异化的实现主要通过两种方式:一是不同通信技术形成的业务服务的差异化,如固定通信网络、移动通信网络、卫星通信技术、第三代移动通信技术和第四代移动通信技术等;二是通信质量差异和服务的便利性,如电信运营商网络覆盖率的差异[1]。电信服务的差异化使得电信运营商不需按照服务本身的边际成本进行定价与提供电信业务服务,从而形成垄断价格以获取更高的回报。

此外,电信业务差异化还可分为横向差异化和纵向差异化。其中,横向差异化指电信业务的特性发生改变后,一部分消费者受益,另一部分消费者受损,如 IP 业务、移动语音和固定语音业务的相互替代;纵向差异化则指电信业务在特性改变后,消费者均受损或均受益,如用户对电信服务质量好、速度快和种类丰富电信业务的喜爱[2]。

第四节 市场行为

在垄断的电信市场结构中,电信运营商的市场行为主要包括价格行为、非价格行为和战略联盟等策略。

一 价格行为

在寡头垄断和垄断竞争条件下,电信运营商具备一定的市场势力,具有较强的产品或服务定价能力。为了达到利润最大化的经营

---

[1] 许书国:《基于 R - SCP 理论框架下的我国移动通信产业市场分析》,硕士学位论文,北京邮电大学,2009 年,第 35—36 页。
[2] 骆品良:《产业组织学》,复旦大学出版社 2006 年版,第 164 页。

目标，电信运营商通常运用自身所具备的市场支配力，以获得更高的利润，形成企业的价格行为。

我国电信运营商的价格行为主要分为三大类：一是阻止进入价格行为，指在非完全垄断或竞争市场上，产业内的电信运营商为了阻止新进入电信运营商成为其有力的竞争对手，运用自身已形成的规模经济、运营经验或成本领先优势，以低于新进入者向市场所提供产品或服务的现有成本价格，阻止新企业进入市场的一种价格行为，起到减少市场上竞争对手和获得超额利润的作用①；二是驱逐对手价格行为，是指主导电信运营商为把竞争对手挤出市场，并吓退试图进入市场的潜在竞争对手，采取降低电信业务价格甚至低于电信业务成本的策略②；三是价格歧视，在用户间实行不统一的标准和价格，是一种商业策略行为。其具体表现为电信运营商同一时期对同一电信业务索取不同价格的行为，或是对不同用户索取不同价格，或对同一用户的不同业务使用量收取不同价格，如4G流量使用量计费标准呈阶梯的下降③。

二 非价格行为

电信业中的非价格行为主要指电信运营商通过技术研发和销售策略的运用，以获取高市场份额和超额利润，可分为两种方式：一是发明、创新和采用新技术的行为；二是销售行为，其重点是广告行为。对于电信运营商而言，通信技术水平的高低更能决定企业的竞争优势。在垄断竞争市场中，主导电信运营商一般采用排挤竞争对手、进行捆绑销售和设置互联互通障碍等手段④，以抢夺市场份额和排挤竞争企业。

---

① 王俊豪：《现代产业组织理论与政策》，中国经济出版社2000年版，第235页。
② 吴燕萍：《基于SCP分析范式的中国移动通信产业研究》，硕士学位论文，广东外语外贸大学，2014年，第24页。
③ 吴子阳：《我国电信产业市场分析及规制趋向研究》，硕士学位论文，福建师范大学，2015年，第28页。
④ 同上书，第30—31页。

电信运营商的非价格策略的运用，既有合理的方面同时也存在不合理的方面。因此，电信政府规制部门需要对电信运营商不合理的非价格行为进行干预，以促进电信市场的有效竞争。

三 战略联盟

随着通信技术的快速发展，电信产业的边界越来越模糊，产业结构稳定性不断下降，多个产业间的融合趋势在强化，因此电信运营商需要与价值链的上下游供应商建立战略联盟的关系。具体而言，为了达到共同的战略目标，电信运营商通过缔结契约而结成的优势互补、利益共享、风险共担、要素多向流动的松散型网络组织[1]，有利于创造低成本竞争和差异化竞争的优势。

第五节 市场绩效

电信业市场绩效主要包括：X效率、技术进步和社会福利的提升。

一 X效率

X效率理论，是由美国哈佛大学经济学教授莱宾斯坦（Leibenstein）在1966年提出的。X效率指的是除规模和范围影响之外的所有技术和配置效率的总和，是关于整合技术、人力资源及其他资产来生产给定产出的管理水平的测度，衡量的是控制成本和使产出最大化的企业管理能力的差异[2]，即资源配置效率。电信业资源配置效率，是指电信运营商如何分配并运用自己可支配的稀缺资源，使之发挥最大的作用，或者说用有限的电信网络

---

[1] 刘艳婷：《经济全球化条件下的垄断寡占市场结构及其效率、政策研究》，硕士学位论文，西南财经大学，2009年，第70页。

[2] 韩文琰、唐任伍：《基于DEA的我国电信行业X效率实证研究》，《徐州工程学院学报》（社会科学版）2010年第2期。

资源如何获得最大的经济收益①。X 效率被普遍用于电信业市场绩效的评价研究，针对电信运营商的"低效率"的改进是电信业发展的重要手段。

二 社会福利损失

在电信垄断企业享有垄断利润，缺乏外来威胁的情况下，行业内部各集团就会偏离通过提高效率的手段以争得最大限度的利润这一目的，表现为缺乏技术改造的动力、忽视成本的核算和控制。如果企业没有竞争机制的束缚，就没有生存和技术改造的压力，造成"非效率"。由垄断偏离竞争性市场所造成的生产者剩余和消费者剩余之和称为社会福利损失，反映了垄断者通过限制产业总产量所引起的生产者和消费者的福利总损失，市场机制未有效地运转而给社会带来的成本②。

三 技术创新

电信业的技术创新，能够使电信运营商在相同的资源投入条件下获得更多的市场收益，或者相同的市场收益水平下使用更少的资源投入，或者相同的电信业务价格下电信业务服务质量的提高，或者相同电信业务服务质量下的电信业务价格的降低③。而电信业的技术创新有两个方面：一是通信技术或相关信息技术的发明、技术革新和技术普及，可用技术指标来衡量④；二是技术进步水平，指的是电信业全部生产要素的投入量不变时，产出量仍能增加的部分，可用全要素生产率指标衡量。

---

① 杨宏伟：《中国电信业的产业组织与变迁》，博士学位论文，复旦大学，2005 年，第 120 页。

② 李倩：《我国国有垄断部门社会福利损失的实证研究》，硕士学位论文，北京交通大学，2014 年，第 16 页。

③ 杨宏伟：《中国电信业的产业组织与变迁》，博士学位论文，复旦大学，2005 年，第 121 页。

④ 王慧炯、陈小洪：《产业组织及有效竞争》，中国经济出版社 1991 年版，第 129—134 页。

第三章 中国电信业改革

20世纪80年代前,由于电信网具有"自然垄断"的属性,各国政府普遍对电信业实行政企合一、垄断经营的体制。随着信息通信技术的快速发展和应用,电信业发生了空前变革,各国政府顺应电信业发展的需要对其进行了不同程度的市场化改革。现从世界范围来看,各国尤其是发达国家的电信业已由原来的垄断性产业变为竞争性产业,行业的进入壁垒和电信运营商的市场势力持续降低,电信运营商的市场竞争力与绩效、社会福利持续增加。比如,英国是世界上第一个开放电信市场的国家,随后包括美国、法国、日本在内的几乎所有的发达国家,韩国、马来西亚等大多数中等发达国家,印度、巴基斯坦等发展中国家,均进行了打破电信业垄断、引入竞争、建立竞争性产业的改革[1]。

我国电信业经过近20年的大力改革,已经成为存在多个独立市场主体的竞争性行业,并已形成了较为有效的市场竞争格局。然而,我国电信业依旧存在着一些问题,如重复投资、恶性竞争、运营企业定位、国际竞争、互联互通等。可见,我国电信业需要继续加大改革力度。因此,本书通过对中国电信业的改革进行一次回顾和梳理,以便为未来中国电信业的改革提供政策借鉴。中国电信业规制改革大致经历了严格规制时期、政策扶持时期和放松规制时期

---

[1] 张鸿、张利、杨洵等:《产业价值链整合视角下电信商业运营模式创新》,科学出版社2010年版,第73页。

三个阶段①。

第一节　中国电信业的严格规制时期

随着新中国的成立，1949年11月1日中华人民共和国邮电部正式成立，标志着我国电信规制机构的正式成立②。当时的邮电部采取了"统一领导，分别经营，垂直系统"的管理体制，至此全国的邮政业和电信业统一受到邮电部领导，邮电部下属电信总局和邮政总局分别管理电信业和邮政业。在国家计划经济体制下，国家邮电部对电信业发展实施严格的规制，并采取完全垄断经营的方式，故称这一时期为电信业的严格规制时期。此时期，电信业的发展特征，表现为邮电部既承担着电信业规制政策的制定、监管和执行的管制者角色，同时又承担着电信业运营者的角色。虽然严格规制时期存在着诸多弊端，但经过近30年的发展，我国电信业仍旧取得了显著的发展。

一　电信规制政策

在这一时期，我国邮电部的规制目标主要是追求社会效益的最大化。在电信业的具体规制方面，邮电部对电信企业的投资和运营进行强制性的干预，并排斥市场机制对电信业务价格与供求关系的调节作用，造成电信企业缺乏自主经营权。并且，邮电部对电信企业实行严格的价格规制，很少考虑电信业务的供求和成本变动③，经常造成电信业务的价格水平低于成本和电信企业的亏损。

因此，在这一时期，我国电信业发展表现为电信技术水平与世界

---

① 苑春荟：《规制治理：中国电信产业改革实证研究》，人民邮电出版社2009年版，第130页。

② 百度百科：《中华人民共和国邮电部》（https：//baike.baidu.com/item/%E4%B8%AD%E5%8D%8E%E4%BA%BA%E6%B0%91%E5%85%B1%E5%92%8C%E5%9B%BD%E9%82%AE%E7%94%B5%E9%83%A8/2134228？fr=aladdin）。

③ 张强：《我国电信产业规制改革研究》，硕士学位论文，东北财经大学，2015年，第31页。

发达国家的差距逐渐扩大，电信业务仅有电报、长途电话、市内电话和农村电话四种类型，电信业务价格单一，电信终端普及率也不高。

二 电信网络建设

在我国电信业的严格管制时期，我国长途通信网由1950年的2881路增长到1980年的22011路，至此全国通信网络基本成形。我国"一五"至"五五"计划经济时期，电信业的投资总金额情况如图3-1所示。

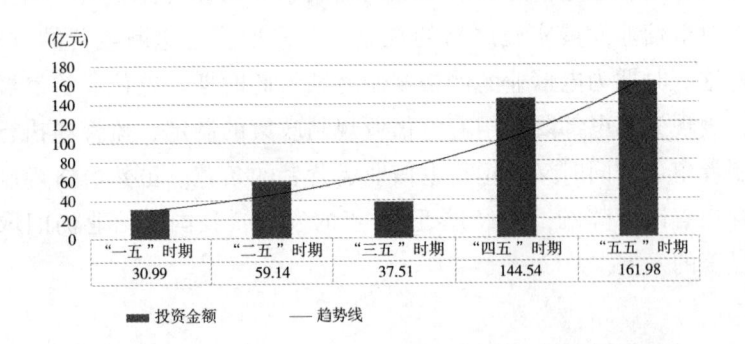

时期	"一五"时期	"二五"时期	"三五"时期	"四五"时期	"五五"时期
投资金额（亿元）	30.99	59.14	37.51	144.54	161.98

图3-1 我国"一五"至"五五"计划经济时期电信业投资金额

"一五"至"五五"计划经济时期，我国电信业的投资占比情况如图3-2所示。

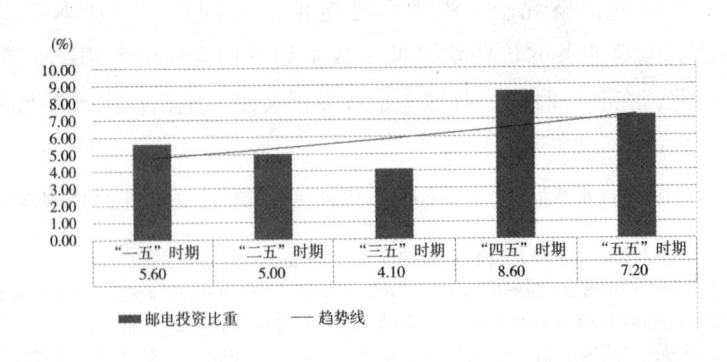

时期	"一五"时期	"二五"时期	"三五"时期	"四五"时期	"五五"时期
邮电投资比重（%）	5.60	5.00	4.10	8.60	7.20

图3-2 我国"一五"至"五五"计划经济时期电信业投资比重

在"一五"计划经济时期,电信部门重点围绕以北京为中心的通信网络进行建设,其中电信业投资达30.99亿元,占到当时国家经济建设总投资的5.6%;直至"五五"计划经济时期,电信业投资达161.98亿元,占到国家经济建设总投资的7.2%。由图3-1可知,"一五"计划经济时期的电信业投资额最小,仅为30.99亿元;"五五"计划经济时期的电信业投资额最大,达到了161.98亿元。由图3-2可知,"三五"计划经济时期的电信业建设投资占比最小,仅为4.1%;"四五"计划经济时期的电信业建设投资占比最大,达到了8.6%。

三 电信业务发展

伴随着电信网络的建设,我国电信业务也迎来了快速发展,我国1949—1980年电信业务量见表3-1。

表3-1　　　　我国1949—1980年电信业务量

年份	电报(万份)	长途电话(万张)	市内电话(万户)	农村电话(万户)
1949	1.129	902	21.77	0
1950	1.128	1019	22.54	0
1951	1.365	1543	27.36	4.55
1952	1.204	1628	29.53	5.84
1953	1.668	1987	33.21	6.87
1954	1.564	2560	35.61	8.34
1955	1.736	2606	37.52	10.38
1956	1.919	2808	44.41	16.99
1957	1.553	2090	46.45	20.00
1958	3.224	3896	51.54	39.13
1959	5.740	5851	59.19	70.12

续表

年份	电报（万份）	长途电话（万张）	市内电话（万户）	农村电话（万户）
1960	9.222	8042	65.93	91.91
1961	8.313	7700	70.34	91.27
1962	6.891	7123	69.95	85.26
1963	5.738	7301	72.16	79.48
1964	5.632	8200	74.80	46.82
1965	5.277	8869	77.11	49.22
1966	5.361	8957	79.95	50.97
1967	5.900	7631	80.64	51.13
1968	5.500	6349	75.77	50.15
1969	5.952	7041	75.77	50.68
1970	6.541	8570	78.41	52.74
1971	7.651	10117	81.17	53.94
1972	9.130	12185	88.40	57.24
1973	9.846	13795	93.62	60.22
1974	10.317	14239	97.96	62.49
1975	11.234	15151	103.28	65.92
1976	11.757	15756	107.90	68.24
1977	12.619	18709	112.73	70.65
1978	12.748	18574	119.15	73.39
1979	13.495	20587	127.02	76.28
1980	14.663	21404	134.17	79.45

资料来源：国家统计局：《中国统计年鉴》，中国统计出版社1981年版，第291页。

据国家统计局数据显示，1949年我国电信业务规模小、种类少，仅有国内电报1.129万份，长途电话902万张，市话用户21.77万户，农村电话几乎没有。而到1980年，国内电报14.663万份，比1949年增长了近12倍，年均增长8.62%；长途电话21404万张，比1949年增长了近23倍，年均增长10.76%；市话用户134.17万户，比1949年增长了5倍多，年均增长6.04%；农村电话79.45万户，比1951年增长了16倍多，年均增长10.36%。显然，1949—1980年，我国电信业务得到了较快的发展，尤其是长途电话业务发展领先于其他业务的发展。但相比众多的潜在电信用户而言，我国电信业的发展远远滞后。

由于计划价格偏低和投资不足的影响，到1980年中国的通信水平远远落后于世界水平。从1949年到1980年，我国工业总产值增长44.2倍，而局用交换机容量增长不到6倍；从1960年到1980年，世界国民生产总值年增长率为4.7%，而同期电话年增长率却为6.6%。世界电话年增长率是GNP增长率的1.4倍，而我国同期这一比率仅为0.6倍[1]。我国的电话普及率，1979年为0.43部/百人，9亿人口的中国，全国只有电话交换机406万门，电话机369万部，在世界176个国家和地区中名列第130位。同期世界的平均电话普及率为10部/百人，如果不包括中国则可上升4.5%。到1980年，我国拥有的电话机数量相当于美国1905年、英国1947年、日本1958年的水平，分别落后75年、33年和22年[2]。

第二节　中国电信业的政策扶持时期

1980年以前，邮电部直接垄断经营公用电信业，并对电信资费进行严格规制，使得电信业长期处于无盈利或亏损状态，

---

[1] 吴基传：《中国通信发展之路》，新华出版社1997年版，第6—7页。
[2] 同上书，第13页。

阻碍了电信业基础设施建设规模的扩大，制约了电信业对经济发展的促进作用。为加快我国电信业的发展，1982年邮电部学习中共十二大报告，经过积极努力终于争取了一些有利于电信业发展的政策。其中，最为重要的电信业发展政策是，国务院和中央书记处于1984年分别对邮电发展做出了"六条指示"。两个"六条指示"明确了邮电通信在国民经济和社会生活中的重要地位和作用，提出了优先发展通信的方针、政策和措施，对调动邮电部门和社会各方面的积极性，加快建设国家通信网具有十分重要的指导意义[①]。这标志着电信业发展进入国家和地方政府的扶持时期。

一 电信规制政策

为扭转落后的电信发展，国家及相关部门以提高投资回报率和扩大电话用户数作为电信规制的目标，使电信业得到了快速的发展。从1984年起，中国电信业的增长速度开始超过国民经济发展速度，"七五"大发展，"八五"高起点、高速度发展，比国民经济年增长速度高出10个、20个甚至30多个百分点，一跃成为盈利丰厚的行业[②]。主要电信业扶持政策如1979年6月，国务院批准实行电话初装费政策，全国指导性标准为3000—5000元，允许电信企业收取市内电话初装费和市话利润不上交。1980年至1993年，电话初装费解决了电信业基础设施大约1/3的资金（见图3-3），成为支撑我国通信网建设的重要资金来源。还有一些其他的政策，比如，三个"倒一九"和关税减免政策、加速折旧政策等，使得邮电通信业在国民经济中的作用越来越重要。并且，国家对邮电业的财政支持一直都是电信业发展的坚实基础。

---

① 王一秋：《中国邮电：30年间脱胎换骨》，《中国报道》2008年第11期。
② 吴基传：《中国通信发展之路》，新华出版社1997年版，第45页。

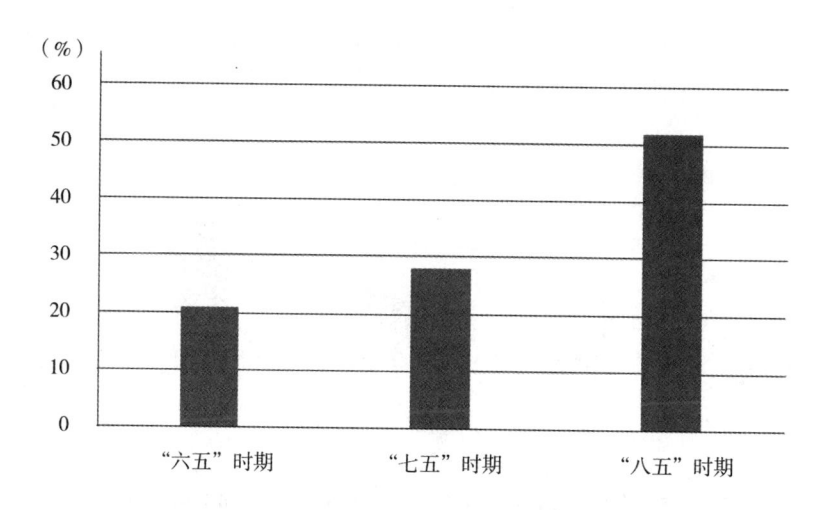

图 3-3 电话初装费占邮电总投资的比重

资料来源：投资金额及相关数据来自《中国统计年鉴》《邮电通信业发展统计公报》。

二 电信网络建设

在政策扶持时期，我国邮电通信企业固定资产投资持续增加，电信网络规模不断扩大，如 1993 年全国的电话主线数已达到了 1733 万线。我国"六五"至"八五"计划经济时期的电信业投资金额如图 3-4 所示。

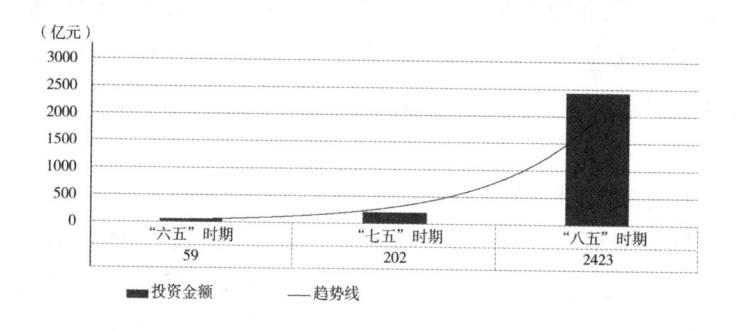

时期	投资金额（亿元）
"六五"时期	59
"七五"时期	202
"八五"时期	2423

图 3-4 我国"六五"至"八五"计划经济时期电信业投资金额

我国"六五"至"八五"计划经济时期,电信业投资占国民经济总投资比重如图3-5所示。

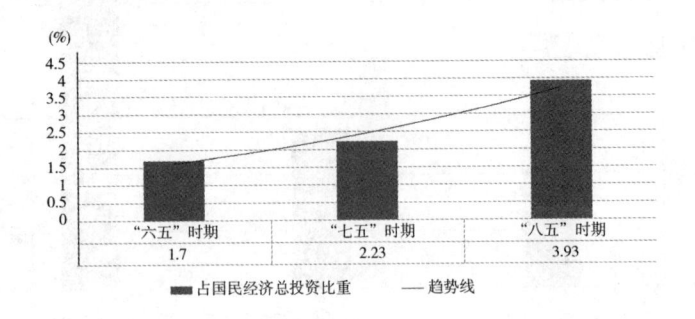

图3-5 我国"六五"至"八五"计划经济时期电信业投资占国民经济总投资比重

由图3-4和图3-5可知,我国"六五"至"八五"期间的邮电通信企业固定资产投资额实现了快速增长,从"六五"的59亿元到了"八五"的2423亿元,增长了40倍多。并且,邮电通信企业固定资产投资额占国民经济总投资的比重也从"六五"的1.7%增长到"八五"的3.93%,增长了一倍多。可见,我国邮电通信业在国民经济发展中的重要性凸显,作用也越来越重要。这一时期,我国电信业为了追赶世界发达国家的电信发展水平,企业将大量资金用于引进世界先进通信设备,仅1984年到1995年花费的外资就达63.2亿美元,约占同时期邮电设备固定资产投资总额的12%。

三 电信业务发展

伴随着电信网络的快速建设,这一时期的固话业务迎来快速发展(见表3-2),并且中国在1990年也步入了移动通信发展时代(见表3-3)。表3-2为世界主要国家平均每百人拥有电话机数。

表3-2　　世界主要国家平均每百人拥有电话机数（部）

年份	1985	1986	1987	1988	1989	1990	1991	1992	1993
中国	0.6	0.7	0.8	0.9	1	1.1	1.3	1.6	2.2
孟加拉国			0.2	0.2	0.2	0.2	0.2	0.2	0.2
印度	0.5	0.5	0.5	0.5	0.6	0.6	0.7	0.8	0.9
印度尼西亚	0.5	0.5	0.4	0.5	0.5	0.6	0.7	0.8	0.9
伊朗	5.4	4.3	2.8	2.9	3.2	3.9	4.3	5	5.9
以色列	38.5	41.5	32.1	33.4	34	34.9	34.3	35.2	37.1
日本	55.5		39.7	41.1	42.6	44.1	45.4	46.4	46.8
哈萨克斯坦			8.6	9.1	7.4	8	8.4	8.7	9.1
马来西亚	8.1	8.5	6.8	7.3	8	8.9	10	11.2	12.6
蒙古			2.6	2.7	2.7	3	3	3	2.8
缅甸			0.1	0.2	0.2	0.2	0.2		
朝鲜			3.3	3.4	3.5	3.6	3.6	4.8	
韩国	18.6	22.3	20.6	24.3	27.8	31	33.7	35.7	37.8
巴基斯坦	0.6	0.6	0.5	0.6	0.7	0.8	1	1	1.3
菲律宾	1.5		0.9	1	0.9	1	1		1.3
新加坡	41.7	42.9	33.8	35.4	37.7	39	39.9	41.5	43.4
斯里兰卡	0.7	0.8	0.6	0.6	0.2	0.2	0.2	0.2	0.2
泰国	1.5	1.9	1.7	1.9	2.1	2.4	2.7	3.1	3.7
土耳其	6.7	8.1	7.7	9.2	10.6	12.1	14.1	16	18.4
越南	0.2	0.2			0.1	0.1	0.2	0.2	0.4
埃及	2.4	2.8	2.3	2.8	3	3.3	3.6	3.9	4.3
尼日利亚	0.3		0.2	0.2	0.3	0.3	0.3	0.3	0.3
南非	14.3	14.1	7.6	7.9	8.3	8.7	8.8	8.9	9
加拿大	74.9	76.9	52.3	53.1	55.7	57.4	58.6	59.2	59.2
墨西哥		9.6	4.8	5.3	5.9	6.6	7.2	7.9	8.8
美国				52.2	52.9	53.6	54.5	55.3	56.5	57.4

续表

年份	1985	1986	1987	1988	1989	1990	1991	1992	1993
阿根廷	10	10.3	8.7	10.1	10.6	9.6	9.8	11.1	12.3
巴西	8.4	8.8	5.6	5.8	6	6.3	6.7	6.9	7.5
委内瑞拉	8.3	8.9	7.8	7.9	7.8	7.7	8.1	9	9.9
白俄罗斯			12.4	13.3	14.2	15.2	16.3	16.9	17.6
保加利亚			19.4	21	22.2	25.2	25.7	27.5	26.3
捷克	23.1	23.9	13.1	13.6	15	15.8	16.6	17.6	19
法国	60.8		44.5	46	47.7	49.5	51	52.5	53.6
德国	62.1	64.1		45.5	47.1	48.9		44	45.7
意大利	44.8	46.9	33.3	35	36.9	38.8	39.9	40.9	41.8
荷兰	60.5	62.1	42.6	43.9	45.1	46.4	47.6	48.7	49.9
波兰	11.3	11.8	7.4	7.8	8.2	8.6	9.3	10.3	11.5
罗马尼亚			9.5	9.8	10.1	10.2	10.6	11.3	11.5
俄罗斯			11.5	12.3	13.1	14	15	15.4	15.8
西班牙	36.3	37.9	26.4	28.3	30.3	32.3	34	35.3	36.4
乌克兰			12.9	13.6	12.9	13.6	14.1	14.5	15
英国			39.8	41.6	43.7	45	45.7	47.3	49.4
南斯拉夫		15.4	12.9	14	15	10		17.7	18
澳大利亚	55		41.9	42.9	44.2	45.7	46.5	47.1	48.2
新西兰	64	67	41.7	42.2	43.4	43.7	43.8	44.9	46

资料来源：联合国《统计年鉴》第 40 卷。

表 3-3 为世界主要国家移动电话数。

表 3-3　　　　世界主要国家移动电话数（部）

年份	1989	1990	1991	1992	1993
中国		18319	47544	176943	638268

续表

年份	1989	1990	1991	1992	1993
孟加拉国				250	500
印度尼西亚	12928	18096	24528	35546	53438
以色列	9900	15240	23000	36104	64484
日本	489558	868078	1378108	1712545	2008000
马来西亚	39419	86620	139920	213120	309030
韩国		129402	166108	271868	384700
巴基斯坦		2000	8500	13500	16000
菲律宾		9708	11083	52000	76880
新加坡	26295	51000	81900	120000	179000
斯里兰卡		1010	1973	4000	13000
泰国	20936	66278	210000	248716	436000
土耳其	15606	31809	47828	61395	84187
埃及	3619	4000	5240	6944	7550
加拿大	370000	583000	786000	1022754	1326390
墨西哥	8500	34944	170080	311510	385341
美国	3508944	5283055	7557148	11032753	16009461
阿根廷		12000	25000	46590	125780
巴西		667	6700	30729	180186
委内瑞拉	3685	7422	14190	78560	182600
白俄罗斯					324
捷克			1242	4651	11151
法国	188500	291000	375300	436000	584000
德国	163619	272609	532251	969000	1769962
意大利	66070	266000	568000	783000	1207000
荷兰	56000	79000	115000	166000	216000
波兰				2195	10700
罗马尼亚					800
俄罗斯				6000	10000

续表

年份	1989	1990	1991	1992	1993
西班牙	29783	54700	108451	180296	257281
乌克兰					65
英国	975000	1114000	1230000	1496000	2215000
澳大利亚	94529	184943	291459	497000	760000
新西兰	28900	54100	72300	100200	143800

资料来源：联合国《统计年鉴》第40卷。

由表3-2和表3-3可知，我国平均每百人拥有的电话机数从1985年的0.6部增长到1993年的2.2部，电话机数增长了近2.7倍。1993年，我国平均电话机拥有数量已高于同期的一些发展中国家，如当时我国的平均电话机数量已经是巴基斯坦和菲律宾的1.7倍，印度和印度尼西亚的2.4倍，越南的5.5倍，尼日利亚的7倍，孟加拉国和斯里兰卡的11倍。但此时，我国平均每百人的电话机数量仍远落后于美国、法国、英国和日本等发达国家。甚至，我国平均电话机拥有量还落后于同是发展中国家的哈萨克斯坦、马来西亚、蒙古、朝鲜、墨西哥和委内瑞拉等。再从世界主要国家的移动电话数来看，我国移动电话业务发展迅猛，移动电话机拥有量从1990年的18319部，增长至1993年的638268部，年均增长226.61%，但总体用户规模仍较小。与同期其他国家相比，我国移动电话拥有量比孟加拉国、印度尼西亚、马来西亚、菲律宾、斯里兰卡、泰国、土耳其和埃及等大部分发展中国家具有明显的优势，但相比西方发达国家差距不小。这说明这一时期我国电信业发展虽然取得了巨大的成绩，但仍存在着很大的增长空间。

第三节 中国电信业的放松规制时期

1980—1993年，我国政府部门相继出台了放松电信业的进入和价格规制政策，从而促进了电信市场的有效竞争和迅猛发展。这一时期，我国电信网络建设及业务发展水平都取得了很大的提升。但与发达国家相比，中国电信业整体的发展水平仍然落后。因此，我国从1994年对电信业进行了改革，1994年7月中国联通公司的成立则标志着国家打破电信业垄断改革的开端。此后，我国电信业进行了数次电信产业组织结构的调整，政府对电信业务价格实施放松规制，对电信业经营的直接干预行为也越来越少，并基本由市场机制决定电信服务的供需情况，目的是能够获得更好的绩效。我们可称这一时期为电信业的放松规制时期。

一 电信规制政策

这一时期，政府为了打破垄断和搞活电信业市场，对其产业组织结构进行了多次调整，并在价格管制方面偏向于结构调整。

（一）引入竞争

中国电信业引入竞争改革的开端，始于1994年中国联通公司的成立。随后，中国电信业又进行了相应的纵向拆分、横向拆分和"5进3"的重组，基本形成了电信市场有效竞争的局面。

1994年，中国联通的成立，改变了中国邮电电信总局（中国电信）独家垄断国内电信市场的态势，双寡头的垄断竞争促使电信市场效率的改善，电信服务价格也呈现下降趋势。但由于联通的资产规模仅为中国电信的1/112，因而并未形成有效的市场竞争。

因而，1999年，原信产部采用纵向拆分的方式将原中国电信拆分为中国电信和中国移动，分别经营固定通信和移动通信业务，禁止双方进入对方的业务领域，而保留中国联通作为电信全业务运营商参与市场竞争。然而，直至2001年，中国联通的市场份额也仅为10.63%，有效竞争的规制目标并未达到。

2001年底，原信产部又采用横向拆分的方式将原中国电信集团公司的网络资源划分为南北两部分，北方为中国网通集团，南方为新的中国电信集团公司，旨在打破固网电信领域的垄断。至此，在同一电信服务市场中至少存在着两家以上的电信运营商参与竞争，在IP电话、无线寻呼与增值业务等电信服务市场形成了较为充分的市场竞争，并形成了中国电信、中国网通、中国移动、中国联通、中国卫通和中国铁通六家基础电信企业的竞争格局。1994—2008年中国电信业产业组织演变如图3-6所示。

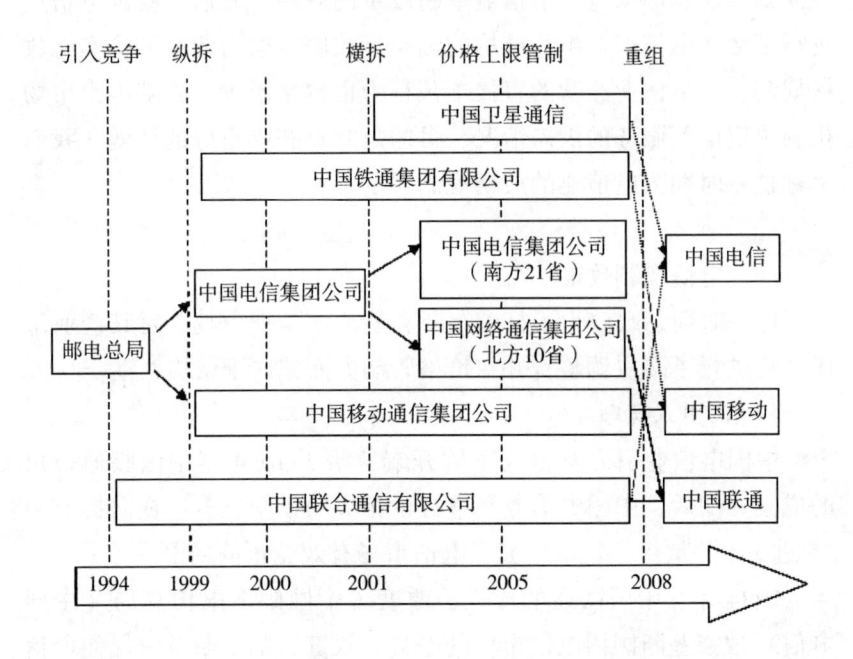

图3-6 1994—2008年中国电信业产业组织演变

2008年，工业和信息化部对中国电信业进行了"5进3"的重组改革，将中国联通的CDMA网（包括资产和用户）与卫通的基础电信业务并入中国电信，联通与网通进行合并，中国铁通并入中国移动，进一步优化了市场结构。

（二）电信业网业分离

2014年7月11日，中国电信、中国移动和中国联通三家电信运营商联合宣布，三方于当日共同签署了《发起人协议》，以现金方式出资设立中国通信设施服务股份有限公司。2014年9月11日，"中国通信设施服务股份有限公司"进行了工商变更登记手续，正式更名为"中国铁塔股份有限公司"。合资公司注册资本为100亿元，三大运营商均以现金形式入股，中国移动、中国电信和中国联通持股比例分别为40%、29.9%和30.1%[①]。它的成立有利于避免电信行业内铁塔以及相关基础设施的重复建设，提高行业投资效率，提高电信基础设施共建共享水平，缓解企业选址难的问题，增强企业集约型发展的内生动力，从机制上进一步促进资源节约和环境保护。同时，这也有利于电信运营商聚焦核心业务运营，提升市场竞争能力，加快转型升级[②]。因而，中国铁塔股份有限公司的成立，标志着电信业网络建设与业务运营分离改革的开始。

（三）结构性价格规制

世界各国的电信规制部门基于促进电信业的有效竞争和市场绩效提升的考虑，都对电信资费实行严格规制，采取的规制方式表现为：一是非对称规制，具体根据市场占有率的大小对占主导地位（我国规定市场份额在1/2以上）的电信运营商实行严格的资费规制，而对于竞争者，尤其是市场新进入者的资费一般都放松规制，有的甚至只要申报即可，目的是压制主导运营商，扶持新进入者，形成有效竞争；二是业务分类规制，规制部门根据业务市场竞争程度的情况对其实行分类规制，按照业务的竞争水平可将电信业务划分为垄断业务和竞争性业务，垄断业务采取价格上限规制，避免垄断企业滥用市场势力损害消费者福利，而竞争性业务的资费采用"部分业务资费由企业申报，其他业务资费完全放开，任由运营者自行定价"的规制方式。然而，由于电信的上限规制政策并非对所有业务进行规制，从而使业务分类规制政策在实际应用中产生许多弊端，如在电信业的发展初期，电信运营企业通过降价的方式以便获得更多的市场份额，造成价格战的恶性循环，那么为了彻底挤垮竞争对手，则往往采用交叉补贴策略，利用高资费的优势业务收入（如长途电话）弥补其竞争业务（本地电话业务）的损失。具体的

---

① 侯云龙：《"铁塔公司"有望拉开新一轮电信改革大幕》，2014年7月，经济参考网（http://news.xinhuanet.com/fortune/2014-07/11/c_126742447.htm）。

② 360百科：《中国铁塔股份有限公司》（https://baike.so.com/doc/7488150-7758532.html）。

电信业规制政策演变如下：

　　为了打破电信业原有完全垄断市场结构，规制部门在电信市场中引入竞争的同时采取资费的非对称规制政策，1994年规制部门通过制定相关法规的方式扶持中国联通在移动通信市场的竞争，允许联通业务在电信资费标准水平上下浮动10%至20%。目的是扶持新进入电信企业以低于标准的资费水平与主导运营企业进行竞争，以逐步扩大其在电信市场中的市场份额形成有效竞争，从而促进了中国联通的发展。1994—2001年，伴随着电信市场竞争的引入，电信价格规制转变为政府指导价为主，市场调节价为辅的规制方式，给予企业一定的定价自主权。在市场竞争力量的作用下，以往电信的乱涨价乱收费行为演变为无序的价格战，电信资费规制的重点也随之转变为查处无序竞争和价格战。

　　2002—2007年，随着我国电信体制改革的不断深入和市场格局的改变，在政企分开、多家运营商竞争的市场环境下，电信价格管理方面出现了很多新问题和新情况，电信监管部门和运营企业的职责和义务需要重新定位和分工，因此电信价格的形成机制、制定原则、规制政策均要顺应市场变化而进行调整和改革。从2005年10月1日开始，信息产业部对部分基础电信业务由原来的政府定价改为价格上限规制，上限标准为目前现行的价格。此项改革被认为是中国电信价格规制进入新阶段的标志[1]。此项改革改变了以前完全由政府定价的机制，赋予了企业一定的定价自主权。2006年，北京和上海相继降低多年来保持不变的移动通信资费水平，此后中国移动降低了国际漫游和港澳漫游资费。2007年末，中国电信、中国网通又推出长途资费优惠措施，事实上降低了长话业务的资费水平。

　　2008年，中国联通在固定电信业务市场中的市场份额仅为7.84%，而电信和网通两家的总和却高达92.16%；中国联通在移动通信服务市场上的市场份额仅为29.59%，不足中国移动的一半。显

---

[1] 敖永春、唐杰：《3G时代电信价格规制的思考》，《中国新通信》2007年第6期。

然市场中的主导企业通过交叉补贴策略排挤新进入企业，牟取暴利。而进入2008年以后，随着电信运营商全业务发展的需要和电信市场结构趋于合理化，资费的不对称规制逐渐为电信企业自主套餐资费所取代，弱化了原有电信资费体系，如本地和长途的费率结构，高峰期与非高峰期的费率结构，本地固定电话的月租费与通话费的资费结构，移动电话的月租费、通话费和漫游费的资费结构，宽带的包月资费结构，取而代之的是一定的费用中包含不同产品的服务内容。

2017年5月16日，工业和信息化部、国务院国有资产监督管理委员会印发《关于实施深入推进提速降费、促进实体经济发展2017专项行动的意见》（以下简称《意见》），明确在推进光纤网络和4G基站建设等方面的任务，为提升互联网普及率提供基础设施保障[1]。同时，意见还支持基础电信企业全面取消手机国内长途和漫游费；大幅降低面向"双创"基地、中小微企业的互联网专线接入价格水平，助力大众创业、万众创新；支持基础电信企业合力加大与境外电信企业的国际结算价格谈判力度，不断降低国际长途电话资费水平；鼓励企业进一步简化资费方案，优化套餐设计[2]。在电信技术高度发达的今天，手机跨域通话基本上不需要相应的运营成本，世界部分国家和地区已经成为取消手机漫游费的先行者，如新加坡、日本、韩国、欧盟等国，俄罗斯、印度等国也在计划取消漫游费。有鉴于此，自2017年10月1日起，我国三大电信运营商响应国家的政策，取消用户的手机国内长途和漫游费，并将"一带一路"沿线全部64个国家和方向的漫游语音资费，下调至0.99

---

[1] 人事教育司：《2017年外网公开的关键业绩指标完成情况》，2018年2月，中华人民共和国工业和信息化部（http：//www.miit.gov.cn/n1146285/n1146352/n3054355/n3057816/n3057820/c6061512/content.html）。

[2] 通信司：《工业和信息化部、国务院国有资产监督管理委员会关于实施深入推进提速降费、促进实体经济发展2017专项行动的意见》，2017年5月，中华人民共和国工业和信息化部（http：//www.miit.gov.cn/n1146285/n1146352/n3054355/n3057674/n3057680/c5645542/content.html）。

元/分钟①。

二　电信网络建设

在放松管制时期,我国邮电通信业作为国民经济的基础性、战略性、先导性行业,在国民经济和社会发展中显示出越来越重要的作用②。随着光纤的广泛应用和各种宽带组网技术的日趋成熟和完善,我国数据通信网宽带化进程日趋加快,宽带网建设投入加大,至2017年互联网宽带接入端口已达77878.3万个。图3-7为我国"九五"至"十二五"计划经济时期电信业固定资产投资金额。

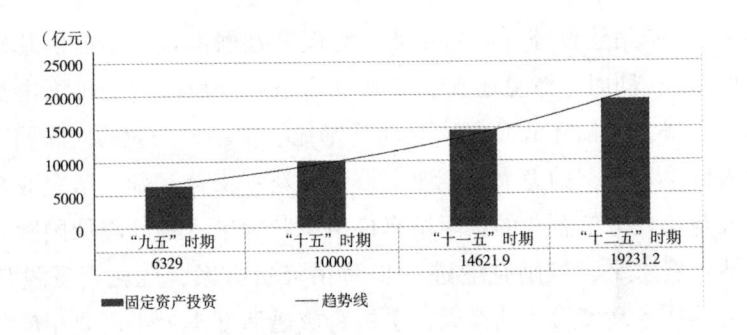

**图3-7　我国"九五"至"十二五"计划经济时期电信业
固定资产投资金额**

由图3-7可知,"九五"至"十二五"期间,我国邮电通信企业固定资产投资额从6329亿元增长至19231.2亿元,增长了2倍多。1998年,我国基本建成覆盖全国省会以上城市和70%地市的"八纵八横"光缆骨干网,全国光缆线路总长度达到100万公

---

① 林春霞:《电信业改革坚冰即将打破》,《中国经济时报》2017年6月5日第4版。
② 国家统计局综合司:《"十五"时期邮电通信业持续快速健康发展》,2006年3月,中华人民共和国国家统计局(http://www.stats.gov.cn/ztjc/ztfx/15cj/200603/t20060320_56326.html)。

里，其中，省际光缆干线总长度20万公里①。到2017年，我国光缆长度已达3747万公里，是1998年光缆长度的37倍。而这一时期，我国还建成包括数字微波、卫星、程控交换、移动通信、数据通信等覆盖全国、通达世界的公用电信网。并且，2007年我国电话网络规模的世界排名，从1985年的第17位跃升至第1位②。近年来，我国电信运营商重点加大宽带尤其是移动互联网的建设，使得互联网通信能力快速提升。可见，这一时期我国电信业在投资规模不断扩大的同时，采用国外先进技术引进与自主技术研发并举的创新道路，缩短了我国在通信技术层次和应用方面与国际电信强国的发展差距。甚至我国在5G的研发与应用方面，已走在世界的前列。

三 电信业务发展

在电信业放松管制时期，电信业保持快速发展。2017年底，全国电话用户达16.1亿户，居世界第一位，是1994年的59倍多，其中固定和移动电话用户分别为19376.2万户和141748.8万户。固定和移动电话普及率分别达14部/百人和102.5部/百人。互联网用户发展迅猛，到2017年，移动宽带用户（即3G和4G用户）总数达11.3亿户，其中4G用户总数达到9.97亿户，固定互联网宽带接入用户总数达3.49亿户，50Mbps及以上接入速率的固定互联网宽带接入用户总数达2.44亿户，占总用户数的70%；100Mbps及以上接入速率的固定互联网宽带接入用户总数达1.35亿户，占总用户数的38.9%③。而进入移动互联网时代，电信运营商的传统业务收入会随之大幅度下降，如语音、短信等业务。但伴

---

① 张立贵：《中国电信辉煌的五十年》，《当代通信》1999年第18期。
② 国家统计局：《改革开放30年报告之十三：邮电通信业在不断拓展中快速发展》，2008年11月，中华人民共和国国家统计局（http://www.stats.gov.cn/ztjc/ztfx/jnggkf30n/200811/t20081112_65699.html）。
③ 运行监测协调局：《2017年通信业统计公报》，2018年2月，中华人民共和国工业和信息化部（http://www.miit.gov.cn/n1146312/n1146904/n1648372/c6048643/content.html）。

随着电信用户流量需求的激增，电信运营商通过"流量经营"的业绩不降反增。而随着移动通信技术的发展，移动数据及互联网业务成为电信业收入增长的主要动力和未来发展方向，而 FDD（Frequency Division Duplex，频分双工）牌照的发放，进一步造成电信运营商话音及短信等传统业务收入的急速下滑[①]。因此，在新的通信技术条件下，电信运营商需要对电信业务进行创新，以期实现电信业的增长。

而此时期，中国电信业在世界上的竞争力也得到了加强。表 3-4 为世界主要国家电话主线和移动电话普及率。

表 3-4 世界主要国家电话主线和移动电话普及率

国家或地区	电话主线（条/千人）			移动电话（部/千人）		
	2000 年	2005 年	2015 年	2000 年	2005 年	2015 年
世界	159.5	194.4	143.4	120.8	339.1	986.2
高收入国家	547.6	506.3	411.9	492.2	834.8	1244.9
中等收入国家	83.3	139.8	100.8	45.1	255.7	974.6
低收入国家	5.8	9.0	8.7	3.3	40.1	599.6
中国	113.1	265.9	164.8	66.6	298.5	931.6
中国香港	574.4	550.0	591.7	796.9	1238.9	2288.3
中国澳门	409.4	372.5	250.1	326.6	1138.0	3244.4
孟加拉国	3.7	7.5	5.2	2.1	62.9	833.6
文莱	242.6	228.1	89.6	286.3	633.2	1081.3

---

① 国研网行业研究部：《2016 年 4 季度通信行业分析报告》（http://d.drcnet.com.cn/eDRCnet.common.web/docview.aspx?chnid=5204&leafid=23098&docid=4621632&uid=78040206&version=dReport）。

续表

国家或地区	电话主线（条/千人）			移动电话（部/千人）		
	2000年	2005年	2015年	2000年	2005年	2015年
柬埔寨	2.5	2.5	16.4	10.7	79.5	1330.0
印度	31.1	44.5	19.9	3.4	80.0	788.4
印度尼西亚	31.9	60.2	87.5	17.6	209.0	1323.5
伊朗	143.9	289.9	382.7	14.6	121.3	933.9
以色列	494.5	444.7	430.8	731.7	1174.7	1334.7
日本	492.8	457.2	501.8	531.2	759.8	1250.5
哈萨克斯坦	125.8	179.8	247.1	13.5	358.3	1871.7
韩国	562.5	508.3	580.6	583.3	815.2	1184.6
老挝	7.6	15.7	137.1	2.3	113.6	531.0
马来西亚	197.6	168.9	143.4	218.7	756.3	1439.1
蒙古	49.0	61.8	87.4	64.5	220.5	1049.6
缅甸	5.6	10.0	9.7	0.3	2.6	766.7
巴基斯坦	21.2	33.1	15.9	2.1	80.9	669.2
菲律宾	39.4	39.2	29.9	83.1	405.3	1181.3
新加坡	496.7	410.3	359.8	701.2	975.3	1461.4
斯里兰卡	40.7	62.4	120.4	22.8	168.5	1128.3
泰国	89.7	107.3	78.8	49.0	464.6	1258.1
越南	31.4	47.3	63.2	9.8	112.9	1306.4
埃及	82.9	144.8	73.6	20.6	189.9	1109.9
尼日利亚	4.5	8.8	1.0	0.2	133.2	821.9
南非	110.6	101.5	77.2	186.0	704.1	1592.7

续表

国家或地区	电话主线（条/千人）			移动电话（部/千人）		
	2000年	2005年	2015年	2000年	2005年	2015年
加拿大	678.9	562.7	443.3	284.3	527.6	819.3
墨西哥	118.7	176.2	158.8	135.5	425.6	853.0
美国	676.4	587.5	375.2	384.7	683.2	1175.9
阿根廷	213.9	244.3	240.1	175.8	573.3	1439.1
巴西	177.2	214.1	214.5	132.9	463.1	1265.9
委内瑞拉	103.9	136.6	248.6	223.2	467.6	929.7
捷克	377.7	314.5	180.9	424.0	1151.0	1292.1
法国	574.0	548.6	599.1	490.6	782.6	1026.1
德国	601.4	653.6	549.3	577.2	945.6	1167.1
意大利	476.5	426.9	331.0	741.3	1218.6	1513.2
荷兰	623.5	466.2	412.7	678.1	971.3	1235.4
波兰	285.4	309.8	111.1	175.9	763.4	1487.1
俄罗斯	218.5	278.6	257.0	22.2	833.7	1599.5
西班牙	424.6	448.5	406.4	602.4	984.0	1079.0
土耳其	291.2	280.2	149.9	255.4	643.7	960.2
乌克兰	212.3	247.5	216.2	16.7	636.7	1440.2
英国	597.6	565.1	526.5	737.1	1085.9	1257.5
澳大利亚	521.8	493.2	379.5	444.6	897.6	1328.0
新西兰	474.6	418.2	402.5	399.7	853.9	1218.4

资料来源：中华人民共和国国家统计局：《国际统计年鉴2016》，中国统计出版社2017年版，第131页。

表3-5为世界主要国家宽带用户数。

表3-5 世界主要国家宽带用户

国家或地区	宽带用户（个）			每千人宽带用户（个/千人）		
	2000年	2005年	2015年	2000年	2005年	2015年
世界	15890822	219835636	820237163	3.6	36.8	113.4
高收入国家	15733382	167428139	367754958	16.7	150.6	309.7
中等收入国家	160641	52373113	450694552	0.1	11.4	82.5
低收入国家		23404	1787653			3.1
中国	22660	37350000	260145000		28.3	185.6
中国香港	444450	1659098	2335662	65.0	240.6	319.4
中国澳门	3731	68030	169793	8.6	145.3	290.5
孟加拉国			3866463			24.1
文莱		8126	34261		22.1	80.0
柬埔寨		1000	83504		0.1	5.3
印度		1348000	17120000		1.2	13.4
印度尼西亚	4000	108200	2785000		0.5	10.9
伊朗	176		8633861			108.6
以色列		1229626	2173000		186.2	274.4
日本	854655	23301105	38662540	6.8	183.5	304.9
哈萨克斯坦		2996	2188400		0.2	130.5
韩国	3870000	12190711	20024419	84.2	259.2	402.5
老挝		314	36408		0.1	5.2
马来西亚		483100	2743340		18.7	89.5

续表

国家或地区	宽带用户（个）			每千人宽带用户（个/千人）		
	2000 年	2005 年	2015 年	2000 年	2005 年	2015 年
蒙古		1800	208047		0.7	71.2
缅甸		243	189544			3.5
巴基斯坦		14600	1793199		0.1	9.5
菲律宾		123000	3460000		1.4	34.0
新加坡	69000	656200	1486200	17.6	146.0	264.5
斯里兰卡		21000	670016		1.1	31.0
泰国		555495	6229000		8.5	92.4
越南		210024	7600000		2.5	81.4
埃及		140999	3826410		2.0	45.2
尼日利亚		500	14492			0.1
南非		165290	2809043		3.4	52.5
加拿大	1410932	7004000	13060000	46.0	217.2	364.1
墨西哥	15000	1922352	14584424	0.1	17.4	116.5
美国	7069874	51156350	102516000	24.8	171.6	315.3
阿根廷		926722	6779000		24.0	160.8
巴西	100000	3233800	24921686	0.6	17.4	122.4
委内瑞拉	4473	356198	2580080	0.2	13.3	82.5
捷克	2500	709063	3006400	0.2	69.3	279.0
法国	196601	9471000	26867000	3.3	154.1	413.5
德国	265000	10786800	30707000	3.2	128.7	371.9
意大利	115000	6822210	14549499	2.0	116.3	238.0

续表

国家或地区	宽带用户（个）			每千人宽带用户（个/千人）		
	2000年	2005年	2015年	2000年	2005年	2015年
荷兰	260000	4100000	7029097	16.4	251.5	417.3
波兰		945159	7443000		24.7	194.7
俄罗斯		1589000	26678775		11.0	187.8
西班牙	76358	5035203	13360888	1.9	116.1	283.1
土耳其		1589768	9504594		23.5	123.9
乌克兰		130000	4978813		2.8	118.1
英国	52890	9898653	24083776	0.9	164.2	377.2
澳大利亚		2016000	6663000		98.2	278.5
新西兰	4658	321000	1450000	1.2	77.7	315.5

资料来源：中华人民共和国国家统计局：《国际统计年鉴2016》，中国统计出版社2017年版，第133页。

由表3-4和表3-5可知，我国此时期的电话主线普及率从2000年的113.1条/千人增长到2015年的164.8条/千人，移动电话普及率从2000年的66.6部/千人增长到2015年的931.6部/千人，增长了近13倍。2015年，我国移动电话普及率远高于低收入国家水平，接近中等收入国家的水平，但远落后于高收入国家移动电话普及率的水平，同时也低于世界平均水平。2015年，我国的宽带用户数量为185.6个/千人，高于全世界的低收入国家、中等收入国家和国际平均水平，但仍远落后于高收入国家宽带的普及率水平。由此来看，我国此时期电信业发展虽然取得了巨大的成绩，但与发达国家相比仍存在着不小的差距。因此，未来我国电信业还需在电信服务水平和资费方面继续努力。

第四章　中国电信业发展概况

工信部发布的《2017年通信业统计公报》中的数据披露[①]，2017年电信业务总量和电信业务收入分别为27557亿元（按照2015年不变单价计算）和12620亿元，电信业务量比上年增长76.4%，电信业务收入比上年增长6.4%。其中，固定通信业务收入完成3549亿元，比上年增长8.4%。移动通信业务实现收入9071亿元，比上年增长5.7%。北京、天津、河北、辽宁、上海、江苏、浙江、福建、山东、广东、海南、吉林、内蒙古、重庆、陕西和宁夏16省、市、自治区的移动电话普及率超过100部/百人。固定互联网宽带接入用户总数达到3.49亿户，4G用户数呈爆发式增长，总数高达9.97亿户，渗透率达到70.21%。随着电信用户结构的调整，直接催生了电信业务结构与收入的变化。电信业务结构表现为移动互联网流量用户消费增长迅猛，而传统的语音、短信等业务出现不断萎缩的趋势。2017年，电信业务收入的71.9%为移动通信业务所贡献，固定通信业务收入出现下降趋势。语音业务在电信业务收入中的占比降至17.5%，比上年下降7.3个百分点。与之相比，移动数据及互联网业务收入在电信业务收入中占比达到43.5%，对收入增长贡献率达152.1%。固定数据及互联网业务收入完成1971亿元，同比增长9.5%。可见，中国电信业能够从较小的规模发展成为世界第一大通信网，需归功于不断进步的电信技

---

① 运行监测协调局：《2017年通信业统计公报》，2018年2月，中华人民共和国工业和信息化部（http://www.miit.gov.cn/n1146312/n1146904/n1648372/c6048643/content.html）。

术，还有旺盛与规模庞大的用户需求。

第一节　中国电信业市场发展概况

近代，电信业是在西方工业技术革命的基础上产生的，是利用电信号传输数字、语音的先进通信手段。中国电信事业的发展，起源于1881年11月成立的中国电报总局[①]。但由于长期社会的不安定，电信几乎完全用于军事目的，电信的发展受到很大的限制，呈现出无线电通信和长途电话发展较快而市话发展相对停滞，政府所在地、大城市以及沿海地区发展较快而广大内地和农村通信十分落后的畸形状态[②]。直至1949年，中国电信业的发展极其缓慢。当时中国电话普及率仅为0.05部/百人，电话用户只有26万户，长途线路14.6万公里，全国大城市的市内电话局仅10个左右。

中国电信业的起步是在中华人民共和国成立之后。随着国家电信规制政策的改变、经济发展水平的提高、电信技术的进步，中国电信业迎来了发展的契机，逐渐进入发展的快车道，大致可以分为这样几个阶段：稳步发展阶段、高速发展阶段和三网融合阶段。

一　中国电信业的稳步发展阶段

1978—1993年，中国电信业进入了稳步发展阶段。这一时期，随着整个社会、经济和信息技术的高速发展，社会对通信服务的需求开始猛增，进而激发了电信产业发展。当时，邮电部门作为国内电信业务提供的唯一的企业，一方面通过高度的垂直一体化体制，牢牢地控制和垄断了整个电信市场，获得巨额利润；另一方面电信业也成为国内发展最快和最热门的产业。这都是市场上用户旺盛的电信业务需求造成的。

经过十几年改革开放的发展，我国电信业在交换机容量、电话

[①] 贾熟村：《李鸿章与中国电讯事业》，《安徽史学》1997年第2期。
[②] 周鸿铎：《网络经济》，经济管理出版社2003年版，第173页。

普及率和固定电话用户数方面，取得巨大的发展，1980—1993年中国电信业发展各项指标详见表4-1。

表4-1　　　　1980—1993年中国电信业发展各项指标

年份	固定电话年末用户（万户）	固定电话增长率（％）	电话普及率（部/百人）	局用交换机容量（万门）	用户交换机容量（万门）	长途电话交换机容量（路端）
1980	214.08	5.30	0.43	443.20	221.41	1969
1981	222.09	3.74	0.44	463.36	246.04	3058
1982	234.25	5.48	0.46	490.71	276.49	3126
1983	250.76	7.05	0.49	516.07	305.16	4306
1984	277.43	10.64	0.53	553.57	340.01	6544
1985	312.03	12.47	0.60	613.44	393.15	11522
1986	350.38	12.29	0.67	672.36	511.41	20689
1987	390.72	11.51	0.75	773.93	589.81	42773
1988	472.70	20.98	0.86	887.22	671.88	62484
1989	568.04	20.17	0.98	1034.69	751.69	103269
1990	685.03	20.60	1.11	1231.82	825.23	161370
1991	845.06	23.36	1.29	1492.18	937.62	286325
1992	1146.91	35.72	1.61	1915.07	1031.73	521885
1993	1733.16	51.12	2.20	3040.78	1158.04	1206091

由表4-1可知，1980—1993年固定电话用户数增长了7倍多，电话普及率增长了4倍多，局用交换机容量增长了5.9倍，用户交换机容量增长了4.2倍，长途电话交换机容量增长了近612倍，电信业得到了快速发展。

20世纪80年代末期，光缆开始应用于电信业，1988—1993年长途光缆线路长度如图4-1所示。

第四章 中国电信业发展概况

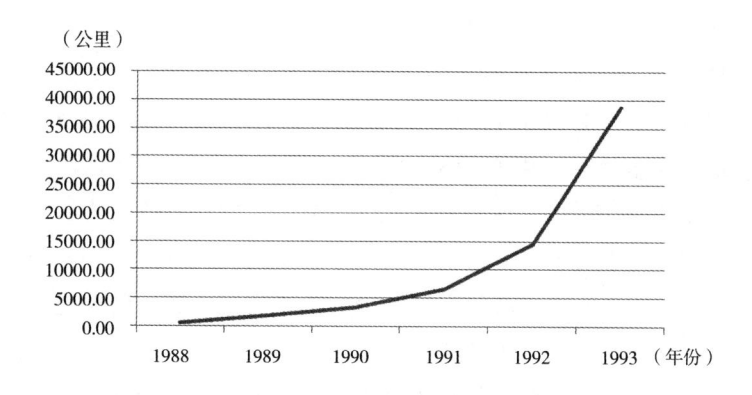

图 4-1　1988—1993 年长途光缆线路长度

由图 4-1 可知，我国电信长途光缆线路长度在 20 世纪 90 年代以前发展缓慢，而在 90 年代后增长速度加快。

与此同时，随着无线通信技术出现，无线寻呼业务在中国迅猛发展，经过 6 年的增长，用户量从 1988 年的 9.72 万户发展到 1993 年的 561.40 万户，增长了近 57 倍。1987 年，我国蜂窝移动通信技术正式从国外引入，移动通信市场迅猛发展，具体如图 4-2 所示。

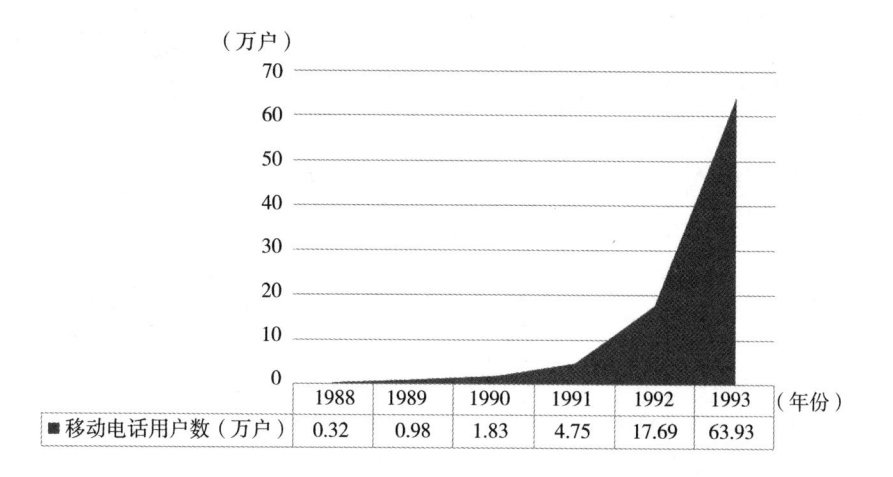

年份	1988	1989	1990	1991	1992	1993
移动电话用户数（万户）	0.32	0.98	1.83	4.75	17.69	63.93

图 4-2　1988—1993 年移动电话年末用户量

由图 4-2 可知，移动用户数从 1988 年的 0.32 万人增长到了 1993 年的 63.93 万人，用户数量增长了近 199 倍，增长速度也非常惊人。但第一代移动通信基于模拟信号传输，其特点是业务量小、质量差、安全性差、没有加密和速度低[①]。

从 20 世纪 80 年代中期来看，世界范围内的信息通信技术的快速发展和应用，引发了电信业的空前变革。中国在改革开放政策的推动下，采取了相应的扶持政策，适当地放松了政府规制，极大地提高了通信能力，满足了国内迅速增长的社会通信需求，从而保持了电信业十几年的连续稳步增长，创造了世界电信史上的一个奇迹。

二 中国电信业的高速发展阶段

1994—2008 年，中国电信业进入了高速发展阶段。随着电信产业市场竞争格局的建立、通信技术的不断发展、经济社会的不断发展，电信业务也出现了蓬勃发展的局面。1994—2008 年电信业通信能力发展情况见表 4-2。

表 4-2　　1994—2008 年电信业通信能力发展情况

指标（年）	固定长途电话交换机容量（万路端）	局用交换机容量（万门）	移动电话交换机容量（万户）	光缆线路长度（公里）	长途光缆线路长度（万公里）	电话普及率（包括移动电话）（部/百人）	移动电话普及率（部/百人）
1994	241.63	4926.24	371.59		7.33	3.2	0.13
1995	351.88	7203.59	796.67		10.69	4.66	0.3
1996	416.2	9291.22	1536.2		13.02	6.33	0.59
1997	436.83	11269.18	2585.7	556921	15.08	8.11	1.07
1998	449.16	13823.66	4706.7	766582	19.41	9.95	1.93
1999	503.2	15346.1	8136	952228	23.97	13.12	3.47
2000	563.55	17825.63	13985.6	1212358	28.66	19.1	6.72
2001	703.58	25566.3	21926.3	1818939	39.91	26.55	11.47

---

① 唐兴：《移动通信技术的历史及发展趋势》，《江西通信科技》2008 年第 2 期。

续表

指标 (年)	固定长途电话交换机容量（万路端）	局用交换机容量（万门）	移动电话交换机容量（万户）	光缆线路长度（公里）	长途光缆线路长度（万公里）	电话普及率（包括移动电话）（部/百人）	移动电话普及率（部/百人）
2002	773.01	28656.8	27400.3	2252564	48.77	33.67	16.14
2003	1061.1	35082.5	33698.4	2734807	59.43	42.16	21.02
2004	1263	42346.9	39684.3	3519225	69.53	50.03	25.91
2005	1371.63	47196.1	48241.7	4072788	72.3	57.22	30.26
2006	1442.34	50279.9	61032	4279559	72.24	63.4	35.3
2007	1709.22	51034.6	85496.1	5777289	79.22	69.45	41.64
2008	1690.72	50863.2	114531.4	6778496	79.8	74.29	48.53

注：固定长途电话交换机容量（万路端）：指电信企业用于接入长途电话网的电话交换机的设备额定容量；电话普及率（包括移动电话）（部/百人）：指报告期行政区域总人口中，平均每百人拥有的电话机数。计算公式：电话普及率＝［电话机总数（部）/行政区域总人口数（人）］×100。

资料来源：工业和信息化部：《2000 年前邮电通信能力发展情况》（http://www.miit.gov.cn/n1146312/n1146904/n1648372/c3484181/content.html）。

（一）高速发展阶段电信业通信能力

1994—2008 年电信业的主要通信能力如下。

1994—2008 年固定长途电话交换机容量发展情况如图 4-3 所示。

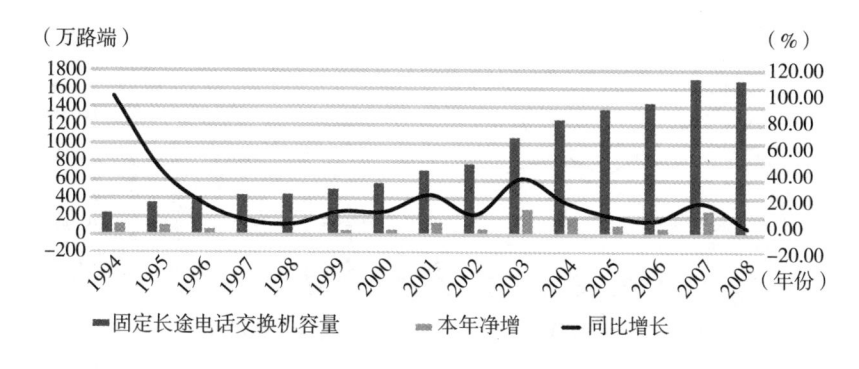

图 4-3　1994—2008 年固定长途电话交换机容量发展情况

由图4-3可知，1994—2008年固定长途电话交换机容量基本呈现波浪式增长态势，其中1994年增长幅度最大，增长了100.34%。直至2008年，固定长途电话交换机容量出现了下降，下降了-1.08%。

1994—2008年局用交换机容量发展情况如图4-4所示。

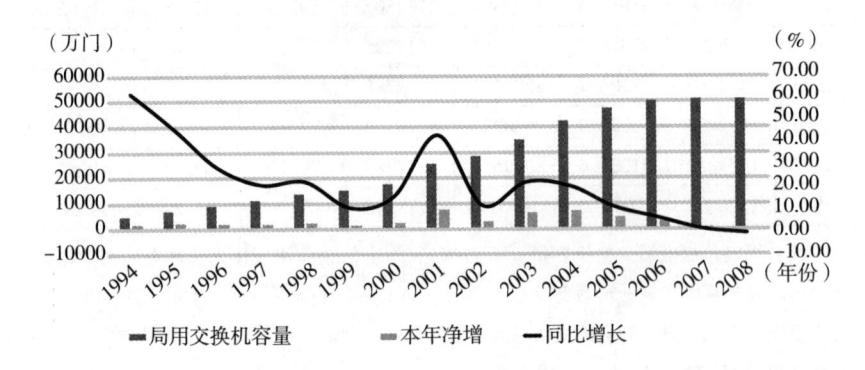

图4-4 1994—2008年局用交换机容量发展情况

由图4-4可知，1994—2008年局用交换机容量发展态势与固定长途电话交换机容量发展基本相似，同样1994年增长幅度最大，2008年出现负增长。

1994—2008年移动电话交换机容量发展情况如图4-5所示。

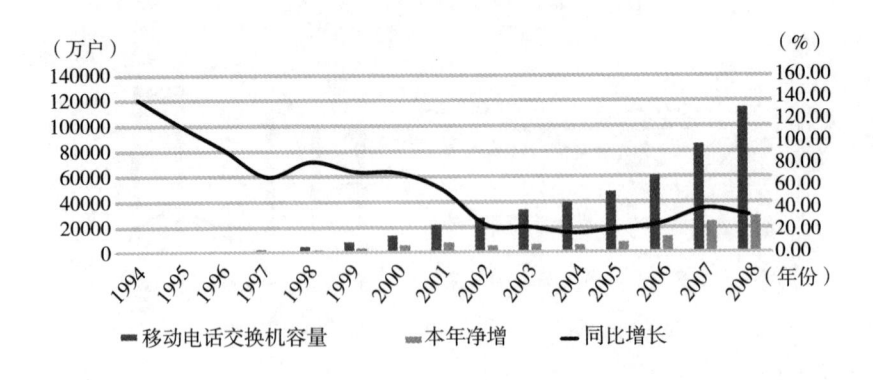

图4-5 1994—2008年移动电话交换机容量发展情况

由图4-5可知，1994—2008年移动电话交换机容量呈现不断增长态势。移动电话交换机容量从1994年的371.59万户增长至2008年的114531.4万户，增长了307倍多。

1997—2008年光缆线路发展情况如图4-6所示。

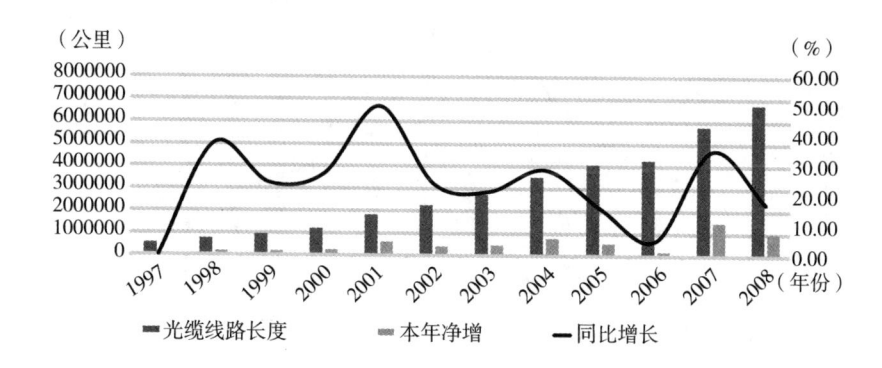

图4-6　1997—2008年光缆线路发展情况

由图4-6可知，1997—2008年光缆线路增长速度较快，平均年增长25.51%。2008年，全国新建光缆线路100万公里，光缆线路总长度678万公里，同比增长17.33%，整体保持较快增长态势。

1994—2008年长途光缆线路发展情况如图4-7所示。

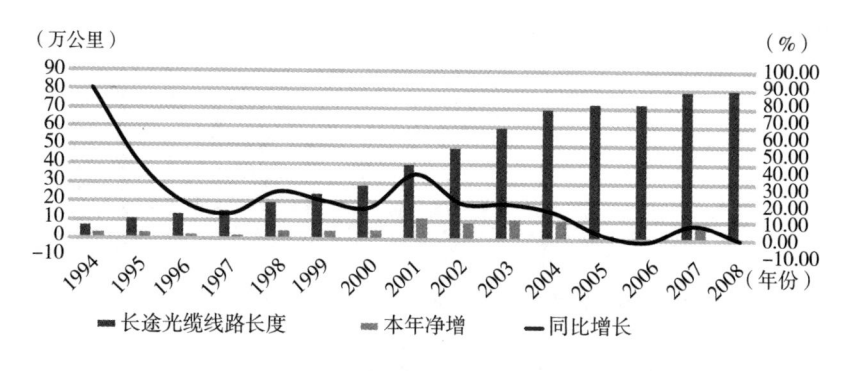

图4-7　1994—2008年长途光缆线路发展情况

由图4-7可知，1994—2008年长途光缆保持小幅扩容，年平均增长18.59%。2008年，长途光缆长度达79.8万公里。

1994—2008年电话普及率情况如图4-8所示。

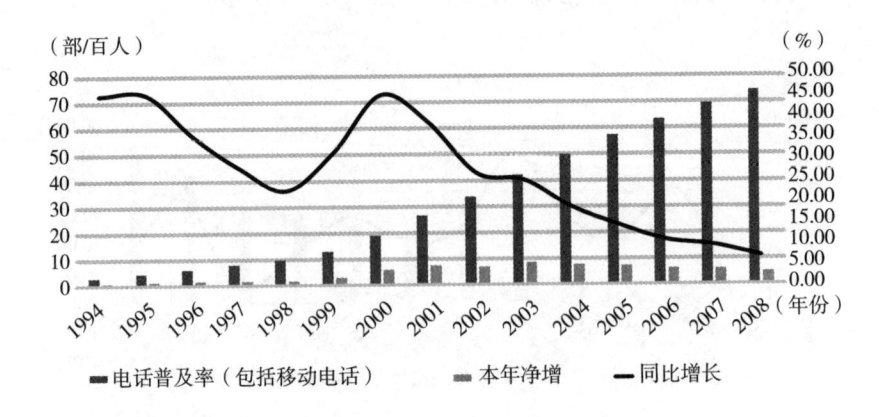

图4-8　1994—2008年电话普及率情况

由图4-8可知，1994—2008年电话普及率增长较快，年平均增长25.19%，2008年电话普及率已由1994年的3.2部/百人增长至74.29部/百人。

1994—2008年移动电话普及率情况如图4-9所示。

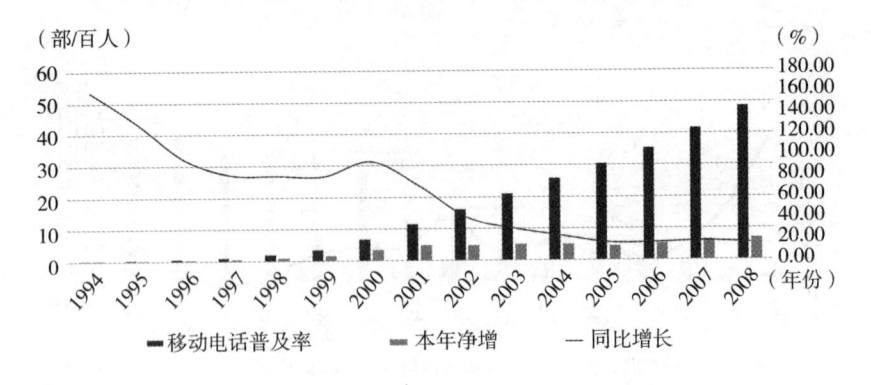

图4-9　1994—2008年移动电话普及率情况

由图4-9可知，1994—2008年移动电话普及率较快，年平均增长52.66%，2008年移动电话普及率已由1994年的0.13部/百人增长至48.53部/百人。

(二) 高速发展阶段电信业特点

高速发展阶段电信业的特点表现为：固定电话的不断发展，移动通信的突飞猛进增长，无线寻呼业务的终结，移动对固定的替代作用，数据业务的强劲增长。这些带来了电信业务的新发展。1998年，全国共有电话（含固定和移动电话）用户11128.38万人，电话普及率为9.95部/百人，同期欧洲的电话普及率为37.25部/百人，世界的平均水平为14.26部/百人。但到1995年，中国电话网总规模已经居于世界第四位，规模已经跻身世界前列。随着第二代移动通信技术的发展，中国进入GSM网络时代，移动通信市场迅速发展起来。

三 中国电信业的融合发展阶段

2008年5月24日，工信部、发改委、财政部三部委联合发布了《关于深化电信体制改革的通告》，指出"由于我国电信业在竞争架构、资源配置和发展趋势等方面出现了一些新情况、新问题，特别是移动业务快速增长，固定业务用户增长慢、经济效益低的矛盾日益突出，企业发展差距逐步扩大，竞争架构严重失衡。为形成相对均衡的电信竞争格局，增强自主创新能力，提升电信企业的竞争能力，促进行业协调健康发展，应充分利用现有三张覆盖全国的第二代移动通信网络和固网资产，深化电信体制改革"。这一事件标志着中国电信业进入融合发展阶段。

(一) 融合发展阶段电信通信能力

2009—2016年电信业的主要通信能力如下。

2009—2016年固定长途电话交换机容量发展情况如图4-10所示。

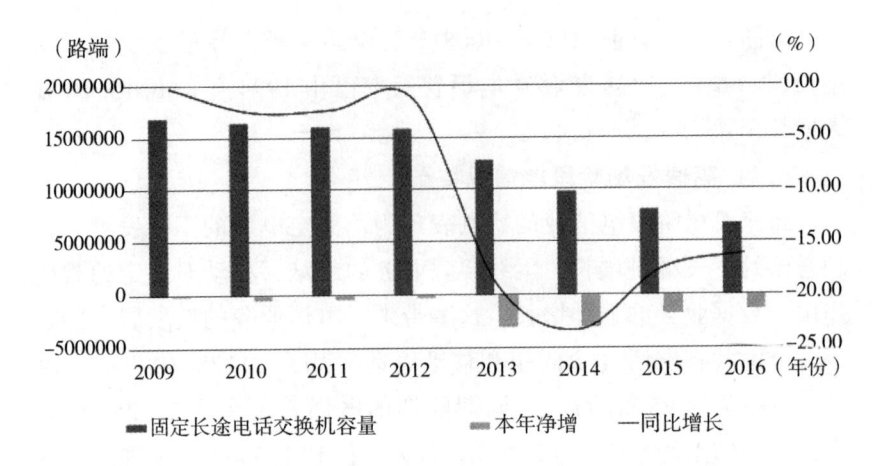

图 4-10 2009—2016 年固定长途电话交换机容量发展情况

由图 4-10 可知，2009—2016 年固定长途电话交换机容量呈现下降趋势，其中 2014 年下降幅度最大，下降了 23.24%。直至 2016 年，固定长途电话交换机容量由 2009 年的 16849027 路端下降至 6810000 路端，减少了 59.58%。

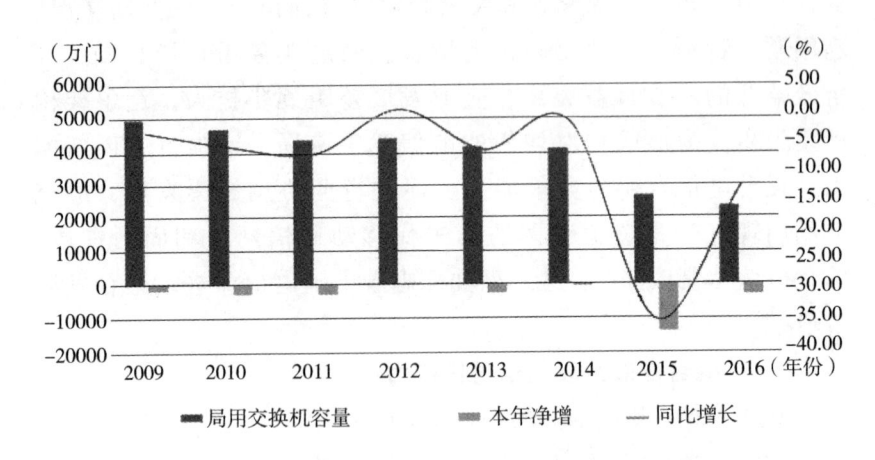

2009—2016 年局用交换机容量发展情况如图 4-11 所示。

图 4-11 2009—2016 年局用交换机容量发展情况

由图4-11可知，2009—2016年局用交换机容量除2012年净增了0.74%，其余年份的局用交换机容量都属于负增长，其中2015年的局用交换机容量同比下降程度最大，达34.73%。直至2016年，局用交换机容量由2009年的49265.6万门下降至23234.7万门，减少了52.84%。

2009—2016年移动电话交换机容量发展情况如图4-12所示。

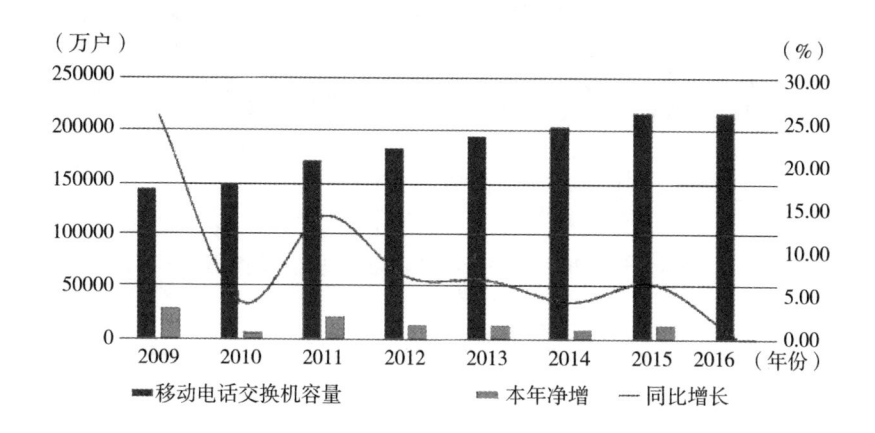

图4-12　2009—2016年移动电话交换机容量发展情况

由图4-12可知，相比固定长途电话交换机容量和局用交换机容量所呈现的不断下降趋势而言，2009—2016年移动电话交换机容量则呈现不断增长态势。移动电话交换机容量从2009年的144084.7万户增长至2016年的218383.5万户，增长了51.57%。

2009—2016年移动电话基站发展情况如图4-13所示。

由图4-13可知，2009—2016年移动电话基站以年平均33.84%的速度增长，呈现迅猛的发展态势。其中，2009年的移动电话基站增长为87.44%，反映了电信业的"5进3"改革后的市场对移动业务快速增长的需求。2016年，基础电信企业加快了移动网络建设，新增移动通信基站93.8万个，总数达559.4万个。其中4G基站新增86.1万个，总数达到263万个，移动网络覆盖范围和服务能力继续提升①。

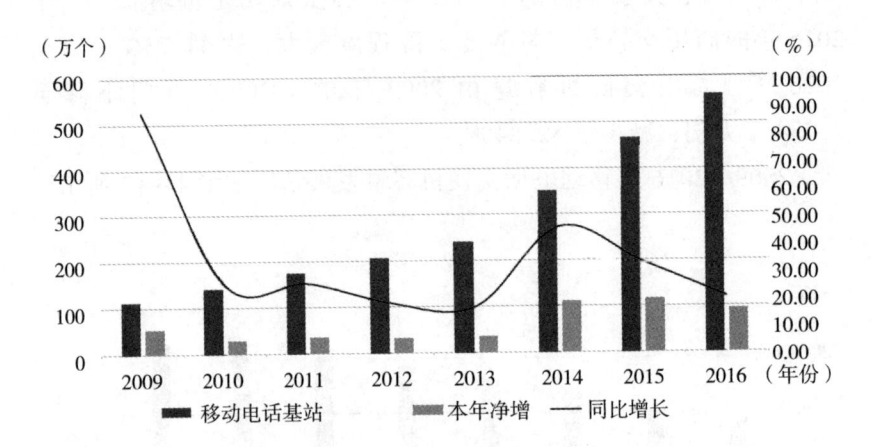

图 4-13 2009—2016 年移动电话基站发展情况

2009—2016 年互联网宽带接入端口发展情况如图 4-14 所示。

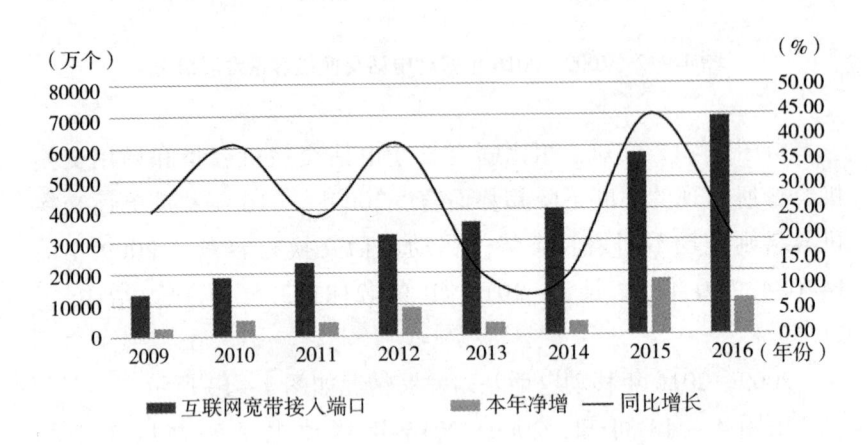

图 4-14 2009—2016 年互联网宽带接入端口发展情况

---

① 运行监测协调局：《2016 年通信运营业统计公报》，2017 年 1 月，中华人民共和国工业和信息化部（http://www.miit.gov.cn/n1146312/n1146904/n1648372/c5498087/content.html）。

由图 4-14 可知，2009—2016 年，互联网宽带接入端口从 2009 年的 13592 万个增长至 2016 年的 69029 万个，增长了 407.86%，发展迅猛。2016 年，互联网宽带接入端口数量达到 6.9 亿个，比上年净增 1.14 亿个，同比增长 19.8%。互联网宽带接入端口"光进铜退"趋势更加明显，2016 年 xDSL 端口比 2015 年减少 6259 万个，总数降至 3733 万个，占互联网接入端口的比重由 2015 年的 17.3% 下降至 2016 年的 5.4%。2016 年，光纤接入端口比 2015 年净增 1.81 亿个，达到 5.22 亿个，占互联网接入端口的比重由 2015 年的 59.3% 提升至 75.6%。

2009—2016 年光缆线路发展情况如图 4-15 所示。

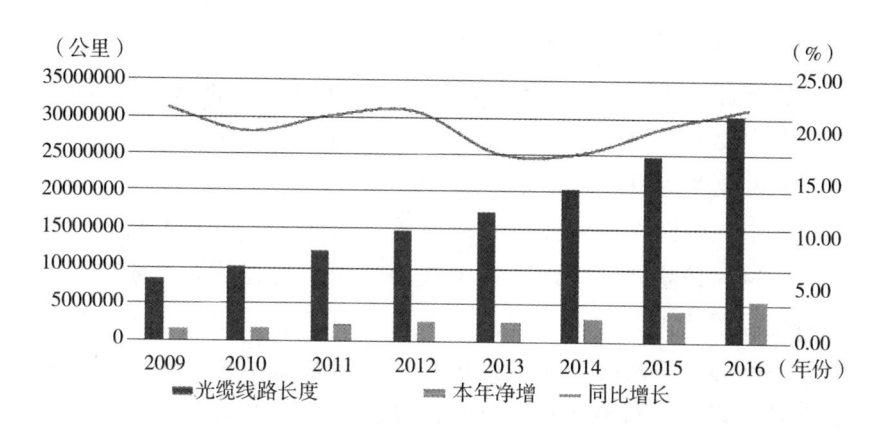

图 4-15 2009—2016 年光缆线路发展情况

由图 4-15 可知，2009—2016 年光缆线路增长速度较为平稳，平均年增长 20.40%。2016 年，全国新建光缆线路 555 万公里，光缆线路总长度 3041 万公里，同比增长 22.32%，整体保持较快增长态势。

2009—2016 年长途光缆线路发展情况如图 4-16 所示。

由图 4-16 可知，2009—2016 年长途光缆保持小幅扩容，年平均增长 2.58%。2016 年新建长途光缆长度达 2.79 万公里。

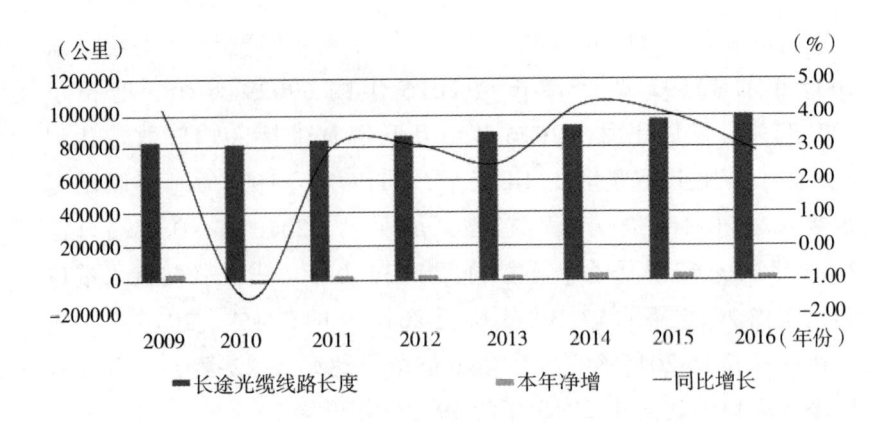

图 4-16　2009—2016 年长途光缆线路发展情况

(二) 融合发展阶段电信业特点

在融合发展阶段,随着 3G、4G 移动通信技术的应用与发展,电信业主要表现为移动固网间的融合 (FMC)、异网间的融合和移动互联网业务应用为主的特征。

其中,异网间的融合主要指的是电信网、广播电视网和计算机网三网间的融合。中国广播电视网骨干网里程较短,数字化和双向化程度低,而且区域分割互不连通,电信运营商之间网络资源分布不均。三网融合通过推进下一代宽带通信网、广播电视网和互联网等国家网络基础设施的建设,有线和电信两张物理网将逐渐走向同质化:构架相似、技术趋同、标准统一,最终实现互联互通①。

3G、4G 意味着移动宽带时代的到来。用户在移动互联网基础上,产生了大量丰富的增值业务应用的需求。移动互联网业务已成为运营商盈利或吸引客户的重要手段。而移动互联网是指用户由移动通信网作为接入网络的互联网及服务,包括 2G/2.5G 和 3G、4G 等 (不包含没有移动功能的 Wi-Fi 和固定无线宽带接入),使用户

---

① 北京诺达咨询有限公司:《全球三网融合发展研究报告 2010》(http://www.docin.com/p-125164468.html)。

随时随地接入并获取信息和服务的网络体系[①]。

第二节 中国电信产业价值链发展

一 电信产业价值链理论

随着世界各国的电信业的规制放松与电信产业链的横向分割，设备制造商与电信运营商分离，电信正在由"垂直集成、封闭和私有"状态（最早的运营商还包含设备制造商，如过去的AT&T和原中国邮电部）向"开放、合作、横向组合"转变[②]（见图4-17）。而这一转变主要归因于技术上的软交换智能网概念的延伸。它实现业务的控制与交换分离，打破了物理网络与用户业务间传统的紧密相关的关系，实现分布式和新协议的引入。这样整个电信产业价值链就分成了设备制造商、电信运营商、虚拟运营商、增值业务开发与提供商、最终用户等。

通信技术的迅速发展和不断增加的市场紊乱使得本来就很复杂的状况突增变数，使原有的电信产业价值链与产业结构正在重新架构。电信价值链和市场结构的演进，探寻基本理论和实践的变化，对各交易主体都有指导意义。价值链正在迅速进化成价值网络，当前的电信产业在某些方面的变革相当激烈，所有的交易主体都需要重新评估它们的市场定位和战略，并且对下一步的走向作出抉择[③]。欧洲电信运营商通过大量纯游戏移动门户网站、因特网联线门户、大众传媒公司、手机制造商等移动门户联合，建立移动门户价值网，如图4-18所示。

[①] 梁如意：《基于交易费用视角下我国移动互联网产业链整合模式研究》，硕士学位论文，西安邮电大学，2013年，第17页。

[②] 陈山枝：《电信运营商业模式变化的探讨》，《电信科学》2004年第7期。

[③] Feng Li, Jason Whalley, "Deconstruction of the Teleconmmunications Industry: From Value Chains to Value Network", *Telecommunications Policy*, Vol. 26, No. 9 – 10, September 2002.

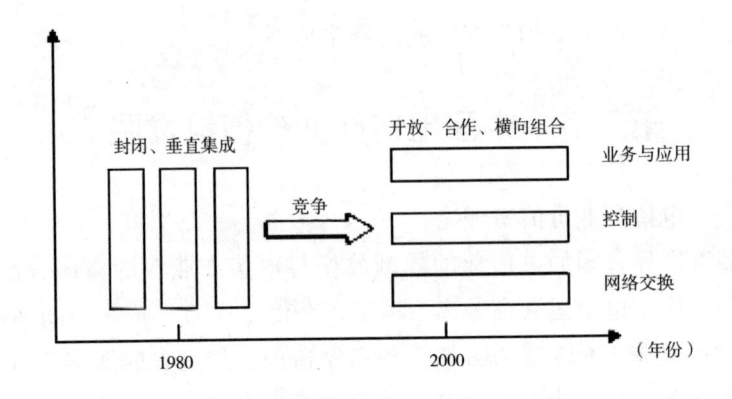

图4-17 电信业的产业价值链变革

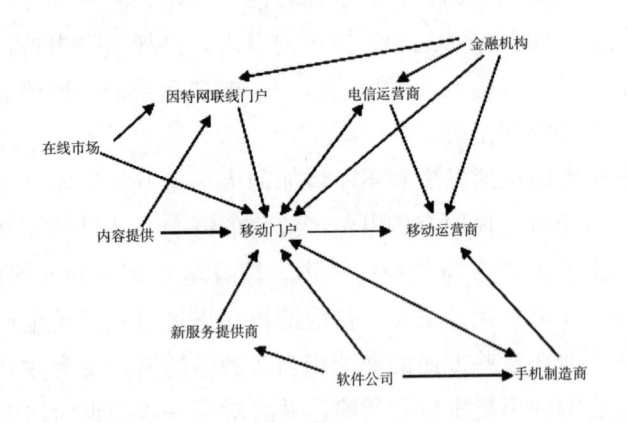

图4-18 移动门户的价值网络

对众多电信运营商而言，移动门户从提供纯内容转向了更加有利可图的服务。运营商的主要优势在于它们是网络基础设施的拥有者，无论是移动还是固定，网络基础设施可保证接入门户网站内容的便利性。从类似于移动门户这样的具体环节着手，我们可以通过实证研究确定电信产业的价值层次关系，研究业务分化规律，筛选关键业务集合，绘制产业价值网络图群，进而可以分析和研究相应的商业模式创新整合问题。

这些研究体现了电信价值链的发展方向，结构合理的完整价值链网络细节如何，这需要我们进一步的研究。

二 电信产业价值链演进

随着通信技术的发展，电信业务的结构随之变化，并从语音业务逐渐向互联网数据业务发展。面对用户个性化和多样化的电信服务需求，单靠电信运营商的资源与能力已经无法向市场提供。因此，电信运营商就必须与其他厂商，如内容服务商、服务提供商以及终端设备提供商，采用合作的方式形成电信产业价值链，并进行电信业务的创新。而随着电信规制部门的电信业进入规制和价格规制政策的进一步放松，电信产业链在不同环节的横向或纵向吸纳更多的价值创造者，使得电信业更具创新力。那么，我国电信产业价值链又是如何演进的？

（一）"链式"电信产业价值链

20世纪80年代到90年代末，电信技术以1G和2G为主，政府对电信运营业实行严格的进入规制政策，电信业务仅限于语音通话。随着电信产业变得日益复杂，电业产业中的角色分化、企业战略、商业模式的创新都在增加。因而，传统电信产业价值链的供应商→运营商→终端客户的三层结构模型[1]逐渐让位于多企业竞争的模型。竞争的程度和企业参与的数量因电信产业内不同部分而异。角色分化的焦点是对不同角色的分类，比如有一种七类别的划分：本地、长途、移动、设备商、因特网接入、视频和功能服务；另有一种通过对德国电信的研究而做出分类：公众网运营商、骨干网运营商、接入网运营商、服务供应商和中介商[2]；还有一种新电信产业六类别分类法：设备及软件、网络层、链接层、导航和中间件层、应用层（包括内容）和客户。这一时期的中国电信产业价值链，主要表现为

---

[1] Fransman, Martin, "Analysing the Evolution of Industry: The Relevance of the Telecommunications Industry", *Economics of Innovation & New Technology*, Vol. 10, No. 2 – 3, March 2001.

[2] 张鸿、张利、杨洵等：《产业价值链整合视角下电信商业运营模式创新》，科学出版社2010年版，第21页。

三段式电信产业价值链模型①，即由设备提供商、网络运营商和最终用户三部分构成②。电信运营商在整个链条上占有核心地位，是连接设备供应商和终端用户的唯一路径，不但使设备供应商产品在销售市场上必须依赖电信运营商，而且也使消费者在业务服务的获取方面不得不依赖于单个电信运营商。电信运营商成为电信产业价值链中的强有力的控制者，决定着整个价值链系统中价值的分配。长此以往，电信业务的创新被牢牢禁锢，社会福利的损失逐渐增大。

因而，随着电信业规制政策的放松，电信产业价值链逐渐向"多段式"发展。相比"三段式"电信产业价值链，"多段式"电信产业价值链更加强调开发、合作，从而推动电信业务的创新，而这一时期的电信业务也由原来的语音业务逐步向增值数据业务发展。电信运营商在整个电信产业价值链上的管控能力有所下降，价值分配逐渐向上游内容服务提供商倾斜。而随着增值电信业务的迅猛发展，整个电信产业价值链的价值创造得到了较大的提升，产业价值链上下游的参与主体更多地强调协作和合作的方式。但总体来看，电信运营商在该链条上还处于主导地位，设置或批准其他参与主体进入通信网络的门槛和条件。

（二）"网式"电信产业价值链

随着电信技术的创新，用户需求的多样化与个性化的凸显，电信产业价值链由链式逐渐向网式转变。在电信产业价值网中，电信运营商和价值网中其他参与主体构成多个异业联盟，共同向市场用户提供电信服务，其中最具代表性的就是以移动支付为代表的电信产业网③。21世纪全球移动支付呈现出迅猛发展的势头。在芬兰，2001年人们已经可以用移动来付洗车钱；在中国香港，人们只需刷一下"章鱼"储值卡就可以通过检票口、购买快餐；在俄罗斯，只需购买

---

① 韩江卫：《中国电信产业价值增进研究》，博士学位论文，西北大学，2011年，第93页。
② 唐守廉、张静、郑丽：《电信竞争三部曲》，《电信科学》2003年第1期。
③ 张权：《基于产业价值链的移动支付商业模式》，《西安邮电学院学报》2010年第2期。

一张卡就可以将钱输入一个叫 Pay Cash 的互联网账户,可以用它来赌博或者是消费,也可以支付在线《华尔街日报》的阅读费。而在 2005 年,中国的移动支付用户规模所占比例不足移动手机用户的 5%,可见移动支付业务发展在当时的中国尚属于刚刚起步阶段。然而,导致移动支付产业整体发展缓慢的原因,主要是由于移动支付产业并没有形成一个完整、稳固的产业价值链,并且也没有形成一个行之有效的商业模式。因此,本书在对移动支付产业价值链构成及价值定位分析的基础上,提出移动支付服务的客户群与市场定位以及盈利模式。

1. 移动支付系统结构分析

移动支付系统是利用移动 POS（Point of Sales,销售点）,通过移动通信无线数据传输服务,或者以短消息的方式经由短消息协议网关,直接接入银行的 POS 前置系统,并由银行主机完成交易处理,实现传统金融 POS 的交易功能。

典型的移动支付业务模型涉及移动网络运营商、移动支付业务提供商（ASP）、银行、商户、移动用户和认证中心等。

图 4-19 是移动支付系统结构图。图中移动支付系统各个组成部分说明如下。

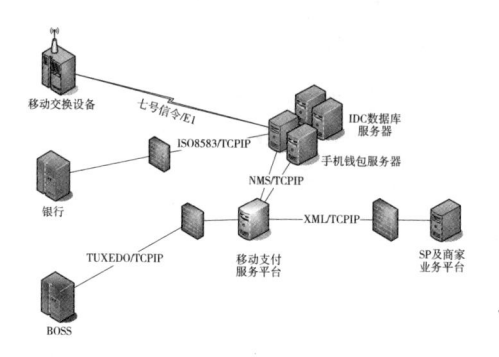

图 4-19 移动支付系统结构图①

---

① 参考 2006 年西安昌大电子科技有限责任公司的《移动手机支付平台技术建议书》。

（1）网络防火墙：为了保障支付系统的安全，避免非授权的网络访问，在支付与 BOSS 系统、银行系统、SP 及商家业务平台系统之间需要架设防火墙。

（2）IDC 数据库服务器：为移动支付服务平台提供必要的网络基础设备和支付业务托管服务。

（3）手机钱包服务器：管理移动用户的电子钱包，实现电子钱包的开通、充值、消费、结算、查询、核对，保障与电子钱包有关交易的完整和准确。另外，它还可以完成银行卡对电子钱包的充值。

（4）移动支付服务平台：完成 SP 及商家、银行、移动 BOSS 系统以及手机用户之间的支付流程，并完成它们之间的资金结算。

（5）移动 BOSS 系统：完成移动用户手机账户的管理，以及它与移动支付服务平台之间的资金结算。

（6）银行系统：完成移动用户银行账户的管理，以及它与移动支付服务平台之间的资金结算。

（7）移动交换设备：实现移动用户与移动支付服务平台之间的信息通信。

移动支付与一般的电子支付不同之处，在于交易资格审查处理过程有所不同，因为这些都涉及移动网络运营商以及所使用的浏览协议，如 WAP 或 HTML、信息系统 SMS 等。

2. 移动支付产业价值链构成

移动运营商利用其优势的网络平台资源（IDC——互联网数据中心，英文全称：Internet Data Center）和带宽资源，构建了一个为企业提供移动支付服务的平台。在此平台上，电信运营商可以结合和容纳多个软件厂商的不同产品，为客户提供多方位的移动支付服务。同时，这也是目前以企业应用为目标的移动支付服务的主流模式。

从产业价值链的理论分析，移动支付产业的发展和兴盛，需要产业价值链中各个环节上的参与方准确定位、合理分工并进行资源的最优配置。对于移动支付业务而言，其产业价值链由 ISV（Independent Software Vendor，独立软件供应商）、金融机构、移动支付平台、移动运营商、SP（Service Provider，服务提供商）及商户等多个环节组成。

（1）移动运营商：移动运营商的主要任务是搭建移动支付平台，为移动支付提供安全的通信渠道。可以说，移动运营商是连接用户、金融机构和服务提供商的重要桥梁，在推动移动支付业务的发展中起着关键性的作用。

（2）IDC：为 SP 及商户提供移动支付应用服务的托管和基础网络设施。

（3）ISV 及硬件提供商：作为移动支付软件系统与硬件产品的提供者，实现产业价值链上各参与方之间的结算与收益分配方案。

（4）SP 及商户：提供交易的内容及商品，通过移动支付增加了非现金交易手段，可以获得更多的商业机会，增加交易额。

（5）金融机构：作为与用户移动号码关联的银行账户的管理者，银行需要为移动支付平台建立一套完整、灵活的安全体系，从而保证用户支付过程的安全通畅。

3. 移动支付产业价值链的资金流、物流和信息流

作为 SP 及商家、金融机构、运营商和普通移动用户之间的衔接环节，移动支付服务平台在移动支付业务的发展进程中发挥着十分重要的作用。该服务平台具有整合移动运营商、银行和 SP 及商家等各方面资源并协调各方面关系的能力，形成一个为市场上移动用户提供丰富的产品或服务的产业价值链。而在该链条中，移动运营商依然充当着"价值分配者"的角色，仍然处于产业价值链中的核心地位，如图 4-20 所示。

（1）资金流：在产业价值链中，移动用户价值得到实现的同时，资金流统一由移动用户流向移动运营商所构建的移动支付服务平台，再由该服务平台自动实现对资金的分配，以保证产业价值链内各参与方的利益。

（2）物流：围绕着移动用户，该产业价值链内主要有两方面的物流：一方面是 SP 及商户提供的产品，另一方面则是 ISV 与硬件提供商为构建平台所提供的软件产品与硬件。

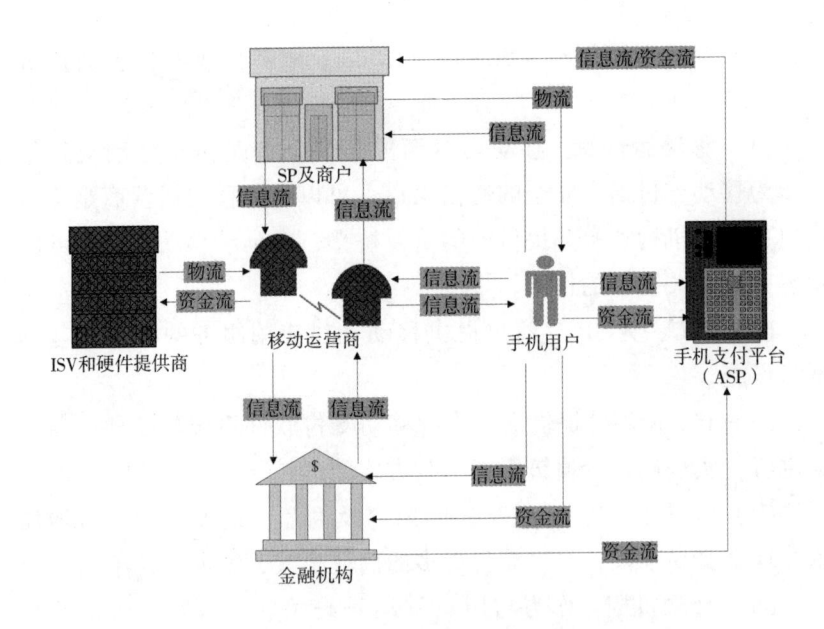

图4-20 移动支付产业价值链

（3）信息流：它不再简单地流向移动支付平台，而是针对服务将对应的信息流向服务的提供者——移动运营商、SP及商户和金融机构，以便提高该产业价值链的效率。

因此，为了构建高效率的移动支付服务平台，移动运营商必须以合作共赢、合理有效的方式与产业价值链中其他价值定位不同的各业务合作伙伴按照利益共享、风险分担原则进行深度的合作。而对于业务合作伙伴来说，则要基于合理的业务规则和共赢的分成机制来提高整个产业价值链的运作效率与竞争力。

4. 移动支付服务的客户群与市场定位

（1）移动支付服务的客户群

由移动支付产业价值链来看，它的客户主要分成两类：一类是SP及商户，它们包括电信增值服务提供商、商场、零售商、公用事业单位甚至政府职能部门；而另一类则是移动用户。

移动支付实质上是一种移动支付模式。对SP及商户而言，它降低了企业发展电子商务的IT服务成本，并为它们拓展了销售渠道，加快了资金回流速度，使企业能够更加专注于自身的核心业务发展。

而对移动用户而言，他们作为移动支付平台的终端客户，是整个产业价值链的收入来源。而移动支付平台为他们的消费提供一种便捷、安全的电子支付方式。

（2）移动支付服务的市场定位

从移动支付的业务种类来看，电子化产品由于不需要物流支撑，很适合采取移动支付方式；公用事业产品由于处于垄断地位，往往只有一个产品提供者，利用移动支付来缴费的谈判成本较低。这两类业务构成了移动支付发展初期的主导业务。从业务特点来看，小额电子化产品的支付成为移动支付业务发展的起点，逐渐向大额、实物的方向发展。

而从目前的发展阶段来看，中国移动支付市场处于快速发展阶段。我们需要精确地对产品进行市场定位，制定出相应的市场策略，才能极大地推动移动支付产业的蓬勃发展。

5．移动支付盈利模式

（1）金融机构

金融机构的盈利主要来自两方面。一方面来自SP及商户与移动支付平台发生结算时所支付给银行的手续费；另一方面则来自移动用户与移动支付平台发生结算时所支付的银行手续费。这两大收入来源构成了银行在该产业价值链中的盈利模式。

此外，金融机构还获取了一些较为隐性的收益。它们主要包括三部分：

一是可以增加银行的存款量，扩大了吸纳存款的途径，促进企业内部资金流良好地运转。

二是可以有效地降低银行网点的建设，在一定的情况下，可以借助移动运营商的营业网点，从而降低了企业的经营成本。

三是有助于巩固和拓展用户群，提高银行的市场竞争力。

（2）移动运营商

移动运营商的盈利主要来自两方面。一方面主要来自SP及商户的销售收入分成；而另一方面则来自用户使用移动支付平台所支付的手续费。因此，这两大主要的盈利模式促使了移动运营商成为推动移动支付平台建设的主导者。

此外，移动运营商可以获取一些较为隐性的收益。它们主要包括三部分：

一是可以刺激移动用户产生更多的数据业务需求，从而促进其他移动业务的发展。

二是加强了与金融机构的合作，从一定意义上说扩大了移动营业网点的数量。

三是有利于移动运营商稳定现有客户并吸纳新的客户，提高企业竞争力。

（3）移动支付平台

移动支付平台的盈利主要来自两方面。一方面主要来自 SP 及商户的销售收入分成；而另一方面则来自用户使用移动支付平台所支付的手续费。因此，这两大收益构成了移动支付平台的盈利模式，而这种盈利模式则要借助大量的用户使用，以分摊降低其成本。而以移动运营商为主导的移动支付平台，由于拥有众多的客户群以及与增值服务提供商长期良好的合作关系，为该移动支付平台的成功运营提供了最有力的保障。

（4）SP 及商户

SP 及商户为移动终端用户提供了丰富的产品和服务。用户通过移动支付这种电子支付方式，获得了便捷的购物和付款服务。而这一方式也极大地加快了 SP 及商户的资金回流，并能促进它们的产品和服务的销售额。另外，它也拓宽了 SP 及商户的销售渠道，降低了企业的市场风险。

通过以上分析，得出以下两点结论：（1）加强与产业价值链上优秀企业的合作。移动支付业务的复杂性决定了其不可能由一家单独的企业完全向客户提供优质的服务，而必须由整个产业价值链上众多企业广泛深度地参与，才能最终实现成功的运营。因此，电信运营商通过与移动支付产业价值链上的知名企业合作，不仅能借助它们雄厚的资金、成熟的技术、庞大的客户网络和强大的品牌号召力，而且还有利于吸引客户、增强客户的信任感。（2）深入挖掘移动支付商业模式的盈利模式。移动支付产业价值链上各个参与方对于各自的收益问题最为关注。因此，我们需要深入地研究移动支付产业价值链上的收益分享和成本分摊问题，以兼顾产业价值链参与各方的利益，从而维护产业价值链的稳定和发展。同时，我们需要深入地挖掘移动支付业务的盈利渠道，从而实现企业利润最大化的目标。

（三）"开放式"电信产业价值链

随着4G应用技术的成熟，智能手机为电信业的移动互联网的发展注入了强劲的动力。根据美国手机广告公司AdMob公司的统计，3G网络中智能终端的移动数据流量是一般手机的10倍，另据无线ISP公司Boingo Wireless的统计，Wi-Fi网络上近90%的流量来自智能手机终端。而以Apple公司的iPhone为代表的智能手机系列产品和服务，也彻底改变了传统电信产业的经营模式，这集中表现为中国电信产业价值链由"单级核心"向"多级核心"演变[1]。在此过程中，Apple公司通过与签约运营商共享由iPhone系列产品和服务带来的新增用户收入，开创了新的终端商业模式。这一新的商业模式不仅颠覆了传统的"手机定制"模式，而且催生了开放式电信产业价值链系统。在此系统中，作为终端设备制造商的Apple由于为行业制定了新的标准，其在产业链中所处的地位发生了实质性的变化，与电信运营商一起形成产业价值链系统中的"双核心"，并通过新标准与新附加业务的引入不断扩展价值链，带动产业价值链各个子系统的业务增值，不断延伸价值链条，从而向开放式生态价值链系统演进[2]。

总的来看，传统电信产业链具有技术导向性、单一直线性特

---

[1] 韩江卫：《中国电信产业价值增进研究》，博士学位论文，西北大学，2011年，第93页。

[2] 张权、韩江卫、张彦涛：《开放式电信产业价值链价值创造及构建研究——基于iPhone视角》，《商业研究》2014年第2期。

征，业务绑定在网络上[①]，电信运营商处于主导地位，拥有绝对控制权，具有垄断性和封闭性[②]。但随着通信技术的发展和用户个性化需求的加强，电信运营商在产业价值链上的管控能力已变得越来越弱，电信产业价值链也向"去中心化"的开放式新型产业价值链系统发展[③]。

[①] 王育民：《从电信价值链到产业生态系统》，《通信企业管理》2004 年第 3 期。
[②] 王林林、王良元：《提升服务品质的有效途径——电信互动服务模型分析》，《通信企业管理》2003 年第 5 期。
[③] 韩江卫：《中国电信产业价值增进研究》，博士学位论文，西北大学，2011 年，第 112 页。

第五章 中国电信业市场结构

第一节 中国电信业市场集中度

从企业数量来说，中国电信业市场仅由几家企业构成，因而电信市场集中度应采用赫芬达尔指数测算。

一 市场集中度指数

电信业市场结构是指电信市场中电信运营商的数量及其规模分布与市场力量的分化程度。常用赫芬达尔指数反映电信市场中电信运营商的规模结构、市场力量的分化程度和市场垄断程度。电信业赫芬达尔指数的计算，是通过求解电信行业市场上各电信运营商的市场份额的平方和。

赫芬达尔指数公式：

$$HHI = \sum_{i=1}^{n} \left(\frac{x_i}{X}\right)^2 = \sum_{i=1}^{n} S_i^2 \qquad 5.1$$

在公式 5.1 中，X 代表市场总规模，x_i 代表 i 企业的规模，$S_i = x_i/X$ 表示第 i 个企业的市场占有率，n 为该产业内的企业数。实际应用中，人们常用 10000 乘以企业的市场份额平方和来表示 HHI 指数。

根据产业组织学在一般政策实践中运用的标准：如果 HHI 大于 1800，该市场被视为高度集中的市场；如果 HHI 在 1000 和 1800 之间，该市场属于适度集中的市场；如果 HHI 小于 1000，则该市场被归入集中程度较低的市场。日本公正交易委员会将这种标准更细分化，见表 5-1。

表 5-1　　　　　　　　　　市场结构分类

市场结构	寡占型				竞争型	
	高寡占Ⅰ型	高寡占Ⅱ型	低寡占Ⅰ型	低寡占Ⅱ型	竞争Ⅰ型	竞争Ⅱ型
HHI值（0/10000）	HHI≥3000	3000>HHI≥1800	1800>HHI≥1400	1400>HHI≥1000	1000>HHI≥500	500>HHI

资料来源：苏东水：《产业经济学》，高等教育出版社2000年版，第128页。

市场上的企业数量也可以反映某一产业的市场集中度情况，企业数量少的产业市场集中度较高，反之，企业数量多的产业市场集中度较低。因此，在分析生产者的规模及分布状况时可以用市场上企业的数量这个指标来补充①。

二　电信业市场集中度

运用公式5.1对中国电信业赫芬达尔指数进行测算，结果见表5-2。

表 5-2　　　　1999—2015年中国电信市场集中度水平

年份	赫芬达尔指数
1999	5200
2000	4400
2001	4100
2002	2900
2003	2800
2004	2800
2005	2800
2006	3000

---

① 金碚：《产业组织经济学》，经济管理出版社1999年版，第114—117页。

续表

年份	赫芬达尔指数
2007	3300
2008	4100
2009	4100
2010	4100
2011	4200
2012	4300
2013	3800
2014	3700
2015	3800

1994年以前，中国邮电总局是电信业务服务市场的唯一提供者，因此成为该市场的独家垄断，HHI指数为10000。而随着规制部门对电信市场垄断危害的认识，1994年以后，中国电信业规制部门在英国BT改革模式实践的基础上，采用引入竞争的方法成立了中国联合通信有限公司，优化了市场结构和增强了电信企业间竞争。由表5-2可知，1999—2015年的中国电信业的市场集中度水平在2800—5200变化。在2001年以前，由于中国电信公司近似独家垄断所形成的市场竞争格局，造成这一时期中国电信业的市场集中度水平较高，具体表现为赫芬达尔指数均在4000以上。随后，在2002年电信业的新一轮市场化改革中，由原政府监管部门主导将原中国电信运营商按照南北地域一分为二，新组建成了中国电信与中国网通两家相互竞争的企业，从而促使中国电信业进入市场竞争的形成阶段，这一时期的中国电信业的市场集中度水平也下降至3000左右。其中，2003、2004和2005年的中国电信市场HHI指数为2800，为近17年的最低。这归功于前期电信市场在1994年的电信市场引入竞争、1998年固定通信与移动通信的纵向分拆和2002年中国固定电信的横向拆分改革。表面上政府的强行拆分改革起到了降低电信市场集中度水平的作用，

其实 HHI 的降低并不是由市场的有效竞争达到的，而是通过降低企业规模达到的，而消费者福利与企业的效率并没有太大改善。对于此问题，规制者也很快意识到，随后从单纯的市场结构规制逐渐转向企业的行为规制，采用价格上限规制方法对企业定价进行干预，迫使企业努力通过提高效率获得利润，从而使电信企业采用竞相降价的方式努力降低成本，形成规模经济。然而，伴随着固定通信技术的逐渐淘汰，3G 移动通信技术的发展，中国电信业在 2008 年进行了"5 进 3"的电信业重组改革，新组建了中国电信、中国移动和中国联通三家全业务电信运营商，电信业市场集中度水平上升至 4000 左右。但随着电信市场有效竞争机制的建立，2013 年至 2015 年的电信业赫芬达尔指数始终维持在 3800 以下。图 5-1 为我国电信业 1999—2015 年市场结构的变化水平。

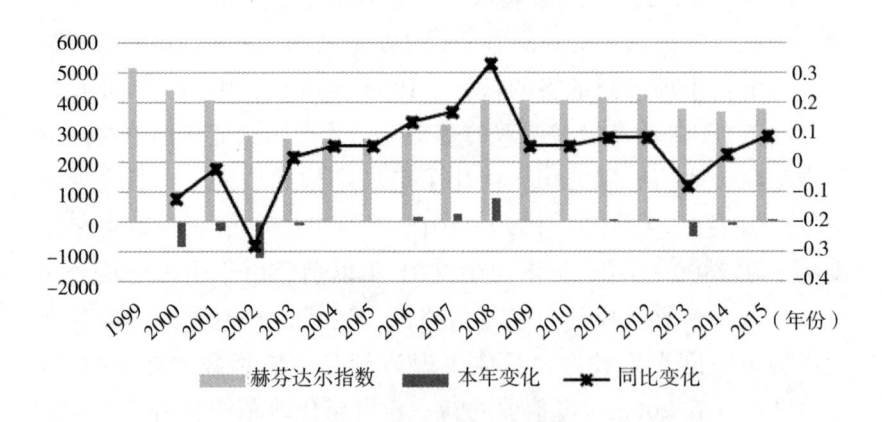

图 5-1 1999—2015 年中国电信市场结构变化水平

由图 5-1 可知，我们发现 1999—2015 年的 17 年间，中国电信市场集中度变化呈波浪式形态。2001 年以前的电信业市场集中度基本处于下降趋势，2002—2007 年的电信集中度水平呈现逐年攀升，HHI 从 2002 年的 2900 增长到 2008 年的 4100，平均每年增长 200。这主要是因为移动通信技术对固定通信技术的替代，中国移动的市场份额迅速增长，从 2005 年的 39.85% 增长到 2007 年的 48.87%，三年增长了近10%。可见，中国移动通信公司在整个电信市场中具有很强的垄断势力。因此，为了顺应三网融合的发展趋势和优化电信业的市场结构，中国电信业在2008年重新对中国移动、中国电信、中国联通、中国网通和中国铁通5家基础电信运营企业进行重组，从而形成新中国电信、新中国移动和新中国联通，实现固网移动网的融合和3G、4G业务的开发，也使电信业集中度水平快速上升，HHI 从2007年的3300增长到2008年的4100，增长了800。总体来看，电信业市场集中度水平呈现了先降后升的规律性波动。

（一）市场竞争引入阶段电信业市场集中度

1994年中国联通公司的成立打破了由邮电部独家垄断国内电信市场的竞争格局。1998年信息产业部的组建，彻底打破了原来政企合一的体制框架，使原有电信监管的行政权力与企业的经营权实现了剥离，推动了电信业市场化的进程。市场竞争引入阶段市场集中度见表5-3。

表5-3　　　　　市场竞争引入阶段市场集中度

年份	赫芬达尔指数	等价企业
1994	1.00	1
1995	1.00	1
1996	1.00	1
1997	1.00	1.01
1998	0.98	1.02
平均	0.99	1.01

注：等价企业等于1/HHI，因此表中的赫芬达尔指数不能乘以10000。后面相同。

由表5-3可知，虽然在这一时期，电信业通过引入新的电信运营商进入市场竞争引入阶段，但每年电信业的赫芬达尔指数都接近1，电信市场中的等价企业最大也仅为1.02，仍相当于独家企业的垄断，并属于高寡占Ⅰ型市场。由1994—1998年两大电信运营商的市场份额来看，中国电信占电信业市场份额的99%以上，中国联通的市场份额不足1%[①]。可见，作为电信市场中的电信主导运营商，利用其网络外部特性和不合理的竞争手段（主要指互联互通），通过较强的市场势力获得超额利润，以形成一家独大的垄断电信市场。因此，电信业在此时期并未形成实质性的市场竞争。

（二）双寡头垄断竞争阶段电信业市场集中度

为进一步优化中国电信业市场结构，中国电信规制部门借鉴了美国1982年电信业规制经验，按照长途和地区市话的电信业务类型分拆贝尔系统，并对拆分后形成的电信运营商实施"分业禁入"的规制措施。其意图是防止拥有市话垄断权的综合电信运营商，妨碍已经成熟的数家长途电话公司之间的市场竞争。1999—2001年，原信产部对中国电信运营商进行了拆分（见图5-2），将中国电信拆分成新中国电信、中国移动和中国卫星通信3家电信运营商，并将寻呼业务并入联通公司。

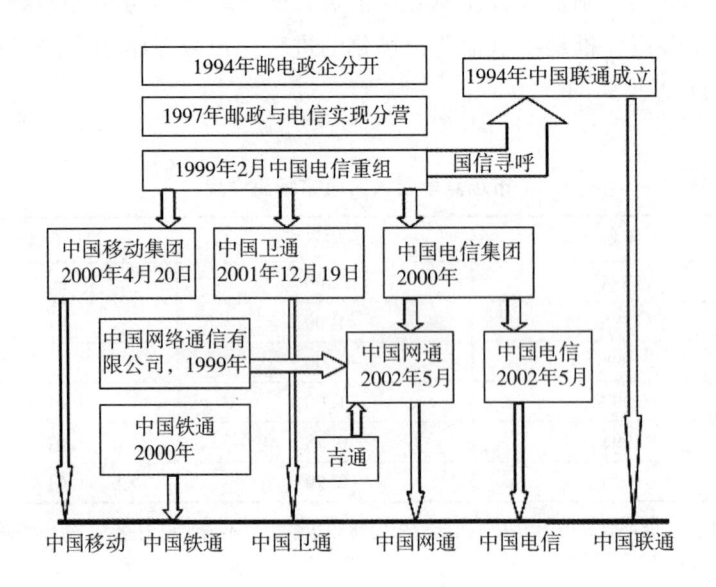

图5-2 电信产业组织结构图

资料来源：牟清：《中国电信业产业组织研究》，上海财经大学出版社2007年版，第99页。

[①] 韩晶晶：《中国电信业改革历程及市场结构比较》，《西安邮电学院学报》2010年第2期。

第五章 中国电信业市场结构

由图 5-2 可知，中国网络通信公司成立于 1999 年，在部分城市开展宽带因特网实验；2000 年政府部门又给中国吉通与中国铁通公司发放新的基础电信业务许可证和电信运营许可证。因此，在此时期，电信市场上的同一电信服务市场上形成双寡头垄断的市场竞争格局。双寡头垄断竞争阶段六大电信运营商情况见表 5-4。

表 5-4　　　　　　我国六大电信运营商的基本情况

电信运营商名称	简介	运营业务
中国移动	中国移动成立于 2000 年 4 月 20 日，全称中国移动通信集团公司。在国内，中国移动最先开展移动业务，截至 2001 年底建成了世界第一大 GSM 移动通信网络，网络覆盖 99% 的城镇，用户从 1999 年的 3303 万增加至 2001 年的 9000 万。并且，中国移动无论在网络质量还是在用户数量方面均优于中国联通，绝大多数高端用户选择了中国移动服务，ARPU 值远高于中国联通	中国移动开展的业务主要有： (1) 移动话音； (2) 移动数据； (3) IP 电话； (4) 多媒体业务； (5) 增值移动电信业务包括传真、数据、IP 电话、信息点播、手机银行、全球通和 WAP 等
中国电信	中国电信，全称中国电信集团公司。中国电信集团公司是按照国家电信体制改革方案组建的特大型国有通信企业。中国电信作为中国主体电信企业和最大的基础网络运营商，拥有世界第一大固定电话网络，覆盖全国城乡、通达世界各地，下辖 21 个省级电信公司，拥有全国长途传输电信网 70% 的资产，允许其在包括上海、江苏、浙江与广东在内的南方 21 省区域内建设本地电话网和经营本地固定电话等业务	中国电信开展的业务主要有： (1) 国内、国际各类固定电信网络设施，包括本地无线环路； (2) 基于电信网络的语音、数据、图像及多媒体通信与信息服务； (3) 国际电信业务对外结算； (4) 经营与通信及信息业务相关的系统集成、技术开发、技术服务、信息咨询、广告、出版、设备生产销售和进出口、设计施工等业务

81

续表

电信运营商名称	简介	运营业务
中国网通	中国网通，全称中国网络通信集团公司，正式成立于2002年5月。中国网通下辖10个省级电信公司，允许其在包括北京、天津、河北、山西、内蒙古、辽宁、吉林、黑龙江、河南和山东10个区域内建设本地电话网和经营本地固定电话等业务	中国网通经营业务： （1）国内、国际各类固定电信网络与设施，包含本地无线环路； （2）基于电信网络的语音、数据、图像及多媒体通信与信息服务； （3）相关的系统集成、技术开发等业务； （4）国内外投融资业务
中国联通	中国联通，全称中国联合通信有限公司，成立于1994年7月19日。中国联通同时运营GSM和CDMA两大移动通信网络，2001年底移动用户总数达2703.3万人，2001年互联网业务用户总数达到354.4万户	中国联通经营的主要业务： （1）国际、国内长途通信业务； （2）批准范围内的本地电话业务； （3）移动通信、无线寻呼及卫星通信业务（不含卫星空间站）； （4）数据通信业务、互联网业务及IP电话业务； （5）电信增值业务
中国铁通	中国铁通，全称中国铁道通信信息有限责任公司。前身是铁道通信信息有限责任公司，系国有大型基础电信运营企业，成立于2000年12月26日。2004年1月20日，经国务院批准，由铁道部移交国资委管理，更名为中国铁通集团有限公司，2004年6月，被国资委列为董事会试点企业。其经营理念主要为"立足铁路，面向社会，服务运输，市场经营"。中国铁通下辖31个省级分公司，并进行了大规模的网络建设和快速的发展	中国铁通公司主要经营业务： （1）长途电话业务； （2）互联网接入服务； （3）本地电话业务； （4）互联网信息服务等增值电信业务； （5）传真、电报业务； （6）卫星通信业务； （7）公共数据传送业务； （8）专用通信业务； （9）网络资源出租业务

续表

电信运营商名称	简介	运营业务
中国卫通	中国卫通，成立于2001年12月19日，全称中国卫通集团股份有限公司，是中国航天科技集团公司从事卫星运营服务业的核心专业子公司。中国卫通是我国拥有民用通信广播卫星资源的卫星运营企业，被工业和信息化部列为国家一类应急通信专业保障队伍，是国家行业主管部门直接指挥调度的保障力量	中国卫通主要经营业务： （1）通信、广播及其他领域的卫星空间段业务； （2）卫星移动通信业务； （3）互联网业务； （4）VSAT通信业务； （5）基于卫星传输技术的话音、数据、多媒体通信业务

资料来源：参考人民网《电信业重组即将启动》（http://ccnews.people.com.cn/GB/87473/114982/），作者进行整理。

由表5-4可知，中国电信与中国网通主要经营固定电话业务，中国移动与中国联通主要经营移动通信业务，中国铁通与中国卫通主要经营卫星通信业务。1999—2001年中国电信业市场竞争格局变化情况如图5-3所示。

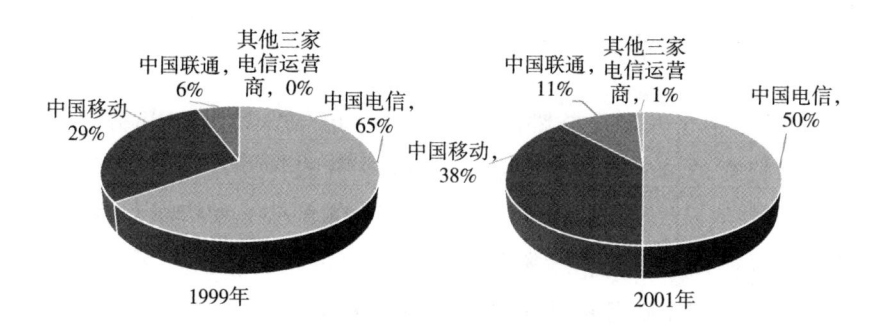

图5-3　1999年与2001年我国六大运营商市场份额占比情况

1999年：中国电信65%，中国移动29%，中国联通6%，其他三家电信运营商0%

2001年：中国电信50%，中国移动38%，中国联通11%，其他三家电信运营商1%

注：以业务收入作为市场份额考察指标。
资料来源：《1999年通信业发展统计公报》《2001年通信业发展统计公报》。

由图5-3可知，中国电信的市场份额从1999年的65%下降到 2001 年的 50%，下降了 15 个百分点，中国移动的市场份额却在不断上升，从 1999 年的 29%，增加到 2001 年的 38%，上升了 9 个百分点，中国联通也上升了 5 个百分点。显然，这一时期的改革确实起到了促进电信市场竞争的作用，各大电信运营商加大投资，扩大网络覆盖，发展用户，电信资费调整十分频繁。但如果仅仅观察业务收入这一单一指标，中国电信依然占有优势地位，2001 年拆分前，其市场份额为 65%，高出第二位的中国移动约 36 个百分点。在固定电话领域其市场份额更是高达 98% 左右，处于绝对垄断地位[①]。1999—2001 年我国电信业市场集中度情况见表 5-5。

表 5-5　　　　双寡头垄断竞争阶段电信市场集中度

年份	赫芬达尔指数	等价企业
1999	0.52	1.94
2000	0.44	2.25
2001	0.41	2.44
平均	0.46	2.21

由表 5-5 可知，虽然在这一时期，电信业市场的赫芬达尔指数始终在 0.46 附近波动，电信市场中的等价企业最大达到 2.44，相当于双寡头垄断竞争，仍属于高寡占 I 型市场。由此，我们可以得出中国电信垄断势力依然强大的结论，但如果考虑到移动业务对固定业务的快速替代，以及在固定通信领域实施基于网络竞争的困难，该结论就显得过于静态，而缺乏对需求发展和

[①] 张鸿、张利、杨洵等：《产业价值链整合视角下电信商业运营模式创新》，科学出版社 2010 年版，第 85—86 页。

技术进步影响的动态考量①。因此,我们需要更加全面地考量电信市场的结构问题。

(三) 比较竞争阶段的电信业市场集中度

为了打破固定电信领域的垄断局面,2001 年 12 月 11 日,国务院下发了《关于印发电信体制改革方案的通知》(国发〔2001〕36 号),信息产业部宣布经国务院批准将中国电信按南北拆分。随后,中国电信业借鉴了美国对 AT&T 电信公司的横向拆分模式②,将原中国电信集团公司的网络资源划分为南北两部分,北方 10 省(区、市)电信公司和中国网通、中国吉通组成新的中国网通集团③,南方 21 省(区、市)电信公司重组为新的中国电信集团公司。由此,我国电信市场初步形成了"4+2"的竞争格局,即 4 家较大的电信运营商(中国电信、中国网通、中国移动、中国联通)与两家较小的电信运营商(中国铁通、中国卫通)。由此,此次改革使得电信业在国际、长途、本地、移动、数据和线路租赁等基本电信服务领域中,都至少有两个独立的电信运营商。并且在我国固定电信领域,中国电信和中国网通两家运营商在全国都具有本地电话、长途电话、国际电话和国际互联网业务经营权,具备平等接入、比较竞争的基础条件,可在对方区域内建设本地电话网和经营本地固定电话等业务,双方相互提供平等接入服务。由此可见,比较竞争④是这次拆分的重要思路。表 5-6 为中国电信业"4+2"电信运营商的电信业务经营范围。

---

① 苑春荟、张迅:《中国电信业拆分重组的市场绩效评估》,《北京邮电大学学报》(社会科学版) 2008 年第 10 期。
② 美国电信业在拆分 AT&T 时将本地电话拆分成独立的几个公司,这样垄断运营商变成了多个运营商,并在本地电话市场上形成较为有效的竞争。
③ 2008 年中国网通并入中国联通组成新联通。
④ 比较竞争是与事前竞争和事后竞争都不同的一种竞争形式,它既不是在同一个市场内运营商之间面对面的竞争,也不是为争夺垄断特许权的事前竞争。在电信规制语境下,它主要是指监管机构将在不同市场提供服务的运营商的信息进行比较,从而实现有效监管的一种规制手段,因此,比较竞争也称标准竞争。

表5-6 中国电信业"4+2"电信运营商的电信业务经营范围

	本地电话	移动通信	长途电话	IP电话	无线寻呼增值业务	卫星通信
中国电信	√		√	√	√	
中国网通	√		√	√	√	
中国联通	√	√	√	√	√	
中国移动		√	√	√	√	
中国铁通	√		√	√	√	
中国卫通						√

在此阶段，中国电信可以经营本地电话、长途电话、IP电话、无线寻呼增值业务；中国网通也可经营本地电话、长途电话、IP电话、无线寻呼增值业务；中国联通则可经营除卫星通信以外的所有电信业务，成为电信全业务运营商；中国移动则可经营移动通信、长途电话、IP电话、无线寻呼增值业务；中国铁通的经营业务与中国电信和中国网通相同；中国卫通只可经营卫星通信业务。韩晶晶（2010）[①]认为政府可以通过对不同电信服务市场上电信运营商包括成本、利润和价格等在内的经营信息进行比较，从而对其实现有效监管与调控，故称其为比较竞争阶段。图5-4为我国2002—2007年各大电信运营商的市场份额情况。

---

① 韩晶晶：《中国电信业改革历程及市场结构比较》，《西安邮电学院学报》2010年第2期。

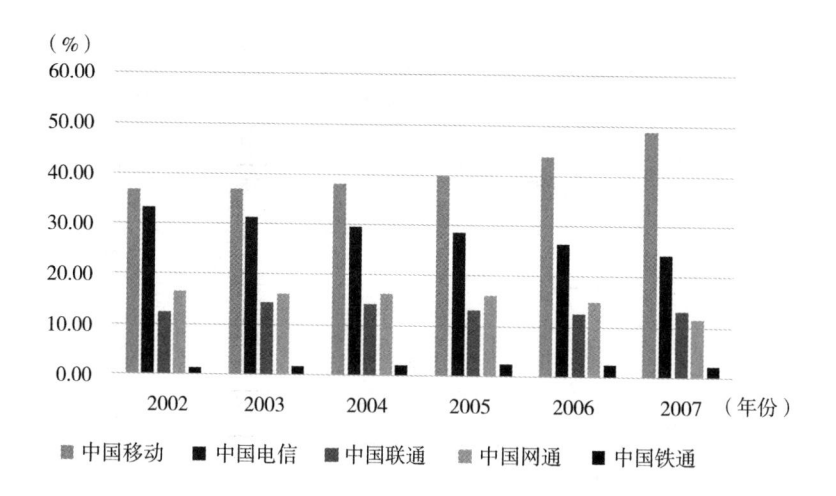

![图表]

图 5-4　2002—2007 年各大电信运营商的市场份额

注：本图中市场份额 = 某电信运营商的业务收入／（中国电信、中国移动、中国联通、中国网通和中国铁通的业务收入之和）×100%。

资料来源：《2002 年通信业发展统计公报》《中国信息产业 2003 年度报告》《中国信息产业 2004 年度报告》《基础电信运营企业 2005 年运行情况》《中国信息产业 2006 年发展状况》《2007 年通信业发展统计公报》。

从图 5-4 的数据来看，2002 年的电信南北分拆，中国移动、中国电信、中国联通、中国网通和中国铁通的电信业务市场份额分别为 36.74%、33.19%、12.37%、16.46% 和 1.24%。由此来看，前四大电信运营商中没有一家企业的市场份额超过 40%。电信业的市场竞争格局得到优化，基本促成有效竞争形态。但到 2006 年以后，中国移动的市场份额不断增长，达到了 48.87%，成为电信业中的主导电信运营商。表 5-7 为比较竞争阶段电信市场集中度。

表 5-7　　　　　　比较竞争阶段电信市场集中度

年份	赫芬达尔指数	等价企业
2002	0.29	3.48

续表

年份	赫芬达尔指数	等价企业
2003	0.28	3.57
2004	0.28	3.58
2005	0.28	3.52
2006	0.30	3.33
2007	0.33	3.04
平均	0.29	3.42

由表5-7可知，这一阶段电信业市场的赫芬达尔指数始终在0.29附近波动，电信市场中的等价企业最大达到3.58，相当于寡头垄断竞争，属于高寡占Ⅱ型市场。虽然比较竞争基本架构的确立，使电信服务市场结构趋于合理，但伴随着中国移动的市场份额的增大，2006年、2007年的电信业市场集中度呈逐渐增大的趋势。

（四）融合竞争阶段的电信业市场集中度

2008年5月24日，工业和信息化部、国家发改委以及财政部联合发布《关于深化电信体制改革的通告》，要求中国电信收购中国联通CDMA网，中国联通与中国网通合并，中国卫通的基础电信业务并入中国电信，中国铁通并入中国移动，标志着中国电信业新一轮改革的开始，如表5-8所示。而此次电信业的改革主要有两个目的：一是发放三张3G牌照，支持形成三家拥有全国性网络资源、实力与规模相对接近、具有全业务经营能力和较强竞争力的市场竞争主体，电信资源配置进一步优化，竞争架构得到完善；二是电信行业服务能力和水平进一步提高，监管体系继续加强，广大人民群众充分分享电信行业发展改革的成果[①]。重组后，中国电信、

---

① 工信部：《三部委关于深化电信体制改革的通告》（http://www.miit.gov.cn/n1146290/n1146397/c4269183/content.html）。

中国移动和中国联通均变成全业务运营商，并在移动通信和固定通信服务市场中展开竞争。中国移动在移动通信市场上的绝对强势地位面临着来自中国电信的巨大竞争威胁，而中国联通和中国网通的联手也将与中国电信在固定电信服务市场中产生有效的竞争①。

随着电信业的重组和3G牌照发放，移动网络与固定网络将实现融合，三大电信运营商将实现全业务竞争，宽带和移动互联网业务成为电信业竞争的热点领域。表5-9为融合竞争阶段的电信市场集中度情况。

表5-8　　　　　　　　2008年中国电信业重组方案

电信运营商	组成	业务	用户规模
新移动	中国移动＋中国铁通＋TD-SCDMA	TD-SCDMA网络固网	移动：3.866亿（GSM） 固话：原铁通2100万用户 宽带：原铁通400万用户
新电信	中国电信＋CDMA网络＋CDMA2000	CDMA网络固网	移动：4192.6万（CDMA） 固话：2.26亿 宽带：3817万 小灵通：约5400万
新联通	中国联通（-CDMA网络）＋中国网通＋WCDMA	WCDMA网络固网	移动：1.20564亿（GSM） 固话：1.1878亿，其中无线市话2868万 宽带：2266万 小灵通：约2400万

资料来源：张超、张权、张鸿：《中国电信业改革历程及效率评价》，《统计与信息论坛》2010年第7期。

---

①　韩江卫：《中国电信产业价值增进研究》，博士学位论文，西北大学，2011年，第41页。

表5-9　　　　　融合竞争阶段的电信市场集中度

年份	赫芬达尔指数	等价企业
2008	0.41	2.64
2009	0.41	2.44
2010	0.41	2.44
2011	0.42	2.38
2012	0.43	2.33
2013	0.38	2.63
2014	0.37	2.70
2015	0.38	2.63
平均	0.40	2.52

由表5-9可知，这一阶段电信业市场的赫芬达尔指数始终在0.40附近波动，电信市场中的等价企业最大达到2.70，相当于寡头垄断竞争，属于高寡占Ⅰ型市场。

第二节　中国电信业市场进入壁垒

电信业的进入壁垒是构成电信市场结构的一个重要因素，主要包括结构性壁垒和策略性壁垒。

一　市场竞争引入阶段的进入壁垒

市场竞争引入阶段的电信业市场结构中，由于在固定电信服务市场与移动电信服务市场上，中国联通都不足以与中国电信与中国移动进行实质、有效的市场竞争，反映了该阶段电信业的高进入壁垒。

二 双寡头垄断竞争阶段的进入壁垒

在双寡头垄断竞争阶段电信业市场结构中,由于民营资本规模较小,加之有限的融资渠道和政策法规限制,在面对较高的电信业必要资本壁垒时,常常表现为无能为力,这也是长期困扰电信基础运营业竞争活力不足的重要原因。电信业具有很强的网络规模效应特征,原有电信运营商在用户基数上相对于潜在进入者往往具有明显的优势,正反馈效应的作用机制使潜在进入者处于十分不利的地位。潜在进入者在直接网络效应的产品市场上,很难获得消费者和用户的支持,因此,用户基数的不对称就成为网络市场上的进入壁垒。潜在进入者要想成功进入,关键要使新网络和旧网络实现互联互通,使产品在技术上相互兼容,以共享用户基数。

三 比较竞争阶段的进入壁垒

电信业属于资本与技术密集型产业,决定了企业进入该市场时需要投入巨额的必要资本量,以维持企业的正常运营。2007年各大上市电信公司的年报数据显示,中国移动、中国电信和中国联通的资产总额分别为9155.43亿元、6406.48亿元和4066.87亿元,从而构成了阻止新企业进入的必要资本壁垒。在位电信运营商已经拥有了一定的网络和用户规模,并且"坚持竞争、拒绝合作"往往是在位电信运营商的选择,这一特性无疑会把新进企业拒之门外。电信业通常采取提高用户的转换成本、纵向一体化和过剩生产能力投资等策略性壁垒阻挠潜在进入者进入电信市场,如各大电信运营商采取的禁止携号转网的手段,提高电信用户转网成本。此外,中国联通与iPhone手机之间的合作,实现了3G应用服务的纵向一体化,加强了中国联通在该市场的垄断,形成了双重加价,损害了消费者的福利。电信业通过发展小灵通业务,从而释放了自己冗余的电信网络资源,抢占了部分移动通信的市场份额,挤压了中国联通的市场份额。

四 融合竞争阶段的进入壁垒

在融合竞争阶段，电信运营商抢占的焦点逐渐转向4G移动通信市场。因此，移动电话基站与3G/4G网络基础设施，成为阻止潜在电信运营商进入电信业的重要因素。2012—2017年，我国移动电话基站数从2012年的207万个，增长到2017年的619万个，扩大了近2倍，年均增长比例达24.49%；3G/4G网络基础设施从2012年的82万个，增长到2017年的462万个，扩大了近5倍，年均增长比例为41.31%（见图5-5）。

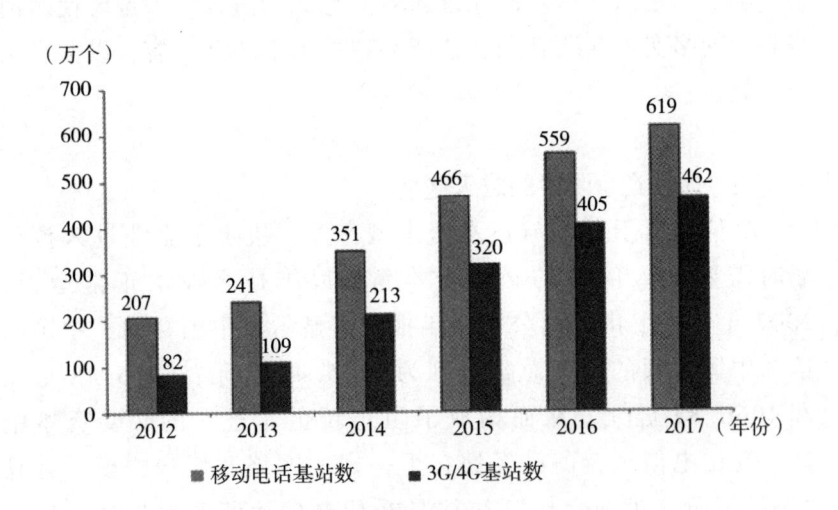

图5-5 2012—2017年移动电话基站发展情况

资料来源：运行监测协调局：《2017年通信业统计公报》，2018年2月，中华人民共和国工业和信息化部（http://www.miit.gov.cn/n1146312/n1146904/n1648372/c6048643/content.html）。

移动电话基站的建设需要投入大量的资金，中国电信、中国移动和中国联通三大电信运营商在建设资金投入方面存在着巨大差异，造成各家电信运营商在网络基础设施资源方面的不均衡，抑制了在位电信运营商之间的有效竞争①。因此，2014年，我国电信业又进行了相应的"网业分离"改革，根本目的在于杜绝电信市场的恶性竞争，优化电信资源配置。

第三节 中国电信业产品差异化

改革开放以来，随着电信业通信能力建设步伐的加快，电话普及程度快速提高，电信业务不断推陈出新，电信服务内容更加丰富多彩②。为适应电信新技术、新业务发展，进一步推进电信业改革开放，促进电信业务繁荣健康发展，扩大信息消费，规范市场行为，提升服务水平，保障用户权益，工信部依据《中华人民共和国电信条例》，对《电信业务分类目录》重新进行了调整，发布《电信业务分类目录（2015年版）》（以下简称《目录》），自2016年3月1日起施行③。对比2000年9月第一版《目录》和2001年、2003年两次调整后的《目录》，此次修订后的《目录》仍维持基本分类框架不变，将电信业务分为基础电信业务和增值电信业务两类。《目录》变化的部分为：在基础电信业务层面，对IP电话、蜂窝移动通信业务、卫星通信业务、互联网数据传送业务、网络接入设施服务业务等进行了调整和细化；在增值电信业务方面，将原第一类增值电信业务和第二类增值电信业务所含业务子类重新调整、合并，确定第一类增值电信业务为基于设施和资源类的业务，第二类增值电信业务为基于公共应用平台类的业务。同时明确了内容分发网络业务、编码和规程转换业务，并对互联网数据中心业务、呼

---

① 张欣、曲创：《纵向分离、进入壁垒与电信行业改革》，《经济与管理研究》2017年第1期。
② 国家统计局：《改革开放30年报告之十三：邮电通信业在不断拓展中快速发展》，2008年11月，中华人民共和国国家统计局（http://www.stats.gov.cn/ztjc/ztfx/jnggkf30n/200811/t20081112_65699.html）。
③ 业务资源处：《工业和信息化部关于发布〈电信业务分类目录（2015年版）〉的通告》，2015年12月，中华人民共和国工业和信息化部（http://www.miit.gov.cn/n1146285/n1146352/n3054355/n3057709/n3057714/c4564270/content.html）。

叫中心和信息服务业务进行细化；并考虑到技术更新、业务发展情况等因素，《目录》撤销"公众电报和用户电报业务""模拟集群通信业务""无线数据传送业务"3个业务小类；为推动电信市场开放，支持民营资本实质性开展基础电信业务经营，《目录》增设了移动通信转售业务和宽带接入网业务的试点[①]。可见，随着电信技术的进步，电信业务的发展逐渐打破了原有的行业边界，表现为多种技术与行业间的交叉与融合，并形成了基础电信业务和增值电信业务的两大块差异化业务。

一 基础电信业务的发展

1978—2017年，我国的固定电话与移动电话业务发展十分迅猛。图5-6为1995—2017年固定电话普及率与移动电话普及率情况。

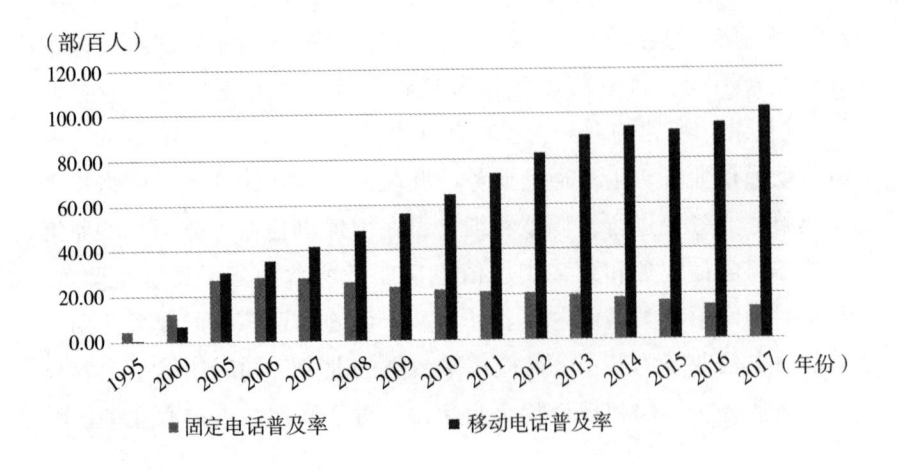

图5-6　1995—2017年固定电话普及率与移动电话普及率

---

① 业务资源处：《工业和信息化部相关负责人解读〈电信业务分类目录（2015年版）〉》，2015年12月，中华人民共和国工业和信息化部（http://www.miit.gov.cn/n1146285/n1146352/n3054355/n3057709/n3057716/c4564319/content.html）。

1995—2017年的固定电话普及率整体呈倒"U"型趋势，1995—2006年的固定电话普及率呈上升趋势，2006—2017年的固定电话普及率则呈下降趋势，2006年固定电话普及率最高，达到28.1部/百人。1995—2017年我国移动电话普及率呈不断上升趋势，2017年的移动电话普及率达到102.5部/百人，是1995年的移动电话普及率的342倍。这反映了随着移动通信技术对固定通信技术的替代，移动通信业务成为电信业务增长的主要动力。

我国移动通信的诞生起源于1987年广东省建成并投入使用的TACS模拟蜂窝移动电话系统[1]。随后，移动通信的迅速发展极大地改变了电信产业格局。至2017年底，我国移动电话普及率超过固定电话88.5个百分点，移动业务收入占电信业务收入的份额达到71.9%，成为电信业务最主要的收入来源。随着电信产业市场竞争格局的建立、通信技术的不断发展、经济社会的不断发展，电信业务也出现了蓬勃的发展。表5-10为1995—2017年我国基础电信业务的发展情况。

表5-10　　　　　1995—2017年基础电信业务发展情况

年份	固定本地电话通话时长（亿分钟）	固定长途电话通话时长（亿分钟）	移动电话通话时长（亿分钟）
1995			113.4
2000			1845.3
2005			12507.4
2006		1742.6	16870.7
2007		1756.7	23061.3

---

[1] 国家统计局综合司：《系列报告之十五：邮电通信业发展突飞猛进》，2009年9月，中华人民共和国国家统计局（http://www.stats.gov.cn/ztjc/ztfx/qzxzgcl60zn/200909/t20090924_68647.html）。

续表

年份	固定本地电话通话时长（亿分钟）	固定长途电话通话时长（亿分钟）	移动电话通话时长（亿分钟）
2008		1655.8	29355.6
2009		1314.6	35351.0
2010		1068.9	43261.2
2011	4227.4	856.9	50472.6
2012	3577.7	700.7	55444.9
2013	3023.1	590.6	58229.7
2014	2613.9	530.1	59012.7
2015	2251.1	472.6	57648.9
2016	1876.4	400.8	56599.0
2017	1527.6	314.1	26895.9

由表5-10可知：2011—2017年，我国固定本地电话通话时长呈下降趋势，由2011年的4227.4亿分钟下降至2017年的1527.6亿分钟，下降了63.86%；2006—2017年，我国固定长途电话通话时长呈下降趋势，由2006年的1742.6亿分钟下降至2017年的314.1亿分钟，下降了81.98%；1995—2017年，我国移动电话通话时长呈上升趋势，由1995年的113.4亿分钟增长至2017年的26895.9亿分钟，增长了236倍多。可见，移动电话通话时长一直处于高增长，固定运营商经营的相关业务出现了负增长的情况。

在2G至2.5G移动通信标准时代，中国移动始终占据着GSM数字网的移动电信服务市场的优势。直至2002年，中国联通凭借CDMA移动通信技术，通过技术优势所形成的产品差别化，才与中国移动形成一定的有效竞争。而CDMA属于2.5G的技术标准,是从2G向3G发展的过渡技术①。可见,中国移动通信市场上的产品硬差别并不显著。中国联通采取转换和依附策略,以寻求产品差异化,增强自己的竞争优势②。此外,中国联通和中国移动公司都通过广告营销的方式,宣传企业的服务理念和品牌形象,如请明星做代言人,赞助各种文艺晚会和影视剧的制作等。

二 增值电信业务

近年来,增值业务收入占电信业务收入比重不断增长,尤其是以互联网为代表的电信增值业务,成为拉动电信业务收入增长的重要力量。根据中华人民共和国工业和信息化部的通信业数据统计,我国电信话音、非话音业务比重和固定、移动数据及互联网收入比重见表5-11。

表5-11 我国电信话音、非话音业务比重和固定、移动数据及互联网收入比重 (%)

年份	话音业务比重	非话音业务比重	固定数据及互联网收入比重	移动数据及互联网收入比重
2014	41.8	58.2		23.5
2015	31.7	68.3		27.6
2016	25.0	75.0	15.2	38.1
2017	17.5	82.5	15.6	43.5

资料来源:工业和信息化部、国研网行业研究部。

由表5-11可知,中华人民共和国工业和信息化部通信业数据统计显示:2016—2017年,固定数据及互联网业务发展迅猛,

---

① 连海霞:《有效竞争与中国电信业规制体制改革》,《经济评论》2002年第4期。
② 王红梅:《电信全球竞争》,人民邮电出版社2000年版,第219—220页。

2016年固定数据及互联网收入占电信业收入的比重为15.2%，到2017年，固定数据及互联网业务收入为1971亿元，在电信业务收入中占比提高到15.6%，对收入增长贡献率达21.9%；移动数据及互联网业务发展迅猛，2014年移动数据及互联网收入占电信业收入的比重仅为23.5%，到2017年，移动数据及互联网业务收入为5489亿元，在电信业务收入中占比达到43.5%。互联网业务快速发展加速了其对话音业务的替代趋势。特别是随着FDD牌照的发放，使移动数据及互联网业务成为电信业收入增长的主要动力和未来发展方向，进一步导致话音业务收入加速下滑[①]。我国2012—2017年固定数据及互联网业务收入情况见图5-7。

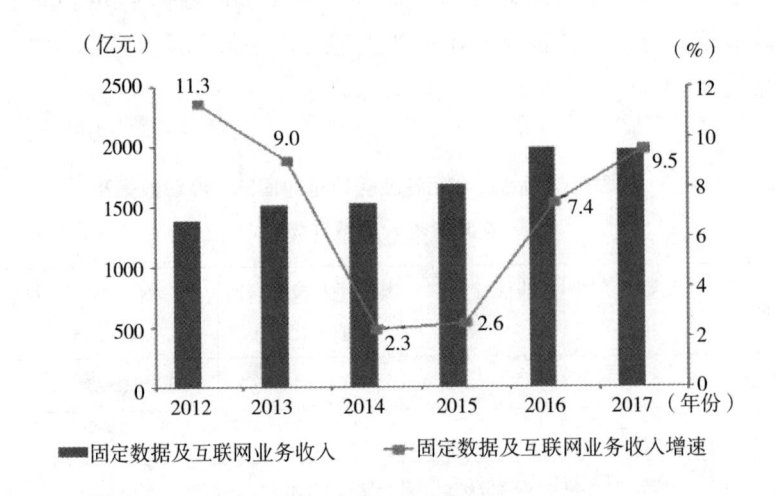

图5-7　2012—2017年固定数据及互联网业务收入情况

资料来源：运行监测协调局：《2017年通信业统计公报》，2018年2月，中华人民共和国工业和信息化部（http://www.miit.gov.cn/n1146312/n1146904/n1648372/c6048643/content.html）。

---

① 国研网行业研究部：《2016年4季度通信行业分析报告》（http://d.drcnet.com.cn/eDRCnet.common.web/docview.aspx? chnid = 5204&leafid = 23098&docid = 4621632&uid = 78040206&version = dReport）。

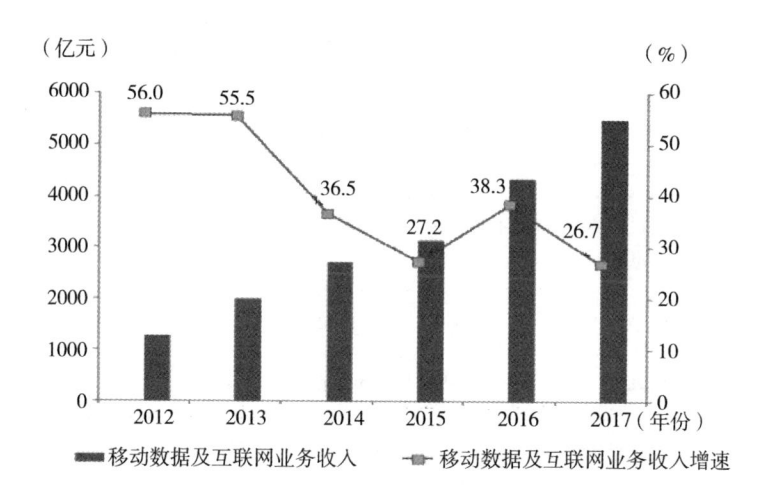

图 5-8 为 2012—2017 年移动数据及互联网业务收入情况。

图 5-8　2012—2017 年移动数据及互联网业务收入情况

资料来源：运行监测协调局：《2017 年通信业统计公报》，2018 年 2 月，中华人民共和国工业和信息化部（http://www.miit.gov.cn/n1146312/n1146904/n1648372/c6048643/content.html）。

由图 5-7 和图 5-8 可知，2012—2017 年固定数据及互联网业务收入呈字母"U"型趋势，年均增长 6.16%；2012—2017 年移动数据及互联网业务收入呈波浪式变化趋势，年均增长 36.84%。受益于光纤接入速率大幅提升，家庭智能网关、视频通话、IPTV 等融合服务加快发展。2017 年 IPTV 业务收入 121 亿元，比上年增长 32.1%；物联网业务收入比上年大幅增长 86%。

互联网基础资源建设快速发展。到 2017 年底，中国互联网的国际出口带宽由 1997 年的 25.4Mbps 增长到 7320180Mbps，10 年增长了 288195 倍。其中，中国电信、中国联通、中国移动、中国教育和科研计算机网和中国科技网出口带宽所占份额分别为 49.53%、28.44%、20.46%、0.84% 和 0.73%，见表 5-12。我国 IP 地址数已从 2001 年底的 0.2 亿个增长到 2017 年的 3.4 亿个，全球排名由第 9 位上升到第 2 位，仅次于美国。网站数由

2000 年的 26.5 万个增长到 2017 年的 150.4 万个，年均增长 28.1%。网页数达到 84.7 亿个。网民可以享用的信息资源越来越丰富①。

表 5-12　　　　　2017 年主要骨干网络国际出口带宽数

	国际出口带宽数（Mbps）	比重（%）
中国电信	3625830	49.53
中国联通	2081662	28.44
中国移动	1498000	20.46
中国教育和科研计算机网	61440	0.84
中国科技网	53248	0.73
合计	7320180	

资料来源：中国互联网络信息中心：《中国互联网络发展状况统计报告》，2018 年 1 月，中国网信网（http://www.cac.gov.cn/2018-01/31/c_1122347026.htm）。

CNNIC 调查显示，截至 2017 年底，我国网民规模达 7.72 亿人，手机网民规模达 7.53 亿人，占网民总体的 97.5%；农村网民占比为 27.0%，规模为 2.09 亿人②。4G 移动电话用户的不断增长，移动网络应用的极大丰富，国家提速降费政策的实施，促使移动数据流量的急速增长。图 5-9 为 2012—2017 年我国移动互联网接入流量增长情况。

---

① 国家统计局：《改革开放 30 年报告之十三：邮电通信业在不断拓展中快速发展》，2008 年 11 月，中华人民共和国国家统计局（http://www.stats.gov.cn/ztjc/ztfx/jnggkf30n/200811/t20081112_65699.html）。
② 中国互联网络信息中心：《中国互联网络发展状况统计报告》，2018 年 1 月，中国网信网（http://www.cac.gov.cn/2018-01/31/c_1122347026.htm）。

第五章　中国电信业市场结构

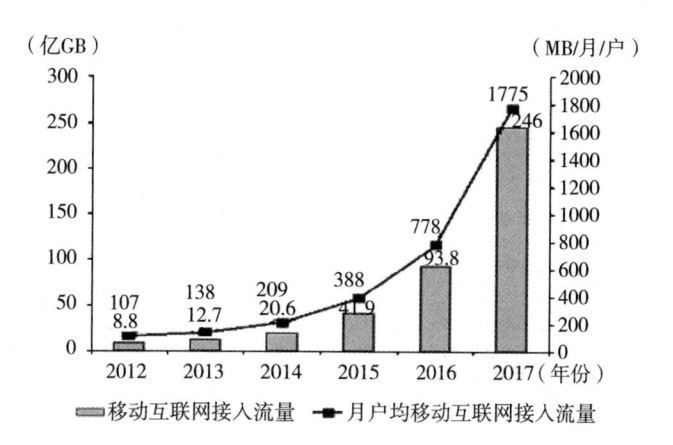

图 5-9　2012—2017 年移动互联网接入流量增长情况

资料来源：运行监测协调局：《2017 年通信业统计公报》，2018 年 2 月，中华人民共和国工业和信息化部（http://www.miit.gov.cn/n1146312/n1146904/n1648372/c6048643/content.html）。

由图 5-9 可知，2012—2017 年移动互联网接入流量增长了近 27 倍，年均增长 94.67%；月户均移动互联网接入流量增长近 16 倍，年均增长 75.37%。

2017 年，我国增值电信业务经营许可企业共 48969 家，其中工业和信息化部许可的跨地区企业 8596 家，各省（区、市）通信管理局许可的本地企业合计 40373 家；2017 年全国增值电信业务经营许可企业数量比 2016 年增加 9651 家，增幅为 24.55%，其中跨地区增加 3166 家，省内增加 6485 家，增幅分别为 58.3%、19.13%；全国增值电信业务市场区域发展不均衡特征突出，北京、广东和上海三地集中了 62.8% 的跨地区企业，西部 12 省份的增值电信业务经营者仅占全国的 12.4%[①]。表 5-13 为我国 2017 年各类增值电信业务经营者数量。

[①] 中国信息通信研究院：《国内增值电信业务许可情况分析报告（2017.12）》（http://www.caict.ac.cn/kxyj/qwfb/qwsj/201801/P020180110333810343122.pdf）。

表 5 – 13　　我国 2017 年各类增值电信业务经营者数量

业务种类		经营者数量	占比（%）
A2. 无线数据传送业务（原分类目录）		3	0.03
A2. 无线寻呼业务		1	0.01
A2. 国内甚小口径终端地球站通信业务		75	0.64
A2. 固定网国内数据传送业务		85	0.73
A2. 用户驻地网业务（试点）		3	0.03
A2. 网络托管业务		34	0.29
B1. 互联网数据中心业务		704	6.02
B1. 内容分发网络业务		68	0.58
B1. 国内互联网虚拟专用网业务		304	2.60
B1. 互联网接入服务业务		1586	13.57
B2. 在线数据处理与交易处理业务		43	0.37
B2. 国内多方通信服务业务		368	3.15
B2. 存储转发类业务		36	0.31
B2. 国内呼叫中心业务		2697	23.07
B2. 信息服务业务	仅限互联网信息服务	34	0.29
	不含互联网信息服务	5648	48.32

资料来源：中国信息通信研究院：《国内增值电信业务许可情况分析报告（2017.12）》（http://www.caict.ac.cn/kxyj/qwfb/qwsj/201801/P020180110333810343122.pdf）。

由表 5 – 13 可知，2017 年，我国 8596 家增值电信业务跨地区经营者共从事 11689 项增值电信业务。其中，从事信息服务业务中不含互联网信息服务的经营者数量最多，达到了 5648 家，占总数的 48.32%；其次为国内呼叫中心业务的经营者，其数量达到了 2697 家，占比达 23.07%；再次为从事互联网接入服务业务的经营者，其数量为 1586，占比达 13.57%；剩余增值电信业务的经营者占比仅为 15.04%。

目前，我国互联网增值业务，如电信运营商提供基础通信网络、计费和收费，SP 提供产品、营销等，电信运营商与 SP 按照不同业务采用不同的比例分成方式进行结算①。并且，互联网增值业务收入已成为电信运营商收入中的重要部分。表 5-14 为我国 2016—2017 年互联网应用的使用率。

表 5-14　　2016—2017 年我国互联网应用的使用率

应用	2017 年 用户规模（万）	2017 年 网民使用率（%）	2016 年 用户规模（万）	2016 年 网民使用率（%）	年增长率（%）
即时通信	72023	93.3	66628	91.1	8.1
搜索引擎	63956	82.8	60238	82.4	6.2
网络新闻	64689	83.8	61390	84.0	5.4
网络视频	57892	75.0	54455	74.5	6.3
网络音乐	54809	71.0	50313	68.8	8.9
网上支付	53110	68.8	47450	64.9	11.9
网络购物	53332	69.1	46670	63.8	14.3
网络游戏	44161	57.2	41704	57.0	5.9
网上银行	39911	51.7	36552	50.0	9.2
网络文学	37774	48.9	33319	45.6	13.4
旅行预订	37578	48.7	29922	40.9	25.6
电子邮件	28422	36.8	24815	33.9	14.5
互联网理财	12881	16.7	9890	13.5	30.2
网上炒股或炒基金	6730	8.7	6276	8.6	7.2
微博	31601	40.9	27143	37.1	16.4
地图查询	49247	63.8	46166	63.1	6.7
网上订外卖	34338	44.5	20856	28.5	64.6
在线教育	15518	20.1	13764	18.8	12.7

---

① 张鸿、张利、杨洵等：《产业价值链整合视角下电信商业运营模式创新》，科学出版社 2010 年版，第 93 页。

续表

应用	2017年 用户规模（万）	2017年 网民使用率（%）	2016年 用户规模（万）	2016年 网民使用率（%）	年增长率（%）
网约出租车	28651	37.1	22463	30.7	27.5
网约专车或快车	23623	30.6	16799	23.0	40.6
网络直播	42209	54.7	34431	47.1	22.6
共享单车	22078	28.6	—	—	—

资料来源：中国互联网络信息中心：《中国互联网络发展状况统计报告》，2018年1月，中国网信网（http://www.cac.gov.cn/2018-01/31/c_1122347026.htm）。

表5-15为我国2016—2017年手机互联网应用的使用率。

表5-15　2016—2017年我国手机互联网应用的使用率

应用	2017年 用户规模（万）	2017年 网民使用率（%）	2016年 用户规模（万）	2016年 网民使用率（%）	年增长率（%）
手机即时通信	69359	92.2	63797	91.8	8.7
手机网络新闻	61959	82.3	57126	82.2	8.5
手机搜索	62398	82.9	57511	82.7	8.5
手机网络音乐	51173	68.0	46791	67.3	9.4
手机网络视频	54857	72.9	49987	71.9	9.7
手机网上支付	52703	70.0	46920	67.5	12.3
手机网络购物	50563	67.2	44093	63.4	14.7
手机网络游戏	40710	54.1	35166	50.6	15.8
手机网上银行	37024	49.2	33357	48.0	11.0
手机网络文学	34352	45.6	30377	43.7	13.1
手机旅行预订	33961	45.1	26179	37.7	29.7
手机邮件	23276	30.9	19713	28.4	18.1
手机在线教育课程	11890	15.8	9798	14.1	21.3
手机微博	28634	38.0	24086	34.6	18.9

续表

应用	2017年 用户规模（万）	2017年 网民使用率（%）	2016年 用户规模（万）	2016年 网民使用率（%）	年增长率（%）
手机地图、手机导航	46504	61.8	43123	62.0	7.8
手机网上订外卖	32229	42.8	19387	27.9	66.2

由表5-14和表5-15可知，互联网应用越来越广泛，中国70%以上的网民主要使用即时通信、搜索引擎、网络新闻、网络视频和网络音乐等为代表的网络应用；中国70%以上的手机网民使用手机即时通信、手机网络新闻、手机搜索、手机网络视频和手机网上支付。其中，2017年的即时通信用户规模达到7.20亿，较2016年底增长5395万，占网民总体的93.3%；手机即时通信用户6.94亿，较2016年底增长5562万，占手机网民的92.2%；2017年我国搜索引擎用户规模达6.40亿，使用率为82.8%，用户规模较2016年底增加3718万，增长率为6.2%；手机搜索用户数达6.24亿，使用率为82.9%，用户规模较2016年底增加4887万，增长率为8.5%；2017年我国网络视频用户规模达5.8亿，使用率为75.0%，用户规模较2016年底增加3437万，增长率为6.3%；手机网络视频用户数达5.5亿，使用率为72.9%，用户规模较2016年底增加4870万，增长率为9.7%；2017年我国网络新闻用户规模为6.47亿，年增长率为5.4%，网民使用比例为83.8%；手机网络新闻用户规模达到6.20亿，占手机网民的82.3%，年增长率为8.5%；2017年我国使用网上支付的用户规模达到5.31亿，较2016年底增加5660万人，年增长率为11.9%，使用率达68.8%；手机支付用户规模增长迅速，达到5.27亿，较2016年底增加5783万人，年增长率为12.3%，使用比例达70.0%[1]。

---

[1] 中国互联网络信息中心：《中国互联网络发展状况统计报告》，2018年1月，中国网信网（http://www.cac.gov.cn/2018-01/31/c_1122347026.htm）。

第六章　中国电信业市场行为

第一节　价格行为

电信运营商的竞争在很大程度上局限于价格战。近年来，电信运营商们为了争夺用户纷纷推出各种优惠业务套餐，大范围推行免月租政策，降低入网门槛，加大补贴力度。国务院《关于取消和下放一批行政审批项目的决定》要求放开各类电信业务资费：一是所有电信业务资费均实行市场调节价；二是电信企业自主制定电信业务资费方案时，应当遵循合法、公平、诚信原则，考虑用户的不同需求，提供业务打包等多种资费方案供用户选择。对涉及用户基本通信需求的固定语音、移动语音、短信息、宽带等业务，电信企业进行打包销售时，必须另外提供包内单项业务单独的资费方案；三是电信企业应进一步提高资费透明度，建立资费方案公示制度，通过营业厅、代理代办点、网站等公布所有面向公众市场的在售资费方案；四是电信企业与用户签订的协议中应包含资费标准、计费方式、对应服务和适用期限等内容；五是电信企业要严格执行有关政策，履行社会责任，建立健全电信资费内部管理制度，自觉规范经营行为，努力降低经营成本，为用户提供更优质、更低廉、更透明的电信服务[1]。2015年新修订的《中华人民共和国电信条例》

---

[1] 工业和信息化部、国家发展改革委：《关于电信业务资费实行市场调节价的通告》，2014年5月，中华人民共和国国家发展和改革委员会（http://www.ndrc.gov.cn/zcfb/zcfbtz/201405/t20140519_ 611988.html）。

规定:"电信资费实行市场调节价。电信业务经营者应当统筹考虑生产经营成本、电信市场供求状况等因素,合理确定电信业务资费标准。"[1]

一 二部定价

政府规制部门为了扶持电信业的发展,对电信业务实施政府定价,并一般采用二部定价法。该定价法是将电信价格分为月租费和从量费两个部分,月租费按通常情况下电信用户计算的平均固定成本来定,这部分费用与电信消费数量无关,从量费按边际成本等于边际效用的原则来定,与电信业务消费数量直接相关[2]。对于电信业务价格而言,其价格主要由月租费和从量费两部分组成,月租费按省会城市、地市县、农村和办公电话划分为4个级次,各级次内又分不同资费档次,标准为每月10—35元不等;从量费又按照本地网营业区内通话费设3档,首3分钟资费标准分别为0.18元、0.2元、0.22元,以后每分钟标准分别为0.09元、0.1元、0.11元[3]。

移动通信运营商也采用了二部定价法[4],如1995年,中国移动推出的后付费业务:基本月租费50元,本业务区基本通话费0.4元/分钟,漫游通话费0.6元/分钟;中国联通可在此标准基础上向下浮动10%,中国联通的移动电话资费标准规定[5],入网初装费仍

---

[1] 政策法规司:《中华人民共和国电信条例》,2016年6月,中华人民共和国工业和信息化部(http://www.miit.gov.cn/newweb/n1146295/n1146557/n1146619/c4860613/content.html)。

[2] 百度百科:《二部定价法》(https://baike.baidu.com/item/%E4%BA%8C%E9%83%A8%E5%AE%9A%E4%BB%B7%E6%B3%95/3437394?fr=aladdin)。

[3] 中央政府门户网站:《两部门有关负责人解读调整部分电信资费管理方式》,2009年11月,人民日报(http://www.gov.cn/jrzg/2009-11/25/content_1472405.htm)。

[4] 程子阳:《电信业务资费均衡与定价模式研究》,博士学位论文,北京邮电大学,2010年,第110页。

[5] 国家计划委员会:《国家计划委员会关于联通公司资费管理和联通公众GSM数字移动电话业务资费标准问题的批复》,1995年7月,中华人民共和国工业和信息化部(http://www.miit.gov.cn/n1146295/n1146592/n3917431/n4062109/n4062121/n4062124/n4062125/c4140012/content.html)。

维持3000—5000元标准，将基本通话费每月150元调整为基本月租费每月50元，本业务区内通话费由每分钟0.50元（主叫或被叫均按每分钟收取通话费）调整为每分钟0.40元（主叫或被叫均按每分钟收取通话费），拨打国内、国际长途电话按规定加收国内、国际长途电话费。

二 三部定价

在二部资费的基础上衍生出了三部资费，即定额收费包含月租费且有一个固定的业务使用量，如果用户月内消费量不足基本消费限量，基本费用的不足余额不再退回，超过该使用量的部分则按照一定费率加收线性从量资费[1]。对电信运营商而言，选择三部定价属于一种市场细分策略，其设定的每一档次的平均实际资费水平是不一样的。通常这样一组资费方案具有一个特点，就是越高的档次，平均单位话费越低，当然其前提是用户选择的资费档次要和自己的消费量相当。用户可以根据自己的使用量选择最适宜的档次，以便节省开支，这就达到了电信运营商保有一定电话使用量和刺激电话使用量增长的目的，如中国移动推出的后付费4G无线上网套餐和飞享套餐。后付费4G无线上网套餐[2]，套餐内含国内移动数据流量，不具有语音功能，套餐外国内流量按60元/1G进行收费，不足60元部分，按0.29元/M收取，具体资费标准见表6-1。

---

[1] 程璞：《非线性定价在我国电信业务资费中的应用》，《合作经济与科技》2007年第11期。

[2] 中国移动：《流量可选包》（http://shop.10086.cn/goods/100_100_1053379_1042284.html）。

第六章　中国电信业市场行为

表6-1　　　　　　后付费4G无线上网套餐资费标准

月费（元）	国内流量	超出后资费
30	500M	60元/1G（不足60元部分，按0.29元/M收取）
40	700M	
50	1G	
70	2G	
100	3G	
130	4G	
180	6G	
280	11G	

飞享套餐[①]，8—588元可满足不同客户需求，套餐结构简单。其中，飞享套餐588元，包含6G国内流量、4000分钟主叫，来电显示免费，全国接听免费；超套餐后主叫国内电话0.19元/分钟，数据流量10元/100M，60元/1G，不足部分0.29元/M（见表6-2）。

表6-2　　　　　　飞享套餐588元资费标准

月使用费（元）	最低消费	套餐内容				套餐外资费
		主叫分钟数	被叫免费范围	数据流量（G）	数据业务	
588	无	4000	全国	6	来电显示	0.19元/分钟，数据流量：10元/100M，60元/1G，不足部分0.29元/M，国内短信0.1元/条

---

① 中国移动：《套餐名称：飞享套餐》（http：//www.10086.cn/fee/detail/sh/fee_rate_detail_10996.html）。

109

三 捆绑定价

电信运营商的捆绑定价①通常指电信业务的打包销售，一般将基础电信业务和增值业务打包销售。例如，中国电信的"天翼不限量199元套餐"，将固定语音、移动语音、宽带、4G宽带、IPTV等电信业务打包，并通过购买手机冲抵话费的终端销售模式实现了电信业务的快速增长；再如，中国联通与iPhone手机终端的捆绑定价，联通以3000元裸机价格向苹果采购iPhone手机，每年保证销售100万—200万部，保证销量不低于50亿元，并给予补贴、包销部分iPhone内置苹果在线软件商店等②。

第二节 非价格行为

电信企业的非价格行为主要是依靠开发和销售电信相关服务获得较高的利润，从而扩大电信服务差别化的程度以达到排挤竞争对手的目的，主要可以分为产品策略和销售策略。随着政府3G、固网宽带和三网融合的发展促进政策的相继出台，FTTx网络、3G网络、LTE网络以及多网络间的融合为电信用户提供了快速的网络接入服务，使用户能够随时随地、迅捷无障碍地享受多样化、个性化的电信产品和服务，满足人们不断发展的应用需求。因而，移动增值服务恰成为新的电信收入增长点，它的发展依赖于移动互联网络，移动互联网的核心是互联网，与桌面互联网比较它具有其所不具备的便携性、实时性、隐私性和准确性等特点，实现了移动用户的通信需求从话音、短信等基本通信功能逐步向多媒体应用和内容需求转移。2017年CNNIC统计数据显示，移动增值服务趋向娱乐休闲化和商务化，手机网上订外卖和手机旅行预订增长速度最快，同比增长分别为66.2%和29.7%，手机在线教育课程和手机微博

---

① 姜正新：《电信资费模式研究》，《经济理论与经济管理》2005年第11期。
② 张韬：《知情人士透漏：联通已获iPhone三年独家销售权》，2009年7月，上海证券报（http：//www.alibuybuy.com/posts/8559.html）。

业务等商务类应用也得到了相应的发展①。

一 通信技术创新

电话通信是指将语音转变为电信号进行传输，从而实现双方在两地间的通话。电话通信由最初的人工电话交换技术、模拟交换技术逐渐发展为现在的程控化、数字化技术，已可支持多种电信业务的发展，如 Internet 接入、IPTV、宽带等多种新业务②。目前，世界通信业继续朝着移动化、宽带化、多媒体化的方向发展，公众移动通信技术已由第二代移动通信（2G）向第三代移动通信（3G）过渡，再向长期演进（LTE）和第四代移动通信（4G）技术飞跃发展，与各类宽带无线接入技术共存、互补，与卫星通信技术、近距离无线电通信技术一起构成多层次的国家乃至全球无缝覆盖的无线网络环境③。回顾中国移动通信技术的发展历程，我国在通信技术标准方面经历了 2G 的空白、3G 的跟随、4G 的同步发展时期。表 6-3 为移动通信标准介绍。

表 6-3 移动通信标准介绍

通信时代划分	技术标准	编码技术国家	简介	支持业务
2G	GSM CDMA WCDMA	欧洲	2G 即第二代移动通信系统，移动通信系统是从 20 世纪 90 年代初期到目前广泛使用的数字移动通信系统，采用的技术主要有时分多址（TDMA）和码分多址（CDMA）两种技术，提供 9.6—28.8kbps 的传输速率	数字语音和低速数据业务

---

① 中国互联网络信息中心：《中国互联网络发展状况统计报告》，2018 年 1 月，中国网信网（http://www.cac.gov.cn/2018-01/31/c_1122347026.htm）。
② 詹若涛：《电信网与电信技术》，人民邮电出版社 1999 年版，第 91 页。
③ 工信部：《国家无线电管理"十二五"规划》，2011 年 6 月，中华人民共和国工业和信息化部（http://www.miit.gov.cn/n1146295/n1146562/n1146650/c3074197/content.html）。

续表

通信时代划分	技术标准	编码技术国家	简介	支持业务
2.5G	GPRS	美国 欧洲	2.5G 技术突破了 2G 电路交换技术对数据传输速率的制约，引入了分组交换技术，从而使数据传输速率有所突破，是一种介于 2G 与 3G 之间的过渡技术，欧洲的 GPRS（General Packet Radio Service，通用分组无线业务）系统，是在 GSM 基础上发展起来的一种分组交换的数据承载和传输方式	多媒体数据业务
3G	CDMA2000 TD-SCDMA WCDMA	法国	3G 即第三代移动通信系统（3rd-Generation），其主要特征是可提供丰富多彩的移动多媒体业务，其传输速率在高速移动环境中支持 144kbps，步行慢速移动环境中支持 384kbps，静止状态下支持 2Mb/s。国际电联接受的 3G 标准主要有以下三种：WCDMA、CDMA2000 和 TD-SCDMA	多媒体数据业务
4G	FDD-LTE	法国	4G 即第四代移动通信系统，也可称为广带（Broadband）接入和分布网络，它具有超过 2Mb/s 的数据传输能力，包括广带无线固定接入、广带无线局域网、移动广带系统和交互式广播网络	各种移动宽带数据业务

资料来源：作者整理。主要参考了谭艳梅、曹华《从1G到3G移动通信技术》，《广西质量监督导报》2008年第8期；IMT-2020（5G）推进组《5G概念白皮书》，2015年2月，中国信息通信研究院（http://www.caict.ac.cn/kxyj/qwfb/bps/201512/P020151211378943259494.pdf）。

为了实现经济社会数字化转型，实现从线上到线下，从消费到生产，从平台到生态[①]，5G 移动通信技术应运而生。相比 4G 移动

---

① 中国信息通信研究院：《5G 经济社会影响白皮书》，2017 年 6 月，工业和信息化部电信研究院（http://www.caict.ac.cn/kxyj/qwfb/bps/201706/P020170711295172767080.pdf）。

通信技术而言，其传输速率和资源利用率将提高一个量级甚至更高，具备更好的无线覆盖性能、更短的传输时延、更加保密的信息安全和更好的用户体验①。5G 即第五代移动通信技术，其关键性能指标主要包括支持 0.1—1Gbps 的用户体验速率，数十 Gbps 的峰值速率，数十 Tbps/km² 的流量密度，100 万/平方公里的连接数密度，毫秒级的端到端时延，"5 个 9"（99.999%）的可靠性，以及百倍以上的能效提升和单位比特成本的降低②。

通信标准决定一个企业乃至一个国家的技术话语权和产业链的主导权。长期以来，我国在通信技术标准上受制于国外企业。现如今，我国在 5G 技术阶段已逐步掌握了移动通信技术中的核心技术，即编码和调制。而中国的通信设备制造商华为早在 2009 年就开始启动 5G 研究与创新，2012 年推出了关键技术验证样机，2013 年投资 6 亿美元用于 5G 研发，2015 年推出系统测试原型机，2015—2017 年参与 3GPP R15 标准的制定，2019 年将启动 5G 商用③。显然，华为已经走在 5G 技术研发的世界前列。

二 产品策略

随着移动通信技术的发展，电信业增长方式正在转变，满足用户多样化、个性化的产品和服务成为电信业发展的增长点。而近年来，国家提出的《中国制造 2025》，目的在于促进产业转型发展，推进信息化和工业化深度融合，重点支持"制造业＋互联网"公共平台建设。可以看出，我国已将提升信息化与工业化融合发展水平作为一项长期坚持的战略任务④。这也为电信业的发展转型提出了新的要求。

---

① 刘博：《5G 移动通信发展趋势与关键技术》，《中国新通信》2018 年第 2 期。
② 冯登国、徐静、兰晓：《5G 移动通信网络安全研究》，《软件学报》2018 年第 2 期。
③ 零镜网：《厉害了华为！实现全球首个 5G 通话 华为已成为 5G 领域的领跑者》，2018 年 2 月，搜狐（http://www.sohu.com/a/223830481_793224）。
④ 国研网行业研究部：《2016 年 4 季度通信行业分析报告》（http://d.drcnet.com.cn/eDRCnet.common.web/docview.aspx?chnid=5204&leafid=23098&docid=4621632&uid=78040206&version=dReport）。

因此，我国电信业需要在大力推进新技术的应用基础上，与电信产业价值网上其他企业加强合作，积极发展如移动互联网、IPTV、物联网、云计算和大数据等新型业务，为国民经济和社会发展提供支撑。以电信运营商的ASP（Application Service Provider，应用服务提供商）业务发展为例，分析电信业的业务产品策略[①]。ASP[②]通过网络（如Internet）为多客户提供商业应用服务，同时按使用服务收取租金或订金。其包含的含义为：通过网络提供应用服务；为众多客户的广泛需求提供服务；收取租金或订金；保证提供客户确定的服务。随着20世纪后期ICT技术的兴起，以及电信市场上众多的企业用户对信息化和降低IT成本的需求，电信依靠丰富IDC、网络、资金、技术和人才等资源，纷纷进入ASP市场，以期达到电信战略转型的目标。根据二八法则，即企业80%的利润来自20%的客户，电信企业积极开拓企业用户市场将大有所为。如2005年中国网通提出了Epower的电信新业务，从而推出自己的ASP发展战略。随后，中国电信也提出了自己相应的ASP发展战略。

（一）电信运营商ASP发展中所存在的问题

采用问卷调研方式研究ASP发展存在的问题。此次问卷的发放量为49份，回收46份，有效问卷31份，问卷有效性67.3%。

通过对市场上31家企业的问卷调研，发现其存在的一些问题。

（1）ASP发展所存在问题的市场调查分析

采用通常的心理描述测试法。即通过假设用户在使用ASP服务时所遇到的问题等内容的陈述，测试调查对象对问题的认同度。调查中采用7分尺度评价法，1分表示完全不同意，7分表示完全同意。调查问卷设计如下：

---

① 此处参考韩晶晶《基于ASP的电信商业模式发展分析》，《商场现代化》2008年第6期；张权《基于ASP的电信商业模式研究》，硕士学位论文，西安邮电学院，2008年，第32—35页。

② [美] Alexander L. Factor：《应用服务提供商（ASP）解决方案》，孙延明译，王知衍审校，电子工业出版社2003年版，第6—7页。

第六章　中国电信业市场行为

　　　　　　＊　　＊　　＊

请您提供简单的个人资料

性别：（1）男　　（2）女

年龄：（1）18—25岁　　（2）26—35岁

　　　（3）36—45岁　　（4）46—55岁

受教育程度：（1）高中　　（2）大专　　（3）本科
（4）硕士及硕士以上

请您根据自己的感受填写ASP发展中所存在的问题（1—7表示您同意的程度：7表示完全同意，1表示完全不同意）。

ASP发展中所存在的问题							
认为ASP服务商对自己的业务不了解	1	2	3	4	5	6	7
公司业务不适合用计算机管理	1	2	3	4	5	6	7
担心费用高	1	2	3	4	5	6	7
担心购买后发现使用价值不高	1	2	3	4	5	6	7
担心ASP服务商因自身管理问题导致企业经营信息泄露	1	2	3	4	5	6	7
担心ASP平台的安全技术水平不高，导致企业经营信息泄露	1	2	3	4	5	6	7
担心ASP平台上的软件经常出现问题，对业务产生负面影响	1	2	3	4	5	6	7
担心ASP平台的服务不规范，经常出现扯皮现象或者无力及时解决系统出现的问题，影响企业经营	1	2	3	4	5	6	7
ASP平台自身的经营经常出现问题从而影响用户的正常业务	1	2	3	4	5	6	7
法律问题。如果ASP服务平台服务商出现问题，给中小企业用户造成经济损失时，难以用有效的法律依据进行监督和赔偿	1	2	3	4	5	6	7
担心有应用升级的需要时，ASP服务商没有能力提供	1	2	3	4	5	6	7

请您根据自己的经验和需要判断一下电信运营商最应该发展的ASP业务种类（1—7表示您同意的程度：7表示完全同意，1表示完全不同意）。

ASP业务服务种类							
域名注册	1	2	3	4	5	6	7
办公自动化	1	2	3	4	5	6	7
客户关系管理/呼叫中心	1	2	3	4	5	6	7
网络传真	1	2	3	4	5	6	7
人力资源管理	1	2	3	4	5	6	7
供应链管理（进销存管理）	1	2	3	4	5	6	7
企业邮箱	1	2	3	4	5	6	7
企业自助建站	1	2	3	4	5	6	7
远程视频监控	1	2	3	4	5	6	7
网络安全	1	2	3	4	5	6	7
企业短信	1	2	3	4	5	6	7
电子商务（网络营销）	1	2	3	4	5	6	7
产品设计	1	2	3	4	5	6	7
生产计划管理	1	2	3	4	5	6	7
企业资源管理（ERP）	1	2	3	4	5	6	7
质量管理	1	2	3	4	5	6	7
财务管理	1	2	3	4	5	6	7
订单管理	1	2	3	4	5	6	7
库存管理	1	2	3	4	5	6	7
采购管理	1	2	3	4	5	6	7
销售管理/渠道管理	1	2	3	4	5	6	7
联网结算	1	2	3	4	5	6	7
远程培训	1	2	3	4	5	6	7
交易（市场）信息服务	1	2	3	4	5	6	7
上下游企业协同管理	1	2	3	4	5	6	7
B2B交易服务	1	2	3	4	5	6	7

* * *

在进行问卷数据的相关分析前，我们首先对问卷进行了信度分析,并采用 Cronbach'a 系数来衡量其内部一致性,见表 6-4、表 6-5、表 6-6 和表 6-7。

表 6-4　　　　　　　　　　调查样本分析

		N	%
Cases	Valid	31	100.0
	Excluded (a)	0	0.0
	Total	31	100.0

经问卷的效度统计分析后,得出调查问卷的整体 Cronbach'a 系数为 0.890,见表 6-5。

表 6-5　　　　　　调查问卷的整体 Cronbach'a 系数

Cronbach's Alpha	N of Items
0.890	37

ASP 发展中所存在问题的 Cronbach'a 系数为 0.756,见表 6-6。

表 6-6　　　　ASP 发展中所存在问题的 Cronbach'a 系数

Cronbach's Alpha	N of Items
0.756	11

ASP 业务服务种类的 Cronbach'a 系数为 0.899,见表 6-7。

表 6-7　　　　ASP 业务服务种类的 Cronbach'a 系数

Cronbach's Alpha	N of Items
0.899	26

表6-8为效度值参考范围——Cronbach'a。

表6-8　　　　效度值参考范围——Cronbach'a

Cronbach'a 系数 < 0.300	不可信	出现可能性
0.300 < Cronbach'a 系数 < 0.400	勉强可信	
0.400 < Cronbach'a 系数 < 0.500	可信	
0.500 < Cronbach'a 系数 < 0.700	很可信	最常见
0.700 < Cronbach'a 系数 < 0.900	很可信	次常见
0.900 < Cronbach'a 系数	十分可信	

由表6-8可知，问卷Cronbach'a系数在0.700—0.900变化，说明问卷内部具有良好的一致性，属于非常可信的。

客户对电信运营商ASP业务运营态度的描述性统计，见表6-9。

表6-9　客户对电信运营商ASP业务运营态度的描述性统计

	N	Mean	Std. Deviation	Std. Error Mean
W1	31	4.35	1.496	0.269
W2	31	3.03	2.073	0.372
W3	31	5.61	1.358	0.244
W4	31	5.77	1.283	0.231
W5	31	5.77	1.087	0.195
W6	31	5.68	1.222	0.219
W7	31	5.32	1.301	0.234
W8	31	5.71	1.243	0.223
W9	31	5.58	1.232	0.221
W10	31	5.39	1.476	0.265
W11	31	4.58	1.747	0.314

客户对电信运营商ASP业务运营态度的T检验结果，见表6-10。

表6-10　客户对电信运营商 ASP 业务运营态度的 T 检验

	Test Value = 0					
	t	df	Sig. (2-tailed)	Mean Difference	95% Confidence Interval of the Difference	
	Upper					Lower
W1	16.213	30	0.000	4.355	3.81	4.90
W2	8.143	30	0.000	3.032	2.27	3.79
W3	23.007	30	0.000	5.613	5.11	6.11
W4	25.049	30	0.000	5.774	5.30	6.24
W5	29.588	30	0.000	5.774	5.38	6.17
W6	25.875	30	0.000	5.677	5.23	6.13
W7	22.779	30	0.000	5.323	4.85	5.80
W8	25.566	30	0.000	5.710	5.25	6.17
W9	25.217	30	0.000	5.581	5.13	6.03
W10	20.322	30	0.000	5.387	4.85	5.93
W11	14.600	30	0.000	4.581	3.94	5.22

根据表6-9和表6-10的结果，得出客户对电信运营商 ASP 业务发展的态度情况，见表6-11。

表6-11　客户对电信运营商 ASP 业务发展的态度情况

编号	问题	态度的均值	p
W1	认为 ASP 服务商对自己的业务不了解	4.355	0.000
W2	公司业务不适合用计算机管理	3.032	0.000
W3	担心费用高	5.613	0.000
W4	担心购买后发现使用价值不高	5.774	0.000
W5	担心 ASP 服务商因自身管理问题导致企业经营信息泄露	5.774	0.000

续表

编号	问题	态度的均值	p
W6	担心 ASP 平台的安全技术水平不高，导致企业经营信息泄露	5.677	0.000
W7	担心 ASP 平台上的软件经常出现问题，对业务产生负面影响	5.323	0.000
W8	担心 ASP 平台的服务不规范，经常出现扯皮现象或者无力及时解决系统出现的问题，影响企业经营	5.710	0.000
W9	ASP 平台自身的经营经常出现问题从而影响用户的正常业务	5.581	0.000
W10	法律问题。如果 ASP 服务平台服务商出现问题，给中小企业用户造成经济损失时，难以用有效的法律依据进行监督和赔偿	5.387	0.000
W11	担心有应用升级的需要时，ASP 服务商没有能力提供	4.581	0.000

由表 6-11 可知，第一，针对问题 W2，很明显大多数的调查对象对其持基本不认同的态度。在工业经济向信息化经济迈进的历程中，显然企业界已经把使用计算机管理公司的业务，作为衡量公司管理水平的重要标准。因而，这一项的认可度非常低。

第二，针对问题 W1 和 W11，调查对象对电信运营商提供 ASP 的业务能力持以模棱两可的态度。从数据分析结果显示，客户认为电信运营商提供的 ASP 业务的适用性不高，不能很好地满足自己公司对软件功能的需求，另外，客户对软件产品的升级或功能更改能力也持以怀疑的态度。因此，今后电信运营商需要加强 ASP 的业务内容的开发力度，这样才能提高市场上客户的满意度。

第三，针对问题 W3 和 W4，调查对象普遍认为 ASP 业务的费用会非常高，或者认为 ASP 业务的实用性并不高。然而，实际上 ASP 业务就是帮助企业降低 IT 成本，但是市场上的客户却对其持以相反的态度，这说明电信运营商的市场宣传力度并不大，或者宣传效果不佳。

第四，针对问题 W5、W6、W7、W8 和 W9，调查对象都有很高的认可度，这也恰恰是 ASP 最薄弱的环节。ASP 服务的稳定性以及可靠性，一直都是客户最为关注的问题。因为 ASP 服务的好坏常常牵扯到企业用户自身的利益，在一定程度下，它可能给用户带来一定的经济损失。

第五，针对问题 W10，显然调查对象将其放在市场竞争的弱势一方。因为，一旦 ASP 业务出现不必要的麻烦，会给客户带来经济损失。客户需要支付大量的时间成本和人力成本，去向服务提供商追回损失，这无疑加大了企业客户的经济损失，使客户对 ASP 的服务渐渐失去信心。因此，作为运营商应该严格规范自己的行为，按照与客户签订的合同提供服务，并在出现问题后，能够及时地向客户进行理赔。

(二) ASP 发展所存在问题的解决方案

针对上面电信运营商在发展 ASP 业务时所遇到的问题，研究认为电信运营企业必须采用一个恰当的商业模式去具体地运营该项电信增值业务，并着重应该从以下几个方面进行研究：一是市场细分。中小企业数量庞大，行业分布广泛，而电信运营商由于成本和资源的限制，不可能为每一家中小企业量身定制解决方案，这就需要进行市场细分，从经济效益好、信息化愿望强烈的行业入手。通过集中同行业内中小企业信息化需求的共同点，提供行业解决方案，既顾全了中小企业多样化的需求，对运营商而言又能实现规模化应用。二是打造以电信运营商为核心的 ASP 产业链。运营商拥有庞大的客户基础、优良的网络和渠道资源、强大的计费系统，而 IT 服务企业在把握中小企业需求和内部流程特点以及系统设计方面有丰富的经验。运营商与 IT 服务企业合作，对运营商而言可以更便捷地为中小企业提供专业和个性化的服务。对 IT 服务企业而言，有助于解决方案的推广、计费以及降低交易成本。三是盈利模式。要制定出一套适应于产业价值链上各个参与方的盈利模式，使得整个产业价值链上的各方都能享受到提供服务或产品所分得的收益。因此，我们就需要研究一整套切实可行的 ASP 盈利模式。

(三) 电信运营商 ASP 业务发展策略

采用社会统计软件包 SPSS 12.0 作为数据分析工具，运用多变量的统计方法即因子分析方法，对电信运营商 ASP 业务进行因子分析。表 6-12 为 ASP 业务的公因子方差。

表 6-12　　　　　　　　　　　　公因子方差

	Initial	Extraction
域名注册	0.867	0.999
办公自动化	0.947	0.999
客户关系管理/呼叫中心	0.936	0.993
网络传真	0.901	0.955
人力资源管理	0.736	0.999
供应链管理（进销存管理）	0.617	0.458
企业邮箱	0.952	0.984
企业自助建站	0.932	0.999
远程视频监控	0.969	0.980
网络安全	0.947	0.999
企业短信	0.955	0.936
电子商务（网络营销）	0.932	0.998
产品设计	0.871	0.999
生产计划管理	0.969	0.999
企业资源管理（ERP）	0.907	0.999
质量管理	0.939	0.877
财务管理	0.802	0.951
订单管理	0.838	0.940
库存管理	0.842	0.982
采购管理	0.952	0.999
销售管理/渠道管理	0.939	0.914
联网结算	0.945	0.981

第六章　中国电信业市场行为

续表

	Initial	Extraction
远程培训	0.922	0.984
交易（市场）信息服务	0.937	0.997
上下游企业协同管理	0.955	0.978
B2B交易服务	0.937	0.999

表6-13为ASP业务的全部解释方差。

表6-13　　　　　全部解释方差

Factor	Initial Eigenvalues			Extraction Sums of Squared Loadings			Rotation Sums of Squared Loadings		
	Total	% of Variance	Cumulative %	Total	% of Variance	Cumulative %	Total	% of Variance	Cumulative %
1	15.419	59.304	59.304	15.394	59.207	59.207	6.627	25.487	25.487
2	3.699	14.227	73.531	3.685	14.174	73.381	6.343	24.394	49.882
3	2.495	9.595	83.127	2.428	9.337	82.718	5.653	21.742	71.623
4	1.997	7.682	90.809	1.962	7.547	90.264	3.662	14.086	85.710
5	1.610	6.192	97.001	1.501	5.775	96.039	2.686	10.329	96.039
6	0.780	2.999	100.000						
7	0.000	0.000	100.000						
8	0.000	0.000	100.000						
9	0.000	0.000	100.000						
10	0.000	0.000	100.000						
11	0.000	0.000	100.000						
12	0.000	0.000	100.000						
13	0.000	0.000	100.000						

续表

Factor	Initial Eigenvalues			Extraction Sums of Squared Loadings			Rotation Sums of Squared Loadings		
	Total	% of Variance	Cumulative %	Total	% of Variance	Cumulative %	Total	% of Variance	Cumulative %
14	0.000	0.000	100.000						
15	0.000	0.000	100.000						
16	0.000	0.000	100.000						
17	0.000	0.000	100.000						
18	0.000	0.000	100.000						
19	0.000	0.000	100.000						
20	0.000	0.000	100.000						
21	0.000	0.000	100.000						
22	0.000	0.000	100.000						
23	0.000	0.000	100.000						
24	0.000	0.000	100.000						
25	0.000	0.000	100.000						
26	0.000	0.000	100.000						

表6-14 为 ASP 业务的因子矩阵。

表6-14　　　　　　　　　　因子矩阵

	Factor				
	1	2	3	4	5
域名注册	0.944				
办公自动化	0.937				
客户关系管理/呼叫中心	0.920				

续表

	Factor				
	1	2	3	4	5
网络传真	0.920				
人力资源管理	0.904				
供应链管理（进销存管理）	0.896				
企业邮箱	0.886				
企业自助建站	0.885				
远程视频监控	0.862				
网络安全	0.828				
企业短信	0.805				
电子商务（网络营销）	0.800				
产品设计	0.792				
生产计划管理	0.780				
企业资源管理（ERP）	0.761				
质量管理	0.756				
财务管理	0.745				
订单管理	0.739				
库存管理	0.726				
采购管理					
销售管理/渠道管理					
联网结算		0.745			
远程培训		0.728			
交易（市场）信息服务					
上下游企业协同管理				0.669	
B2B 交易服务					

表6-15 为 ASP 业务的旋转因子矩阵。

125

表 6 – 15　　　　　　　　　旋转因子矩阵

	Factor				
	1	2	3	4	5
域名注册	0.909				
办公自动化	0.899				
客户关系管理/呼叫中心	0.785				
网络传真	0.712				
人力资源管理	0.673				
供应链管理（进销存管理）	0.672				
企业邮箱		0.946			
企业自助建站		0.922			
远程视频监控		0.761			
网络安全		0.744			
企业短信		0.692			
电子商务（网络营销）					
产品设计					
生产计划管理			0.884		
企业资源管理（ERP）			0.852		
质量管理			0.848		
财务管理			0.785		
订单管理			0.708		
库存管理			0.689		
采购管理					
销售管理/渠道管理				0.810	
联网结算					
远程培训					
交易（市场）信息服务					
上下游企业协同管理					0.937
B2B 交易服务					0.757

表 6-16 为 ASP 业务的因子转换矩阵。

表 6-16　　　　　　　　　因子转换矩阵

Factor	1	2	3	4	5
1	0.584	0.531	0.480	0.358	0.139
2	-0.106	0.616	-0.607	-0.110	0.478
3	0.429	-0.333	0.139	-0.610	0.560
4	-0.656	0.022	0.527	0.128	0.524
5	0.182	-0.478	-0.322	0.686	0.404

图 6-1 为 ASP 业务的旋转因子空间中的因子图。

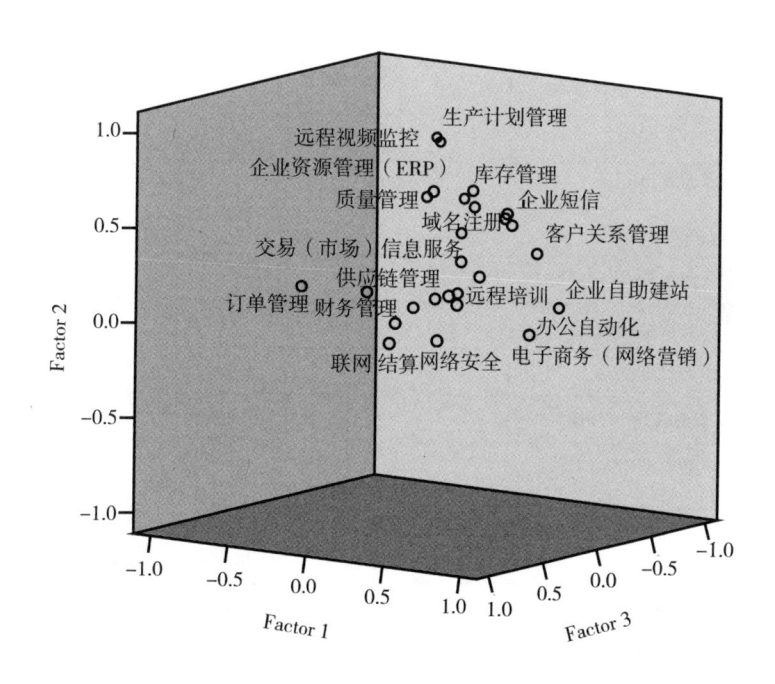

图 6-1　旋转因子空间中的因子图

为揭示目标市场的企业客户对 ASP 业务认可度的心理意识层面

的特征，结合统计学中的因子分析，将 ASP 业务的客户认可程度的相关因素综合为一个因子，经直角转轴法、反复检验 26 项测试项，去掉一些不合适的测试项，最终抽取 20 个测试项，共 5 个评价因素，如表 6-17 所示，选取测试语句的因子负荷量大于 0.668。

表 6-17　　　　　　　　　　　因子负载表

ASP 业务类型	因子负载				
	因子1	因子2	因子3	因子4	因子5
域名注册	0.909				
办公自动化	0.899				
客户关系管理/呼叫中心	0.785				
网络传真	0.712				
人力资源管理	0.673				
供应链管理（进销存管理）	0.672				
企业邮箱		0.946			
企业自助建站		0.922			
远程视频监控		0.761			
网络安全		0.744			
企业短信		0.692			
生产计划管理			0.884		
企业资源管理（ERP）			0.852		
质量管理			0.848		
财务管理			0.785		
订单管理			0.708		
库存管理			0.689		
销售管理/渠道管理				0.810	
上下游企业协同管理					0.937
B2B 交易服务					0.757

由表 6-17 可以看出，5 个因子分别集中地代表了客户对 ASP 业务种类表面认可度下的潜在需求。

（1）企业内部基础设施

因子 1 代表了企业对自身辅助设施的 ASP 业务需要，即企业内部基础设施因子。由该因子我们可以看出，大多数企业试图通过 ASP 这一类应用服务来满足企业在开展经营管理活动时的计算机管理。从直观上来看，这类服务在企业中非常普遍，差异化也较小，因此特别适合 ASP 的业务推广。

（2）企业信息传播因子

因子 2 则代表了企业信息传播的需要，即企业信息传播因子。当今，各个企业越来越重视企业内外部的信息传播与沟通，期望通过计算机软件等手段，改变以往传统的内部工作沟通方式与协同效率以及企业外部的信息传播。因而，企业寄予 ASP 服务以很高的期望。它们希望通过这种新的方式获得较为快捷、方便和安全的业务需求。

（3）生产管理因子

因子 3 则代表了企业对生产管理的需要，即生产管理因子。今天我们已经迈进信息化时代，企业纷纷试图通过计算机来管理企业的生产活动。因而，与生产管理相关的 ASP 服务受到企业界的关注。

（4）产品销售因子

因子 4 代表了企业对销售管理的需要，即产品销售因子。在市场经由卖方市场转向买方市场后，产品销售水平成为企业能否生存的一项重要衡量指标。因而，为了适应市场的新需求，与企业产品销售相关的 ASP 服务的推出将有着非常广泛的市场前景。

（5）企业外部信息化因子

因子 5 则代表了企业外部信息化管理的需要，即企业外部信息化因子。随着产业分工的不断细化，企业的经营越来越需要与其他相关企业建立联盟和合作关系。因而，无论是传统的企业经营方式，还是基于电子商务技术下的新的企业经营管理方式，企业都在试图通过信息化的手段来管理企业的外部活动。因此，ASP 这种新的业务类型，较为恰当地处理了这类问题。

第三节 战略联盟

迈克尔·波特（1997）认为战略联盟是企业间达成的介于正常交易和合并之间的一种长期协议。它反映了多个企业为了实现共同拥有市场、共同使用资源或者形成独特的差异竞争力等战略目标，运用股权、显性契约或隐性契约而结成的优势互补、风险共担、要素双向流动的松散型网络组织[①]。战略联盟的出现改变了传统电信业的竞争方式，电信企业为了自身的生存和发展，不一定要击败竞争对手，而是要建立发展商业生态系统，同客户、供应商甚至对手建立起紧密关系，提高竞争能力。因此，从电信基础运营商为核心的电信业发展视角出发，可将电信企业间的战略联盟划分为电信运营商间的联盟、电信运营商与设备提供商及内容提供商的联盟和跨行业联盟。

一 电信运营商间的联盟

电信运营商间的联盟反映为电信企业间的互联互通，其实质就是要求原来占市场主导地位的通信运营企业开放公共电信传输网及其服务，为有资格的竞争对手提供互相连接的方便，使任一用户通过网上互联与另一端的用户实现无阻碍的通信服务。例如，2002 年电信南北分拆以后，电信与网通通过签订互联互通协议，实现双方固话业务的全面渗透和规模经济效应。再如，为了推动光通信网络的发展和提高光纤入户率，2010 年 7 月 2 日，在国务院公布第一批三网融合试点城市名单的次日，中国电信和国家电网在京签署战略合作框架协议，双方将在电网和通信领域开展合

---

① ［美］迈克尔·波特：《竞争战略》，陈小悦译，华夏出版社 1997 年版，第 28 页。

作，共建电力光纤到户、合作推动智能电网建设，从而实现电网和电信在发展光通信网络上的资源、能力的互补，极大地推动了三网融合的发展。

二 电信运营商与设备提供商及内容提供商的联盟

随着电信市场的发展和信息化程度的提高，卖方市场逐渐向买方市场转化，同时用户需求不再停留在基础电信服务层面，对信息服务的内容、种类和个性化也提出了更高要求。因此，电信运营商的发展模式必须从用户规模驱动向业务创新驱动转变，但这一转变仅靠电信运营商传统的渠道优势无法达成，内容提供商、应用开发商等相关合作方也必须参与进来。由于移动互联网服务更多依赖于智能手机的支持，众多服务提供商和手机制造商通过战略结盟方式达成了双赢的合作关系，服务提供商不仅获得了更多流量/收入，同时手机制造商的手机销量也快速增加。并且，中国联通通过与苹果、诺基亚和爱立信等手机制造商建立的战略结盟关系，不仅使合作双方的市场份额扩大，还使双方资源得到共享达到节省成本的目的。

三 跨行业联盟

跨行业联盟，伴随4G技术和技术融合的发展，电信业务发展的真正价值主要体现在高附加值的增值业务上，如手机支付、手机银行、手机邮件等商务应用业务。这些业务的发展离不开电信运营商与银行、电子商务企业及IT企业间的跨行业合作。

四 电信业战略联盟典型案例

SaaS（Software as a Service，软件作为服务或软件运营）模式是一种互联网交付模式，通过互联网"规模化、低成本"向市场普及标准化的软件服务，以满足中小企业的信息化需求。随着三网融合进程的持续推进与3G业务的广泛应用，SaaS可以满足企业用户在任何地点与时间以任何网络方式灵活、实时地掌握企业的生产、财务和营销等经营信息的需求,以应对快速变化的市场环境和提高企业经营绩效①。

SaaS 是在 2004 年引入中国的,然而直到 2009 年媒体、用户、政府和企业才真正认识到 SaaS 对实现中小企业信息化需求的重要性。随后各类专业软件企业如用友、金蝶、微软等,网络服务提供商如阿里巴巴和 Google,通信运营商如电信、联通纷纷推出各自的 SaaS 发展模式,如以自身产品为核心的运营服务模式与平台模式,提供的服务内容如 ERP、CRM、OA、HR 和全程电子商务等应用服务。易观国际的研究数据显示,2010 年中国管理型 SaaS 市场规模已达 4.45 亿,用友伟库、金蝶友商、金算盘亿禧网的市场份额分别为 21.0%、19.6% 和 18.4%,位列三甲。用友伟库之所以能够占有最大的市场份额,是因为采用了正确的 SaaS 业务发展模式,提出了"平台+应用"的云服务模式,从管理型 SaaS 服务提供商升级为全程电子商务服务商,实现了贯穿企业前端营销和后端管理的一站式应用服务链条,促进了 SaaS 业务的发展。显然,"云计算""全程电子商务"的发展为中国 SaaS 的市场增长注入了新的动力。另据易观国际预测:随着云计算与全程电子商务的更多应用,中国 SaaS 的复合增长率将达到 20%。虽然 SaaS 市场的增长空间很大,但其仍处于发展的初期阶段,没有成熟的商业模式可以借鉴。

(一) SaaS 产业价值链形态及企业定位

根据价值创造过程中价值网络参与者联系程度的不同,可将 SaaS 价值网络生态系统分为三个层次,即各参与者联系密切的核心网络、联系较弱的辅助网络、联系最弱的基础网络,如图 6-2 所示。

---

① 此处参考了作者先前的论文。张权、张超、杨洵:《SaaS 商业模式构建及创新策略研究》,《图书与情报》2012 年第 1 期。

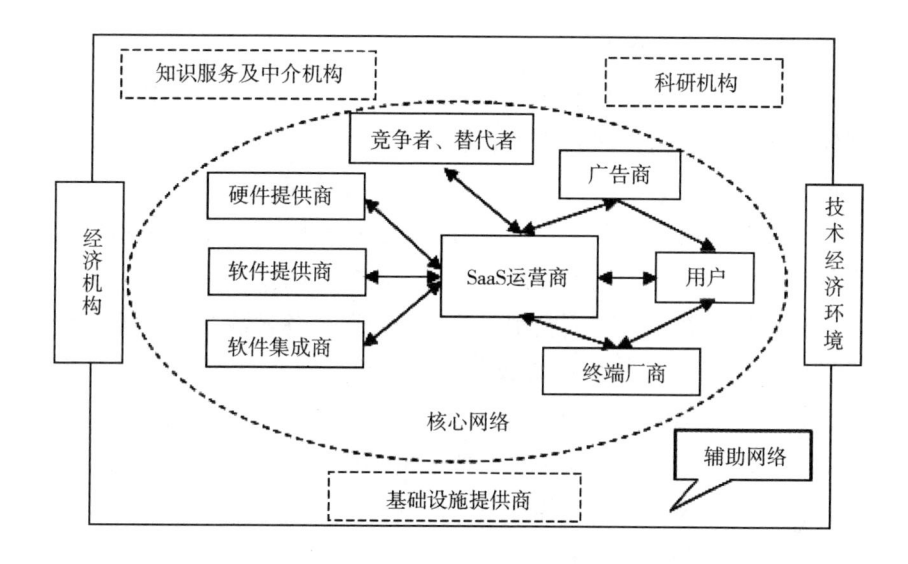

图 6-2　SaaS 价值网络生态系统

核心网络主要包括 SaaS 运营商、软件提供商、软件集成商、硬件提供商、竞争者、替代者、广告商、终端厂商和用户，它们构成了价值网络的核心主体，它们之间通过价值网络上的竞争合作关系或其他内部联结模式实现互动，为顾客创造价值，实现企业利润。

辅助网络包括知识服务及中介机构、基础设施提供商和科研机构三种组织，辅助网络主要为核心网络提供资源和基础设施、知识流、技术流、人力资源流和信息流等生产要素的支持。辅助网络通过直接（市场推广）或间接的作用方式（文化和人际关系等），影响核心网络的行为和相互联结方式，并不断完善核心网络。

基础网络包括经济机构和技术经济环境。SaaS 软件服务是建立在一定的经济技术环境下，政府或其他经济机构对软件服务模式成长也起着重要作用，它们对 SaaS 运营商实施资助、实行鼓励政策，同时对 SaaS 运营商的经营行为进行监管，这些措施有利于 SaaS 市场的发展[①]。

---

① 原磊：《商业模式体系重构》，《中国工业经济》2007 年第 231 期。

（二）SaaS 的价值创造

SaaS 与传统软件行业的许可证模式不同，SaaS 减少或取消了传统软件的授权费用，同时软件被集中部署在统一服务器之上，免除了最终用户的服务器硬件、网络安全设备和软件升级维护的支出，用户通过互联网即可享受到所需的服务。服务的费用是按照用户租用软件模块和使用周期等因素计算的，用户可以按需订购。

SaaS 目标客户有两大类别：第一类是面向各种规模的企业和组织提供的服务。面向企业的服务通常是可定制的大型商务解决方案，如 CRM、HRM、SCM、ERP 以及分析决策等企业管理软件。第二类是面向中小企业和个人消费者提供的通用服务，如企业电子邮件、视频会议、协同工作和电子商务等。

（三）SaaS 的价值维护

SaaS 价值网络是一个开放的互联网络软件应用平台的整合，SaaS 运营商与价值网络的主要伙伴合作关系如表 6-18 所示。

表 6-18　　　　SaaS 价值网络主要伙伴合作关系

合作伙伴	合作目的	合作内容
软件提供商	向 SaaS 的软件服务目标市场上的企业用户提供各类软件	开发符合 IP 标准的应用软件 提供应用软件的集成和培训服务
硬件提供商	获取 SaaS 所需的硬件资源	提供硬件设备及硬件系统框架的相关支持和咨询
系统集成商	业务的信息咨询、实施和维护	对软件服务平台进行售前的咨询与解决方案设计 对软件服务平台售后进行集成、配置、实施和培训服务
终端厂商	获取终端支持	建立研发联盟、终端定制、终端补贴
广告商	以更低廉的价格向用户提供 SaaS 应用服务	通过向广告商收取广告费补贴企业使用 SaaS 业务的费用

续表

合作伙伴	合作目的	合作内容
电信公司因特网服务提供商	完善的网络及存储服务	提供足够的网络带宽、数据的存储及管理
竞争者、替代者	扩大 SaaS 市场	统一技术标准、联盟合作、资源共享、合资、股权参与等

SaaS 运营商可以通过设置"模仿障碍"的方式实现有效的隔绝机制，使模仿者无法进入该行业，更无法与其竞争。根据 SaaS 商业模式的特性，可以将其总结为几点：一是 SaaS 具有很大的用户市场规模，容易形成规模经济。例如，成立于 2005 年的中企开源，作为国内主要的专业 SaaS 运营商，目前用户数已达 120 万，市场规模达 3.5 亿元。二是学习效应，随着 SaaS 客户数量的不断增加，SaaS 运营商在软件的应用服务、系统配置、客户培训、人员培训和外部资源的获取方面形成优势，使其向客户提供软件服务的总成本降低。三是网络效应，SaaS 与电话、手机、传真机、电子邮件、信用卡和借记卡等具有相似的正网络外部性，即 SaaS 对一个用户的价值取决于使用同类服务的其他用户的数量。四是顾客的转换成本，用户一旦使用某类 SaaS 服务，想要更换为另一类 SaaS 服务时，用户就将面临着培训、学习和客户忠诚度降低等诸多成本。

（四）SaaS 的价值实现

SaaS 业务收入主要来自用户，可以分为四种收费方式：1）按需服务模式收费，通过用户的需求来确定所要开发的业务，由开发人员开发出企业所需要的产品，然后，通过互联网实现其 SaaS 的功能。这种模式满足了大中型企业对个性化应用服务的需求。2）按用户人数来收费，SaaS 运营商按照每家企业用户数量的多少进行收费，这种模式比较适用于小企业。3）按流量、CPU、授权收费模式，这种模式使企业用户可以更加清晰地了解企业 IT 成本的开支，也可以根据企业的业务量来控制企业的成本。4）存储收费模式，仅对用户使用SaaS业务所占的数据或信息化的存储空间收费，而对SaaS业务的功能和服务进行免费。如企业所使用的在线即时通信软件，通信软件本身的使用是免费的，但如果想保存"聊天记录"或"存储文档"，那么，就需要收取一定服务费用。

SaaS运营商为了与合作伙伴成功合作，充分利用对方的优势来构建完善的价值网络生态系统，采取了多种合作模式。按照SaaS运营商对用户提供在线软件服务的过程可分解为业务集成、自有/合作业务、售前服务和售中及售后服务四个部分。SaaS运营商与软件提供商之间的收入分配模式可以根据软件的自有/合作业务和售前服务两个方面，划分为三种收入分配模式①，如表6-19所示。

表6-19　　　　　　　　　SaaS收入分配模式

业务名称	业务内容	收入分配模式一		收入分配模式二		收入分配模式三	
		SaaS运营商	软件提供商	SaaS运营商	软件提供商	SaaS运营商	软件提供商
		70%	30%	50%	50%	30%	70%
业务集成（30%）	解决方案及资费设计；业务接入（中间件、网络能力）；业务支撑；计费、收费、结算；客户服务；认证及培训	√	配合	√	配合	√	配合

---

① 这里主要参照了中国移动与SI（Service Integrator，业务集成商）的分成方案。

续表

业务名称	业务内容	收入分配模式一 SaaS运营商 70%	收入分配模式一 软件提供商 30%	收入分配模式二 SaaS运营商 50%	收入分配模式二 软件提供商 50%	收入分配模式三 SaaS运营商 30%	收入分配模式三 软件提供商 70%
自有/合作业务（20%）	判断是自有还是合作业务	√		√			√
售前服务（20%）	客户拓展及关系维系	√			√		√
售中及售后服务（30%）	应用开发及产品整合；售后技术支撑	总集成	√	总集成	√	总集成	√

（五）SaaS 的创新策略

在 SaaS 商业模式构建的基础上，SaaS 运营商要想获得更强的竞争优势，可以从客户价值内容、价值网络中的伙伴关系和收入模式三方面着手创新，创新策略如下：

（1）附加服务/增值服务创新策略

附加服务或增值服务是竞争力强的 SaaS 运营商区别于一般 SaaS 运营商或服务提供商的重要方面。这类模式最大特点是在向客户提供基本在线软件应用服务的基础上，通过低价格尽可能地扩大市场规模，并形成规模庞大的使用终端，再充分挖掘附加服务或增值服务的价值。采用在线软件应用服务与附加服务或增值服务的交叉补贴策略，既可实现 SaaS 运营商市场占有率的迅速扩大又可保证企业的长期盈利。

2009 年，阿里软件宣布投资 10 亿元打造的在线管理软件"钱掌柜"向客户提供免费三年的使用，并希望通过免费使用策略使国内中小企业管理软件普及率从 10% 提升至 40%。这是为了实现阿里软件全程电子商务战略，通过在线管理软件在中小企业中的使用，掌握电子商务供应链上企业间的物流、资金流、人才流信息，从而获取潜在的巨大商业价值。如阿里巴巴通过联合复星集团等单位成立浙江阿里巴巴小额贷款股份有限公司，并通过与阿里软件、阿里巴巴、淘宝网和支付宝等企业合作，依据客户网络行为和网络信用为平台上的企业提供融资和贷款服务。显然，阿里软件通过SaaS应用服务的免费策略吸引了大量的用户，再通过与其他网络服务提供商合作开展增值服务，实现了企业的盈利，并提升了它在市场上的竞争力。

（2）收入源重构创新策略

在SaaS价值网络中，SaaS运营商一边连接着普通用户而另一边则连接着软件提供商、硬件提供商、系统集成商、终端厂商等。SaaS运营商实际上构成了在线管理软件的交易平台，被称为平台企业，并适当向各方收取费用使双边（或多边）保留在平台上，形成双边市场。SaaS双边市场具有显著的交叉网络外部性特征。SaaS平台企业的一边参与者加入平台的收益取决于加入该平台的另一组参与者的数量。

2007年，苹果凭借iPhone进入移动互联网市场，采用"产品+服务"的模式，凭借操作系统为平台构建了以iPhone手机为核心的生态系统，以终端打破了电信运营商的渠道垄断，并靠软件和服务实现了盈利。苹果App Store的成功取决于两个重要因素：开发者和用户规模。一方面，只有拥有大量的开发人员，才能保证丰富的应用供应，从而吸引大量用户。另一方面，有了大批乐于购买应用软件和内容的用户，才能够确保开发者的盈利。据统计，仅在中国市场，iPhone每月新增用户就达30万—40万。2008年苹果App Store正式上线后，共有6.5万个软件和10万个注册程序员，上线一年累计下载15亿次。苹果App Store的盈利主要依靠三种途径：一是向在App Store上注册的个人或企业应用开发会员收取注册费，个人为99美元，企业会员为299美元。据保守估计，苹果App Store一年可以获取500万美元的收入。二是通过与应用开发者按照3:7的利润分成比例获取收入。三是依靠广告。

仿照苹果App Store模式，SaaS运营商也可以运用这种后向收费模式，通过向合作企业如软件提供商、广告商和终端厂商收费实现盈利。例如：SaaS 运营商可以向软件提供商收取一定的注册费用；SaaS 运营商利用低价格或免费的方式向用户提供在线管理软件形成市场规模后，再通过向广告商收取广告费的方式实现最终盈利；对终端商而言，SaaS 运营商可以通过将在线服务的客户端内嵌在终端设备上以收取相应的费用。

(3) 价值网络战略联盟创新策略

SaaS 运营商通过战略联盟可以增强企业在 SaaS 价值网络中的竞争优势，具体表现为：一是企业间可以通过结合双方的资源，实现协同效应；二是获取规模经济；三是控制上游或下游关键资源，掌握竞争主动权；四是共同分享成本，降低公司负担；五是多元化扩张以进入新的产业；六是分散公司研发新技术或进入新市场的风险。战略联盟本质上是一种利益契约，参与成员通过联盟获取比自身单独参与竞争更为丰厚的收益。因此，SaaS 价值网络企业间的联合能够创造出更大的价值，并且联盟具有现实的需求和可能性，那么 SaaS 价值网络企业间的战略联盟的建立也就具有强劲的动力。从 SaaS 运营商的角度，我们可以将 SaaS 战略联盟归纳为以下几种形态：

一是 SaaS 运营商与供应商的联盟。阿里软件与微软、思科、IBM、Oracle、EMC、华为、联通、方正等 IT 大型企业建立战略合作关系，充分整合利用互联网、通信和软件的聚合优势，将电子商务与在线软件服务融为一体。由于阿里软件能够提供与客户业务紧密相关的在线管理服务，得到了外贸企业会员及淘宝网网商的普遍认可，因此取得了巨大的成功。

二是 SaaS 运营商与竞争者的联盟。提供在线 CRM 服务的公司 XTools 与提供在线企业即时通信服务的公司"乐语"建立战略合作联盟，双方借助各自的产品优势和续费客户群，在销售、渠道和技术方面开展多层次、多形式的深度合作，共同推进双方业务的发展。

三是跨行业联盟。金蝶与中国中小企业协会、工行、IBM、信用中国、通联支付、360安全卫士、图吧网络地图、富基标商企业供应链、AMT咨询集团等企业建立跨行业的SaaS服务联盟,并成立"中小企业全程电子商务联盟",联盟行业涉及全程电子商务活动的各类机构,如会计事务所、代理记账公司、金融机构、硬件渠道商、系统集成商、网络服务公司等,联合向用户提供在线全程电子商务服务。

四是SaaS运营商与相关辅助机构的联盟。与相关辅助机构的联盟可以借助外部资源和力量,如区域政府和行业协会,以最大限度地覆盖规模化的客户和吸引客户对SaaS网站的关注和应用。如用友集团与北京十余家行业协会共同成立信息化联盟,通过信息化培训、咨询等服务,推广SaaS服务。

从SaaS现有联盟情况来看,缺乏SaaS运营商的市场导入作用,而且与专业软件提供商的合作较少,与设备制造商特别是终端厂商之间的整合程度不够,因此造成业务的低质、重复竞争。对于软件提供商,SaaS运营商应该更加注意对其的引导作用,并持续关注与其联盟的伙伴成员的长期利益和短期利益,形成有效激励协同发展机制;对于终端制造商,则应该加大整合的程度,SaaS运营商与终端制造商双方需结合自身资源和自身定位,在判断客户需求、研发产品等环节上要加大以客户为导向的力度。

第七章　中国电信业市场绩效

第一节　中国电信业 X 效率

电信业在整个世界，尤其是发达国家，已经从原来的垄断性产业变为竞争性产业。那么，如何评价电信业的改革效率，为电信业改革提供政策借鉴呢？这点已成为国内外学者研究的热点问题。

为此，本节拟选用恰当的评价模型与权威的数据指标，对中国电信业的改革分阶段评价；最后，在历次电信业改革效率评价的基础上，提出对未来电信业改革有价值的政策建议。

数据包络分析（Data Envelopment Analysis, DEA）是 Charnes、Cooper 和 Rhodes 于 1978 年首先提出的生产效率非参数估计的重要评价方法[1]。该方法的原理主要是利用了生产函数的概念以及线性规划的方法构造出一个最优生产前沿面，并通过决策单元（Decision Making Units, DMU）与 DEA 生产前沿面之间的差距测算得出相对生产效率。由于 DEA 方法在进行效率测算时，具备不必事先决定生产函数形式，能够处理多项投入和产出数据，并且不受数据的量纲和价格信息的影响等优点，因此，它被广泛地应用于经济管理学科领域的研究问题分析，涉及的主要方向包括技术经济与技术管理、资源优化配置、绩效考评、人力资源测评、技术创新与技

---

[1] A. Charnes, W. W. Cooper, E. Rhodes, "Measuring the Efficiency of Decision Making Units", *European Journal of Operational Research*, Vol. 2, No. 6, June 1978.

进步、财务管理、银行管理、物流与供应链管理、风险评估、产业结构分析、可持续发展评价等。因此，本书拟选用 DEA 方法评价中国电信业的效率。

一 DEA 理论

三类 DEA 模型常被用于效率分析：第一类为 DEA-CRS 模型（Data Envelopment Analysis-Constant Returns to Scale, 数据包络分析方法——规模报酬不变），主要用于计算综合规模技术效率；第二类为 DEA-VRS 模型（Data Envelopment Analysis-Variable Returns to Scale, 数据包络分析方法——规模报酬可变），主要用于计算纯技术效率与规模效率；第三类为 DEA-CE 模型（Data Envelopment Analysis-Cost Efficiency, 数据包络分析——成本效率），主要用于计算配置效率与经济效率。

（一）DEA-CRS 模型

DEA-CRS 模型是由 Charnes、Cooper 和 Rhodes 提出来的，称之为 CRS 模型，也称为 C^2R 模型，是由三个作者名字的第一个字母组成的[①]。该模型是以相对效率概念为基础，根据多指标投入（输入）和多指标产出（输出），对同类型的部门或单位进行相对有效性或效益评价的一种方法[②]。并且，CRS 模型在计算技术效率时，是基于规模收益不变的假设，这一假设表明被评价决策单元可以通过增加要素投入来等比例地扩大产出规模[③]。采用 DEA-CRS 模型进行相对效率评价的目的，在于根据观察到的生产活动 (x_j, y_j)，$j=1, 2, \cdots, n$ 描述生产可能集。那么，在假定规模收益不变的情况下，得到 DEA-CRS 模

[①] 王金祥：《生产前沿面构造及应用研究》，博士学位论文，天津大学，2002 年，第 22 页。

[②] 李晓亚、崔晋川：《基于 DEA 方法的额外资源分配算法》，《系统工程学报》2007 年第 1 期。

[③] 魏权龄、闫洪：《广义最优化理论和模型》，科学出版社 2003 年版，第 213—219 页。

第七章 中国电信业市场绩效

型生产可能集[①]：

$$T_{CRS} = \{(x,y)/\sum_{j=1}^{n}\lambda_j x_j \leq x, \sum_{j=1}^{n}\lambda_j y_j \leq y, \lambda_j \geq 0, j=1,2,\cdots,n\}$$

7.1

因此，DEA – CRS 模型假设在规模报酬不变条件下测算的效率称为综合规模技术效率，即 STE（Scale Technical Efficiency）。DEA – CRS 模型假设存在第 k 个部门或单位（称为"决策单元"—Decision Making Units，DMU）有 S 种投入，M 种产出，而每个 DMU_k 的输入输出向量为 $x_j = (x_{1j}, x_{2j}, \cdots, x_{Sj})^T > 0$，$j = 1, \cdots, n, y_j = (y_{1j}, y_{2j}, \cdots, y_{Mj})^T > 0, j = 1, \cdots, n$。模型具体如下：

由 DEA – CRS 模型计算得出的效率值为综合规模技术效率，计算模型如式 7.2 所示：

$$\max \sum_{r=1}^{M} u_r y_{rk} / \sum_{i=1}^{S} v_i x_{ik} = V_P$$

Subject to：

$$\sum_{r=1}^{M} u_r y_{rj} / \sum_{i=1}^{S} v_i x_{ij} \leq 1 (j=1,2,\cdots,n)$$
$$v = (v_1, v_2, \cdots, v_S)^T \geq 0$$
$$u = (u_1, u_2, \cdots, u_M)^T \geq 0$$

7.2

其中 v 与 u 分别为 S 种投入的投入度与 M 种产出的输出度，即权重系数。

经 Charnes – Cooper 变换[②]与线性规划中的对偶变换方法，并引入松弛与紧缩变量，得等价线性规划模型 7.3：

$\min\theta$

Subject to：

[①] 吴和成：《投入产出模型若干问题的研究》，博士学位论文，河海大学，2004年，第 26 页。

[②] 魏权龄、闫洪：《广义最优化理论和模型》，科学出版社 2003 年版，第 296—298 页。

$$\sum_{j=1}^{n} \lambda_j x_{ij} + s^- = \theta x_k$$

$$\sum_{j=1}^{n} \lambda_j y_{rj} - s^+ = y_k \qquad 7.3$$

$$\lambda_j \geq 0, j = 1, 2, \cdots, n$$

$$s^- \geq 0, s^+ \geq 0$$

其中，θ、s^+、s^-、λ 分别为决策单元 DMU_k 的有效值、输出变量的紧缩变量、输入变量的松弛变量与输出和输入变量的权重系数。

当 DEA–CRS 模型的最优解 θ 满足[1]：

$\theta = 1$，$s^- = 0$，$s^+ = 0$，则 DMU 有效；

$\theta = 1$，s^- 和 s^+ 不全为零，则 DMU 为弱有效；

$\theta < 1$，则 DMU 非有效。

（二）DEA–VRS 模型

CRS 模型的假设适用于所有被评价的决策单元处于规模收益最理想（不变）的情况下，然而在实际情况中，市场竞争的不充分或者投入要素供给的约束等因素常常造成被评价决策单元不能在最佳规模收益条件下进行生产[2]。因而这一假设条件过于苛刻，与实际情况不相符合。在规模收益可变假设条件下，VRS 模型生产可能集[3]：

$$T_{VRS} = \left\{ (x,y) \Big/ \sum_{j=1}^{n} \lambda_j x_j \leq x, \sum_{j=1}^{n} \lambda_j y_j \leq y, \sum \lambda_j = 1, j = 1, 2, \cdots, n \right\}$$

$$7.4$$

因此，在模型 7.2 中加上约束条件 $\sum_{j=1}^{n} \lambda_j = 1$，就可得到 DEA–VRS 模型[4]，而由该模型测算得出的效率值为规模报酬可变条件下的纯技术效率。具体计算见公式 7.5。

---

[1] 严高剑、马添翼：《关于 DEA 方法》，《科学管理研究》2005 年第 2 期。

[2] 王金祥：《生产前沿面构造及应用研究》，博士学位论文，天津大学，2002 年，第 56 页；李晓亚、崔晋川：《基于 DEA 方法的额外资源分配算法》，《系统工程学报》2007 年第 1 期。

[3] 吴和成：《投入产出模型若干问题的研究》，博士学位论文，河海大学，2004 年，第 26 页。

[4] 魏权龄、闫洪：《广义最优化理论和模型》，科学出版社 2003 年版，第 213—219 页。

第七章　中国电信业市场绩效

minθ

Subject to:

$$\sum_{j=1}^{n} \lambda_j x_{ij} + s^- = \theta x_k$$

$$\sum_{j=1}^{n} \lambda_j y_{rj} - s^+ = y_k$$

$$\sum_{j=1}^{n} \lambda_j = 1$$

$$\lambda_j \geq 0, j = 1, 2, \cdots, n$$

$$s^- \geq 0, s^+ \geq 0$$

7.5

其中，θ、s^+、s^-、λ 分别为决策单元 DMU_k 的有效值、输出变量的紧缩变量、输入变量的松弛变量与输出和输入变量的权重系数。当 DEA – VRS 模型的最优解 θ^k 满足：$\theta^k = 1$，$s^- = 0$，$s^+ = 0$，则 DMU_k 有效；$\theta^k < 1$，则 DMU_k 非有效。

由 CRS 模型得出的技术效率又可称为综合规模技术效率，可以分解为纯技术效率与规模效率两部分，而纯技术效率由 VRS 模型得出，规模效率为综合规模技术效率与纯技术效率的比值，如图 7 – 1 所示。

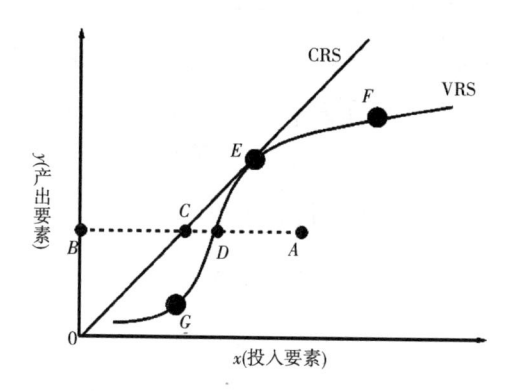

图 7 – 1　综合规模技术效率分解示意图①

---

① Tim Coelli, "A Guide to DEAP Version 2.1: A Data Envelopment Analysis (computer) Program" (http://www.une.edu.au/econometrics/cepa.htm).

如图 7-1 所示，CRS 曲线代表了规模报酬不变条件下的理想生产函数，A 点代表了观测决策单元，那么 A 点的综合规模技术效率就等于观测决策单元与理想生产函数之间的距离即公式 7.6 计算出的比值，其中 STE_{CRS} 为综合规模技术效率。观测决策单元 A 点的纯技术效率可以通过公式 7.7 计算得出，其中 PTE_{VRS} 为纯技术效率。而 SE 规模效率则为 A 点的综合规模技术效率与纯技术效率的比值。并且，它们都满足大于 0 小于 1 的条件。

$$STE_{A,CRS} = \frac{BC}{BA} \qquad 7.6$$

$$PTE_{A,VRS} = \frac{BD}{BA} \qquad 7.7$$

$$SE_A = \frac{BC}{BD} \qquad 7.8$$

$$STE_{A,CRS} = \frac{BC}{BA} = \frac{BD}{BA} \times \frac{BC}{BD} = PTE_{A,VRS} \times SE_A \qquad 7.9$$

而由图 7-1 可知，生产函数 VRS 可简单地划分为 GE 和 EF 段，在 GE 段，生产函数曲线呈现"快速上升"，即产出增加量大于投入要素增加量，称为规模收益递增阶段；而在 EF 段，生产函数曲线呈现"逐渐平缓"，即产出增加量小于投入要素增加量，称为规模收益递减阶段；而在 E 点，产出增加量恰好等于投入要素增加量，称为规模收益不变。在 VRS 模型下[1]：

（1）当 $\sum_{j=1}^{n} \lambda_j = 1$ 时，规模收益不变；

（2）当 $\sum_{j=1}^{n} \lambda_j < 1$ 时，规模收益递增；

（3）当 $\sum_{j=1}^{n} \lambda_j > 1$ 时，规模收益递减。

根据投影定理，被评价决策单元无效时，可按照 $x_k^* = \theta^k x_k - s^-$ 或 $y_k^* = y_k + s^+$ 的方法进行调整，以获得最优的技术效率。

---

[1] 张超、张权、张鸿：《中国电信业改革历程及效率评价》，《统计与信息论坛》2010 年第 7 期。

(三) DEA – CE 模型

在 DEA – CRS 模型的基础上加一个行为目标,即将投入要素的价格信息加入模型中,以评价决策单元在成本最小化条件下产出或收益的效率[1],称之为成本效率或经济效率[2]。它反映了最小成本和观测成本之间差距(即比值),是考虑了所有效率损失的综合效率。计算公式为[3]:

$$\min CE_K = \sum_{i=1}^{S} p_i x_{ik}$$

$$s.t \begin{cases} \sum \lambda_j x_{ij} \leq x_{ik}, i = 1, \cdots, S \\ \sum \lambda_j y_{rj} \geq y_{rk}, r = 1, \cdots, M \\ \lambda_j \geq 0, j = 1, \cdots, n \\ 1 \leq k \leq n \end{cases} \quad 7.10$$

公式 7.10 中的 p 和 λ 为投入要素价格向量和权重系数,C_k 为观测成本,成本效率用 $C_{k,CRS}^*/C_k$ 表示。即

$$CE = \frac{C_{k,CRS}^*}{C_k} \quad 7.11$$

假设在规模效率可变的条件下,经济效率表示为:

$$CE = STE \times AE = PTE \times SE \times AE \quad 7.12$$

其中,AE(Allocative Efficiency)为配置效率,由于不合理的投入要素组合比率使厂商没有按照现行投入要素价格决定的成本最小化投入组合进行生产,因此,配置效率反映了被评价对象将成本降至最小可能水平的能力,也就是说,被评价对象在产出相同的前提下,是否使用了最合适的要素投入比例。通过对配置效率的分析可以找出各种要素之间的最佳组合比例。

---

[1] Rolf Färe, Shawna Grosskopf, C. A. Knox Lovell, *Production Frontiers*, London: Cambridge University, 1994, p. 106.

[2] 王金祥:《生产前沿面构造及应用研究》,博士学位论文,天津大学,2002 年,第 71 页。

[3] 张权、王红亮:《中国电信业去垄断化改革前后经济效率比较》,《西安邮电大学学报》2013 年第 4 期。

二 数据指标选择及处理

(一) 数据指标选择

数据主要来自《全国通信业发展统计公报》(1998—2016 年)、《中国统计年鉴》(1998—2015 年) 与《中国第三产业统计年鉴》(2007—2016 年),以及中国电信、中国移动、中国联通与中国网通各公司的年报。选取能够反映中国电信业发展的具有代表性的投入和产出的数据指标。通过 DEA 方法进行测算之后,可以用来评价 18 年来中国电信产业发展的总体效率。

(1) 产出指标

产出指标选择我国电信产业的主营业务收入和利润总额作为衡量指标。图 7-2 为 1998—2015 年中国电信业务总收入和利润总额。[①]

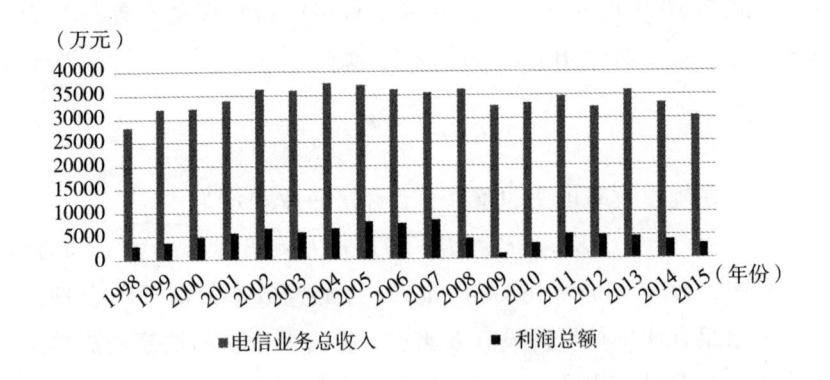

图 7-2 1998—2015 年中国电信业务总收入和利润总额

由图 7-2 可知,1998—2008 年中国电信产业主营业务总收入[②]呈现迅猛增长态势,这一时期国内旺盛的市场需求为企业带来

---

① 用 1978 年为基期的国内生产总值缩减指数,对 1998—2015 年电信业的指标数据进行换算。

② 电信产业主营业务收入主要包括固定本地电话网业务收入、长途电话网业务收入、数据通信网业务收入、移动通信网业务收入、卫星通信网业务收入、无线寻呼网业务收入、专用通信网业务收入,也称电信业务总收入。

了生机；2008—2015年，由于电信业的重组和运营企业的业务转型，电信业的业务总收入增长较为平缓。1998—2007年中国电信业利润总额①实现了快速增长；2008—2009年的利润出现了下滑；2012—2015年利润也出现了下滑。因此，电信业利润总额的快速增长促进了整个电信行业的快速发展。

（2）投入指标

投入指标主要采用反映电信产业劳动力投入状况的电信从业职工人数，反映电信业用于生产经营活动所拥有和控制的全部资源的资产总额，以及反映通信网络基础设施建设与使用情况的固定资产形成总额三个指标。

电信产业资产总额可代表过去交易或事项所形成的由电信运营企业拥有或控制的所有资源，该资源预期会给电信企业带来一定的经济利益，按其流动性可分为流动资产和非流动资产。由图7-3可知，1998—2015年中国电信产业总资产呈倒"U"型。

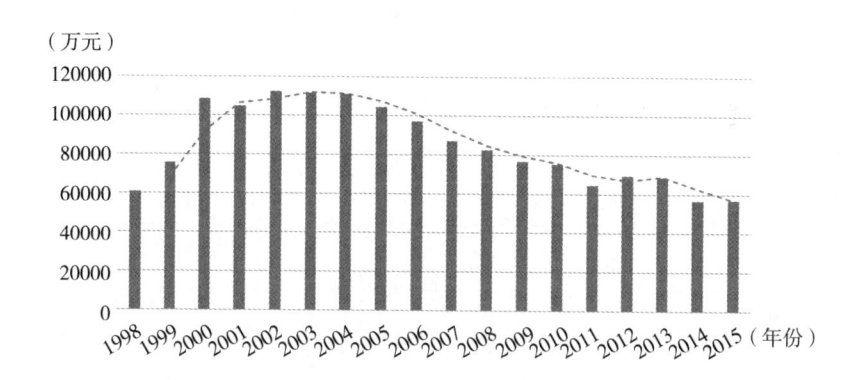

图7-3　1998—2015年中国电信产业资产总额

---

① 电信业利润总额指企业在生产经营过程中，通过销售过程将商品卖给购买方，实现收入，收入扣除当初的投入成本以及其他一系列费用，再加减非经营性质的收支及投资收益，即为企业的利润总额。

电信业的发展属于资本密集型，因此每年固定资产的投入就成为推动电信产业快速发展的重要因素。由图 7-4 可知，1999—2001 年中国电信产业的固定资产投入处于上升期，而 2002—2007 年中国电信产业的发展进入小幅波动时期，但总体基本保持平稳。2008—2015 年，由于 4G 通信标准的上马，中国电信业固定资产投入加快了步伐。

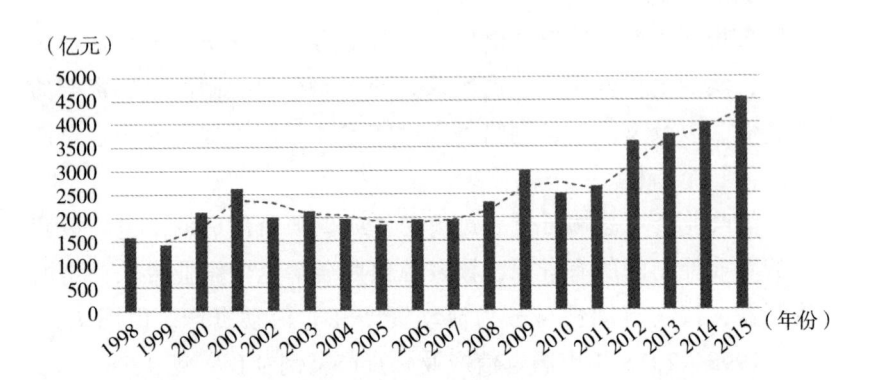

图 7-4 1998—2015 年中国电信产业固定资产投入

图 7-5 为 1998—2015 年中国电信产业职工人数情况。

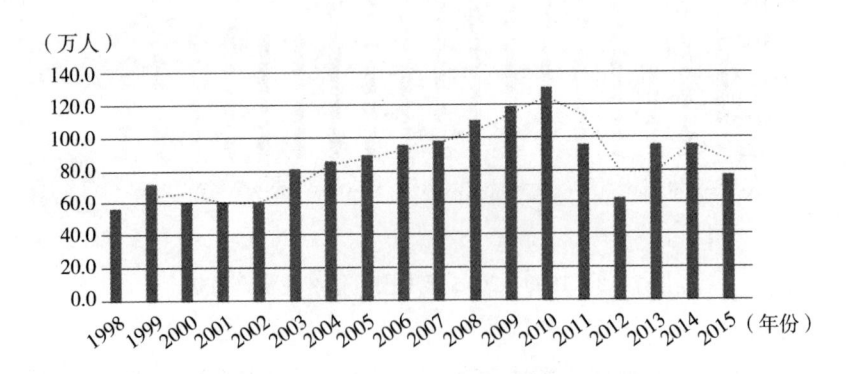

图 7-5 1998—2015 年中国电信产业职工人数

由图 7-5 可知，中国电信产业的职工人数在 18 年间表现出波动态势，但整体趋势也呈倒"U"型。

(3) 价格指标

电信业劳动力的价格用电信职工平均工资表示：

$$P_1 = \frac{TLC}{E} \qquad 7.13$$

其中，P_1 为电信业劳动力的价格，TLC 为电信劳动力总成本，E 为电信职工人数。1998—2015 年中国电信职工平均工资情况如图 7-6 所示：

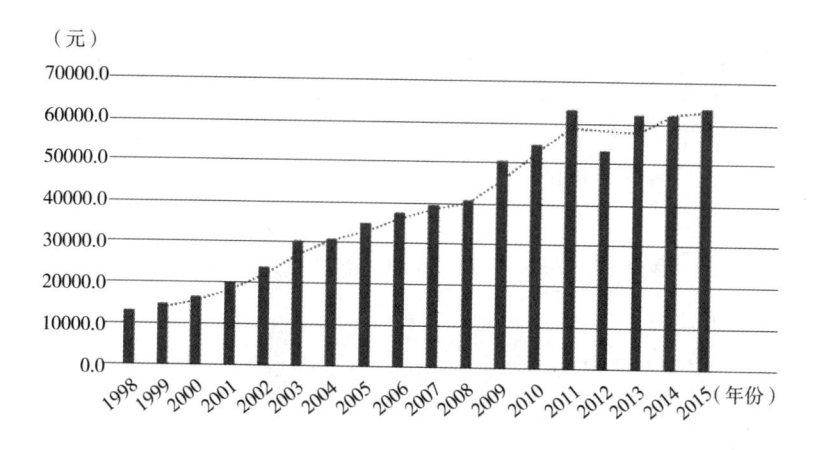

图 7-6　1998—2015 年中国电信职工平均工资

由图 7-6 可知，1998—2015 年中国电信职工平均工资基本处于增长状态。

固定资产形成总额使用永续盘存法估计得到：

$$K_t = I_t + (1 - \beta_t) K_{t-1} \qquad 7.14$$

其中，K_t 是第 t 年的资本存量，I_t 是以 1998 年不变价的固定资产投资，β 是年折旧率。

由于中国官方平均折旧率仅为 3.6%，和西方发达国家相比，显得过低①。因此，最终折旧率应为全国平均折旧率加上全国 GDP 增长率②。得公式 7.15：

$$K_t = I_t + (1 - \beta_t - g_t) K_{t-1} \qquad 7.15$$

固定资产的价格可用 P_2 表示，如图 7-7 所示。

$$P_2 = \frac{(\beta_t + g_t) K_{t-1}}{K_t} \qquad 7.16$$

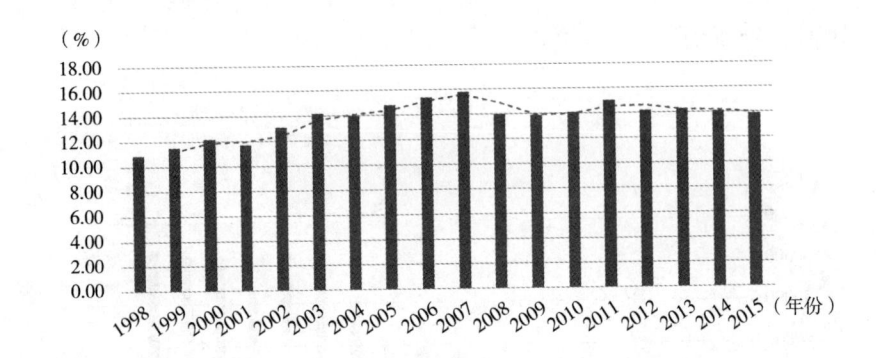

图 7-7 1998—2015 年中国电信固定资产折旧率

由图 7-7 可知，1998—2015 年中国电信固定资产折旧率基本处于 13% 的水平。

电信业资产总额的价格等于中国当年金融法定贷款利率。

$$P_3 = i_t \qquad 7.17$$

其中，P_3 为电信业资产总额的价格，i_t 为金融法定贷款利率，如图 7-8 所示。

---

① 英国的折旧率平均达到 13.3%。
② 张东辉、初佳颖：《中国电信产业的规制效率分析》，《财经问题研究》2008 年第 4 期。

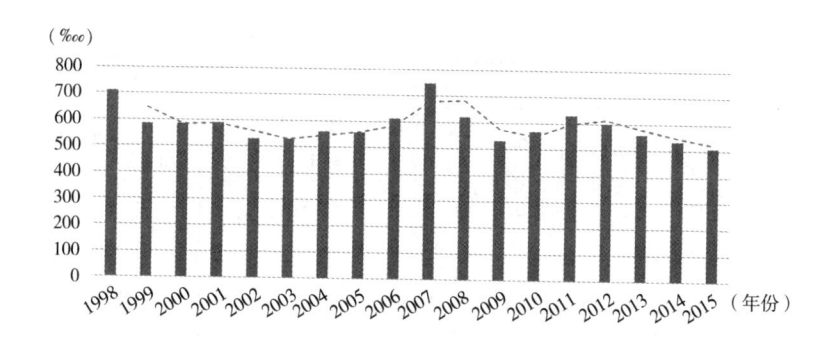

图 7-8 1998—2015 年中国电信资产贷款利率

由图 7-8 可知，1998—2015 年中国电信资产贷款利率基本处于 6% 的水平。

（二）数据描述性统计

以 1978 年的价格为基期计算得出各年的价格缩减指数①，用各年电信的业务总收入、利润和资产等指标除以相应年份的缩减指数，从而剔除价格因素对指标的影响，使各年的相关数据指标具有可比性。对以上 8 个测算数据指标处理后进行描述性统计分析，结果见表 7-1。

表 7-1 中国电信产业投入要素、产出要素和要素价格描述性统计

		产出要素		投入要素			价格指标		
		电信业务总收入（万元）	利润总额（万元）	资产总额（万元）	固定资产投资（亿元）	电信职工人数（万人）	贷款利率（‰）	折旧率（%）	电信职工平均工资（元）
个案数	统计	18	18	18	18	18	18	18	18

---

① 张权、韦久丽、陆伟刚：《中国电信业市场结构演变与效率变动研究》，《西安邮电大学学报》2014 年第 3 期。

续表

		产出要素		投入要素			价格指标		
		电信业务总收入（万元）	利润总额（万元）	资产总额（万元）	固定资产投资（亿元）	电信职工人数（万人）	贷款利率（‰）	折旧率（%）	电信职工平均工资（元）
最小值	统计	28200.3	1057.4	56745.2	1418.7	57.2	510	0.11	13017
最大值	统计	37596.1	8333.6	112175.9	4539.1	130.9	747	0.16	63716
平均值	统计	34054.74	5026.85	84631.3	2550.14	86.11	586.76	0.137	39534.83
	标准误差	590.74	453.85	4742.79	209.14	5.05	14.59	0.0032	4186.43
标准差	统计	2506.31	1925.52	20121.95	887.29	21.43	61.89	0.0135	17761.50
方差	统计	6281600.30	3707638.73	404892733.3	787279.06	459.47	3830.06	0	315470931.8
偏度	统计	-0.66	-0.003	0.124	0.965	0.382	1.35	-0.766	-0.014
	标准误差	0.536	0.536	0.536	0.536	0.536	0.536	0.536	0.536
峰度	统计	0.059	-0.257	-1.57	0.009	-0.485	1.847	-0.025	-1.374
	标准误差	1.038	1.038	1.038	1.038	1.038	1.038	1.038	1.038

由表7-1可知，1998—2015年电信业各个数据指标标准差较大，难以通过数据指标的绝对值直接判断得出效率的大小，故适于

第七章　中国电信业市场绩效

采用 DEA 方法对各年电信业的效率进行分析。

三　实证结果

根据 DEA 模型，运用 DEAP 2.1 软件分别对 1998—2015 年中国电信业的各项效率进行测算，结果见表 7-2。

表 7-2　1998—2015 年中国电信业改革的效率测算值

年份	规模效率	纯技术效率	综合规模技术效率	配置效率	经济效率	规模经济性
1998	1.000	1.000	1.000	0.802	0.802	—
1999	1.000	1.000	1.000	0.737	0.737	—
2000	0.999	1.000	0.999	0.573	0.572	irs
2001	0.970	0.987	0.958	0.692	0.663	irs
2002	1.000	1.000	1.000	0.698	0.698	—
2003	0.972	0.918	0.892	0.736	0.657	drs
2004	0.974	1.000	0.974	0.742	0.722	drs
2005	1.000	1.000	1.000	0.844	0.844	—
2006	1.000	0.979	0.979	0.879	0.860	—
2007	1.000	1.000	1.000	1.000	1.000	—
2008	1.000	1.000	1.000	0.925	0.925	—
2009	0.997	0.960	0.956	0.965	0.923	irs
2010	1.000	1.000	1.000	1.000	1.000	—
2011	1.000	1.000	1.000	1.000	1.000	—
2012	1.000	1.000	1.000	0.922	0.922	—
2013	0.975	1.000	0.975	0.959	0.934	drs
2014	1.000	1.000	1.000	1.000	1.000	—
2015	1.000	1.000	1.000	1.000	1.000	—

由表 7-2 可知，中国电信业的经济效率的低下主要是由于资源的配置效率无效造成的。2000 年中国电信业配置效率为 18 年中最低的一年，配置效率值仅为 0.573，而这时经济效率也为 18 年中

最低的一年，经济效率值也仅为 0.572。规模效率低下也是造成中国电信业经济效率低下的一个主要原因，经济效率显然受到规模效率的影响。1998—2000 年，规模效率出现下降时，经济效率也随之下降，而规模效率在 2003—2012 年处于上升时，经济效率也得到了改善。2003 年以前，经济效率显然不太受纯技术效率波动的影响。而 2004—2015 年，纯技术效率显然对经济效率的提升起到了一定的作用。综合规模技术效率由于是纯技术效率与规模效率的乘积，因此综合反映了技术与规模对经济效率的影响。综合规模技术效率非常贴切地反映了经济效率的变动情况，但成因不同，在 2003 年以前，综合规模技术效率主要通过规模效率来影响经济效率的变动，而在 2004 年以后，它主要是依靠纯技术效率来影响经济效率的变动。

(一) 市场竞争引入阶段效率

1998 年中国电信业的综合规模技术效率、纯技术效率与规模效率都达到了最优。这说明 1994—1998 年，市场竞争的引入对于中国电信业整体效率提升起到了重要的作用。这是由于中国联通与中国电信在多个电信业务市场上形成的初步竞争格局。另外，邮电企业的经营与政府行政职能的剥离，使得原有的电信运营企业需要自负盈亏，因此电信运营企业在经营过程中更加注重自身收益的提高与成本的降低，从而使中国电信业整体的纯技术效率、规模效率及综合规模技术效率达到最优。

(二) 双寡头垄断竞争阶段效率

1999—2001 年，中国电信业的改革呈现无效率。无效率主要是由于规模无效造成的。在此期间，电信业技术的应用却十分充分，即纯技术效率较高，1999 年与 2000 年都达到了最优，纯技术效率平均为 0.996。然而，这一阶段的规模效率值却非常低，1999 年、2000 年与 2001 年的规模效率分别为 1.000、0.999 与 0.970，平均为 0.990。显然，如果用纯技术效率来衡量电信业这一阶段的改革效率，无疑是成功的。但是，由于中国联通公司在移动通信市场与固定电话市场并没有与中国移动和中国电信形成充分的竞争

（市场份额均低于15%），因而作为这两个电信市场的主导运营商，中国移动与中国电信忽视了自身成本的降低，投入要素增长速度过快，而产出增长速度却很缓慢，造成中国电信业整体不能在最优规模下运营。另外，这一阶段的电信业发展都处于规模收益递增阶段，因此电信运营企业继续投资的积极性较高。

（三）比较竞争阶段效率

2002—2007年，中国电信业改革效率明显有所提升。综合规模技术效率平均水平为0.974，低于上一阶段的0.986。平均规模效率相比前一阶段上升了0.001，为0.991，但这一阶段的电信业发展则处于规模收益递减阶段。纯技术效率略微下降了0.013，为0.983。显然，随着电信业在不同电信服务市场的竞争加剧，企业的管理意识逐渐增强，即用适当的投入以获取最佳的收益。然而，纯技术效率的下降也表明电信市场中企业间的恶性竞争不断加剧，这主要表现在互联互通、通信技术的替代性及市场竞争的不公平性等原因，实际造成了电信业技术应用的不充分，妨碍了纯技术效率的提高。例如，移动通信技术对固定通信技术的替代，使固定通信市场急速萎缩，而由于原信息产业部对移动牌照发放的限制，固定电信运营商无法进入移动通信市场，使大量的网络资源陷入闲置状态。而2002年固网运营商未经信息产业部的批准推出的小灵通业务，以低价的方式扰乱了移动通信市场，恶性竞争凸显[①]。小灵通与移动通信的互联互通又成为一个严重的恶性竞争事件。另外，由于普遍服务机制的缺失，电信运营商都不愿意将自身的业务向偏远的农村地区发展，使电信资源在经济发达地区或城市过于集中，造成资源的浪费。因而，这些都是中国电信业发展的制约瓶颈，也是造成以往电信改革效率低下的直接原因。

（四）融合竞争阶段效率

融合竞争阶段，电信产业的规模效率、纯技术效率、综合规模技术效率、配置效率和成本效率均值分别为0.9965、0.9950、

---

① 主要表现为移动手机不能便利地与小灵通互发短信。

0.9914、0.9714 和 0.9630，显然比其他阶段的效率高。尤其，融合阶段的电信业经济效率达到了 0.9714，为 4 个时期最高。这反映了融合阶段的电信资源配置更加合理和科学。

通过以上分析，可以得出以下结论：总体来说，电信业市场竞争的不断深化可以提升整个电信业的产出效率。这与本书导论中提到的国内外大部分学者的研究结果基本是一致的。电信业的竞争需要政府在中观与宏观层面上进一步地调控，从而在不同电信服务市场上实现有序和有效的竞争。

（五）去垄断化改革前后的效率比较

将 1998—2015 年中国电信业按照去垄断化改革的前后可以分成两个阶段：垄断阶段，即 1998—2001 年；市场竞争形成阶段，即 2002 年至今。对比中国电信去垄断化改革前后，我们发现去垄断化后的电信业整体效率水平高于垄断阶段，其中经济效率提高了 0.1983。再以 1998 年为基期计算资产价格与经济效率相对于上一年的增幅，即变动率。图 7-9 所示为电信业资产价格变动率与经济效率变动率的比较。

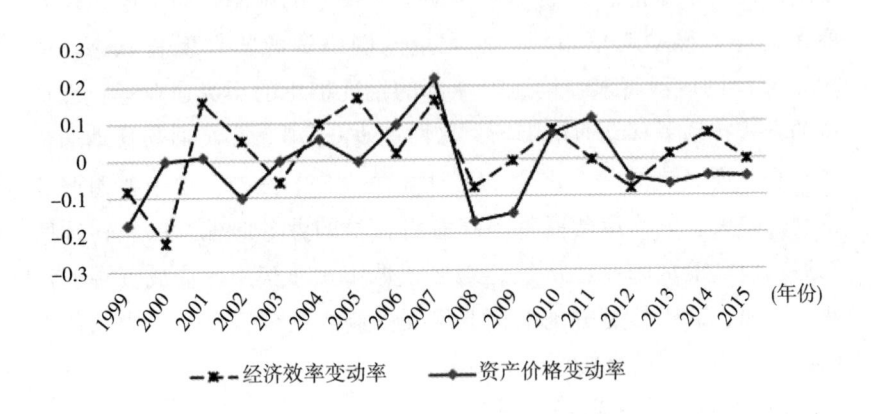

图 7-9 资产价格变动率与经济效率变动率比较

由图 7-9 可见，显然资产价格变动与经济效率变动呈正相关关系，我们可以通过提高电信资产价格的方法，提升电信业的经济效率。但是，资产价格调控效果对电信经济效率变动影响具有一定的滞后性（不足一年），显然宏观调控政策对电信行业的经济效率提升具有很强的作用。

第二节 电信业产业价值链效率

近年来，4G通信技术的应用、移动互联网的发展和智能手机（如iPhone）的出现，催生了以多媒体应用为代表的新兴电信业务的蓬勃发展，从而打破了原有单纯依靠用户规模的增长拉动电信业收入增长的传统电信经营模式。与此同时，通信技术的进步与市场竞争的加剧导致电信资费不断降低，话音服务的收入不断萎缩，以2017年的数据为例，在整个电信主营业务收入中，非话音业务收入10408亿元，同比增长9.7%，占主营业务收入的比重上升到82.5%；话音业务收入2212亿元，同比下降了33.5%。显然，非话音业务的收入比重已经非常高，几乎接近电信收入的一半。并且，智能手机凭借功能更强的CPU、大容量内存和友好的用户界面，使得应用业务发展摆脱了网络的控制，如iPhone终端在操作上的便捷性以及对App Store应用的开放支持，让用户对无线宽带接入有了比以往更为强烈的需求。可见，新的通信技术已促成网络与业务间的剥离，电信运营商在整个产业链中的主导地位受到了挑战。面对电信业新的竞争格局的形成和产业链的变化，电信运营商不得不通过提高网络资源的利用效率和新业务市场开发，提升电信业的效率与市场竞争力，达到企业整体业务收入提升的目的，维持电信创新能力与持续的竞争力。传统的研究视角仅将电信业运营的过程作为"黑箱"，对其进行整体效率评价，而依据产业价值链的视角电信业运营实际可以划分为两个重要阶段，即网络运营与业务开发和推广环节，从而揭示电信运营效率低下的真正原因。

一　网络 DEA 模型

(一) 研究评述

虽然 DEA 理论已经历了近 40 年的发展，但是 DEA 理论与方法丝毫没有过时。随着新的 DEA 理论的提出，DEA 理论在学术领域的应用范围和应用数量都在不断地扩展和持续地增长。以 Web of Science 数据库为例，截至 2017 年 12 月检索以 DEA 为主题的文献就将近 6500 余篇，在 CNKI 数据库中检索到的 DEA 文献数量超过了 18000 余篇。显然，这都要归功于 DEA 理论创新与发展。随着产业分工下所形成的价值链、价值网和供应链等复杂网络生产系统，研究学者越来越关注：如何评价一个完整的生产过程中各个子过程的效率问题？如何评价各子过程效率对整体效率的影响？因此，Färe 和 Grosskopf（1996）[1]、Zhu（2007）[2]、Kao 和 Hwang（2011）[3] 等人基于决策单元内部结构的不同假设，提出了网络 DEA 的理论及方法。相比传统 DEA 理论，赵萌（2012）[4] 认为传统 DEA 模型在评价具有多个子系统的复杂系统效率时，容易高估整体系统的效率，而 Färe 和 Grosskopf（1996）、Zhu（2007）等人所提出的网络 DEA 效率模型，又过于概念化，难以用于实际的分析。因此，本书希望在明确决策单元的内部结构的基础上，构建出一个符合现实产业发展的网络 DEA 理论与方法，从而对包含多个子系统的复杂系统的各阶段与整体效率进行精确有效的评估。

---

[1] Rolf Färe, Shawna Grosskopf, *Intertemporal Production Frontiers: With Dynamic DEA*, Boston: Kluwer Academic Publishers, 1996, p. 59.

[2] Joe Zhu, *Modeling Data Irregularities and Structural Complexities in Data Envelopment Analysis*, New York: Spinger Sicence, 2007, p. 116.

[3] Chiang Kao, Shiuh-Nan Hwang, "Decomposition of Technical and Scale Efficiencies in Two-Stage Production Systems", *European Journal of Operational Research*, Vol. 211, No. 3, May 2011.

[4] 赵萌:《中国制造业生产效率评价：基于关联决策单元的动态 DEA 方法》,《系统工程理论与实践》2012 年第 6 期。

网络 DEA 理论是基于传统"黑箱"评价思想的 DEA 理论的创新与发展,被广泛用于评价复杂网络生产系统效率,并受到了学术界的普遍关注。陈凯华(2013)[1]认为网络 DEA 模型是在活动分析(Activity Analysis)的基础上发展起来的适应于子系统间存在链接关系的生产系统的效率测度模型,称为链式网络生产系统。它包含两个基本特征:一是包含两个及以上的子系统(Subsystems);二是子系统间由中间产品(Intermediate Products)链接。它大致可以分为三个方面:一是链式独立两阶段 DEA 理论与方法。Seiford 和 Zhu(1999)[2]用该方法对美国的主要银行的运营绩效与市场绩效两个阶段的效率进行了评估。二是关联两阶段 DEA 方法,研究学者认为链式独立两阶段 DEA 方法,没有考虑到决策单元阶段间效率的联系,仅是孤立地评估了两个阶段的效率。因而,他们提出了考虑决策单元的内部结构与阶段间效率影响关系的关联两阶段 DEA 方法,又称其为链式两阶段 DEA 方法。Chen 和 Zhu(2004)[3]在规模报酬可变的假设前提下,提出了基于价值链模式的两阶段 DEA 效率评估方法(简称 CZ 模型)。CZ 模型通过将价值链第一阶段的产出变量作为中间变量,用于第二阶段的投入变量,分别计算两阶段的效率,而价值链的整体效率则为两阶段效率值的权重和,各阶段的权重系数为外生变量。在此基础上,Chen 等(2006)[4]则在 CRS 和 VRS 规模收益假设条件下,提出了将复杂系统整体效率作为多个串联决策单元的各个子系统效率的加和的链式两阶段 DEA 方法。Liang 等(2010)[5]将博弈思想引入 DEA 模型,建立了

---

[1] 陈凯华、官建成、寇明婷等:《网络 DEA 模型在科技创新投资效率测度中的应用研究》,《管理评论》2013 年第 12 期。

[2] Lawrence M. Seiford, Joe Zhu, "Infeasibility of Super‑Efficiency Data Envelopment Analysis Models", *Information Systems & Operational Research*, Vol. 37, No. 2, February 1999.

[3] Yao Chen, Joe Zhu, "Measuring Information Technology's Indirect Impact on Firm Performance", *Information Technology and Management*, Vol. 5, No. 1–2, January 2004.

[4] Yao Chen, Liang Liang, Feng Yang, "A DEA Game Model Approach to Supply Chain Efficiency", *Annals of Operations Research*, Vol. 145, No. 1, January 2006.

[5] Liang Liang, Wade D. Cook, Joe Zhu, "DEA Models for Two: Tage Processes: Game Approach and Efficiency Decomposition", *Naval Research Logistics*, Vol. 55, No. 7, July 2010.

Leader – Follower 非合作模型及 Centralized 合作模型用以研究两阶段结构的效率问题。Hwang 和 Kao（2008）[①] 提出了 HK 模型，将链式两阶段的效率值的乘积作为决策单元的整体效率，而后再分解为每个子阶段的效率值。毕功兵等（2009）[②] 拓展了 HK 模型的效率评价方法。

（二）链式关联两阶段 DEA 模型

数据包络分析（DEA）方法被广泛地应用于生产过程效率的比较评价分析，而以往的大多数 DEA 模型的应用都是建立在将整个生产过程视为一个"黑箱"的假设基础上。事实上，现实中的一个完整生产过程都是由多个生产过程阶段组成的。因此，魏权龄和庞立永（2010）[③]、杨锋等（2010）[④]、陈凯华和官建成（2011）[⑤] 构造了两阶段生产系统假设基础上的链式网络 DEA 模型。借鉴上述学者的阶段 DEA 的建模思想，并结合电信产业的发展特征，本书构建了两阶段生产系统结构的 DEA 模型：

假定一个完整的生产过程是由两个独立的生产部分组成的（见图 7-10）。整个生产系统使用 m 种投入要素 X_{ik}，$i=1,\cdots,m$ 生产获得 s 种产出 Y_{rk}，$r=1,\cdots,s$，并且 X_{ik}，Y_{rk} 为第 k 个部门或单位，即决策单元 DMU_k（Decision Making Units）的投入与产出向量。而不同于传统的一阶段生产系统 DEA 评价模型，通过在整个生产过程中引入中间产品 Z_{pk}，$p=1,\cdots,q$，将原有系统划分为两个子过程。并且，中间产品 Z_{pk} 为生产阶段 1 的产出，同时也是生产阶段 2 的投入。传统的两阶段 DEA 研究通常采用模型 7.18 来测量整

[①] Shiuh – Nan Hwang, Tong – Liang Kao, " Using Two – Stage DEA to Measure Managerial Efficiency Change of Non – Life Insurance Companies in Taiwan", *International Journal of Management and Decision Making*, Vol. 9, No. 4, April 2008.

[②] 毕功兵、梁樑、杨锋：《资源约束型两阶段生产系统的 DEA 效率评价模型》，《中国管理科学》2009 年第 2 期。

[③] 魏权龄、庞立永：《链式网络 DEA 模型》，《数学的实践与认识》2010 年第 1 期。

[④] 杨锋、翟笃俊、梁樑等：《两阶段链形系统生产可能集与 DEA 评价模型》，《系统工程学报》2010 年第 3 期。

[⑤] 陈凯华、官建成：《共享投入型关联两阶段生产系统的网络 DEA 效率测度与分解》，《系统工程理论与实践》2011 年第 7 期。

体效率,而用模型 7.19 和模型 7.20 测量阶段 1 的效率 E_k^1 和阶段 2 的效率 E_k^2。

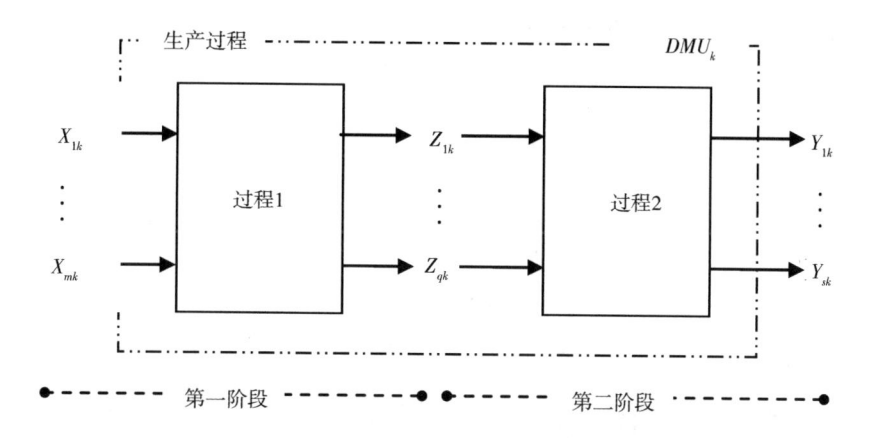

图 7-10 两阶段生产系统结构概念模型

为了将两个子过程与完整生产过程联系起来,Hwang 和 Kao (2008)[①] 提出了子过程与完整生产过程的效率评价关系模型。该模型假设了第 k 个决策单元 DMU,通过计算该决策单元的决策变量 u_r^*、v_i^* 和 w_p^* 得到整体效率 E_k 和子过程效率 E_k^1 与 E_k^2。

$$E_k = \sum_{r=1}^{s} u_r^* Y_{rk} / \sum_{i=1}^{m} v_i^* X_{ik} \leqslant 1 \qquad 7.18$$

$$E_k^1 = \sum_{p=1}^{q} w_p^* Z_{pk} / \sum_{i=1}^{m} v_i^* X_{ik} \leqslant 1 \qquad 7.19$$

$$E_k^2 = \sum_{r=1}^{s} u_r^* Y_{rk} / \sum_{p=1}^{q} w_p^* Z_{pk} \leqslant 1 \qquad 7.20$$

并且,整体效率 E_k 可以表示为两个子过程效率的 E_k^1 与 E_k^2 的乘积。

$$E_k = E_k^1 \times E_k^2 \qquad 7.21$$

---

① Shiuh-Nan Hwang, Tong-Liang Kao, "Using Two-Stage DEA to Measure Managerial Efficiency Change of Non-Life Insurance Companies in Taiwan", *International Journal of Management and Decision Making*, Vol. 9, No. 4, April 2008.

建立在以上关系模型概念的基础上，整体效率 E_k 的计算充分借鉴了 Charnes 等人（1978）[①] 所构建的规模报酬不变假设下的 DEA 比率模型原理，同时模型 7.22 的目标函数不但满足整体过程约束条件，同时还应满足两个独立子过程的约束条件。

$$E_k = \max \sum_{r=1}^{s} u_r Y_{rk} / \sum_{i=1}^{m} v_i X_{ik}$$

$$s.t. \quad \sum_{r=1}^{s} u_r Y_{rj} / \sum_{i=1}^{m} v_i X_{ij} \leq 1, \quad j=1, \cdots, n$$

$$\sum_{p=1}^{q} w_p Z_{pj} / \sum_{i=1}^{m} v_i X_{ij} \leq 1, \quad j=1, \cdots, n$$

$$\sum_{r=1}^{s} u_r Y_{rj} / \sum_{p=1}^{q} w_p Z_{pj} \leq 1, \quad j=1, \cdots, n$$

$$u_r, v_i, w_p \geq 0, \quad r=1, \cdots, s; \quad i=1, \cdots, m; \quad p=1, \cdots, q \quad 7.22$$

为了便于求解，令 $t = \dfrac{1}{\sum_{i=1}^{m} v_i X_{ik}}$，借助 Charnes - Cooper 转化，模型 7.22 求解可以转化为等价的线性规划模型 7.23 求解问题。模型 7.23 中，决策变量 $V_i = tv_i$、$U_r = tu_r$、$W_p = tw_p$。

$$E_k = \max \sum_{r=1}^{s} U_r Y_{rk}$$

$$s.t. \quad \sum_{i=1}^{m} V_i X_{ik} = 1$$

$$\sum_{r=1}^{s} U_r Y_{rj} - \sum_{i=1}^{m} V_i X_{ij} \leq 0, \quad j=1, \cdots, n$$

$$\sum_{p=1}^{q} W_p Z_{pj} - \sum_{i=1}^{m} V_i X_{ij} \leq 0, \quad j=1, \cdots, n$$

$$\sum_{r=1}^{s} U_r Y_{rj} - \sum_{p=1}^{q} W_p Z_{pj} \leq 0, \quad j=1, \cdots, n$$

$$U_r, V_i, W_p \geq 0, \quad r=1, \cdots, s; \quad i=1, \cdots, m; \quad p=1, \cdots, q$$

$$7.23$$

经模型 7.23 计算，得出最优 E_K 的同时，我们也可以得出相应的决策变量 U_r^*、V_i^* 和 W_p^*，并可求得 E_k^1 与 E_k^2。

[①] A. Charnes, W. W. Cooper, E. Rhodes, "Measuring the Efficiency of Decision Making Units", *European Journal of Operational Research*, Vol. 2, No. 6, June 1978.

二 电信产业价值实现过程：概念框架

由于受到技术实现方式与市场需求的限制，传统电信运营商仅能向客户提供较为单一的语音业务，并且语音业务的收入占到电信业主营业务收入的绝大部分。因此，电信运营商既是网络的建设者，同时又是业务的提供者和用户的唯一接触者，具体表现为业务与网络的合二为一。然而，随着电信技术的进步与规制政策的进一步放松，用户需求逐渐呈现个性化和多样化的发展趋势，电信业务与网络实现了分离，电信业务发展逐渐向多媒体的内容业务与跨行业的信息应用服务转变。面对整个行业新的挑战与机遇，电信运营商必须从信息传递的角色向信息服务商转变。

从产业价值链视角来看，电信产业发展从初始资源投入到价值实现过程大体可以划分为电信网络资源转化与电信业务开发及发展两个阶段，即包括最初的资源总投入、中间的用户市场形成及最终的电信业务量与业务收入的实现，并可划分为网络能力、市场规模及价值实现三种形态（见图7-11）。其中，第一阶段为电信网络资源转化，构成了电信网络能力向与业务发展相匹配的市场规模形成转变的重要阶段，主要涉及业务平台搭建与维护和网络体系架构的构建，网络体系架构的构建主要是为了满足电信新业务的快速开发与部署，支持用户的按需定制，以及支持第三方的业务开发，所进行的网络技术改进。业务平台搭建与维护主要为了支撑业务模式发展，针对业务发展的需要，整合设备提供商、软件提供商、内容提供商及服务提供商等合力为用户提供业务及维护。第二阶段为电信业务开发及发展，是市场规模形态向最终电信价值实现形态转变的重要阶段，主要涉及电信业务创新及开发、品牌建设和营销渠道的管理，通过该阶段电信运营商逐渐摆脱原有的信息管道地位，实现了由原有单纯以语音业务为主的经营方式向提供各种类型的信息服务业务转型。

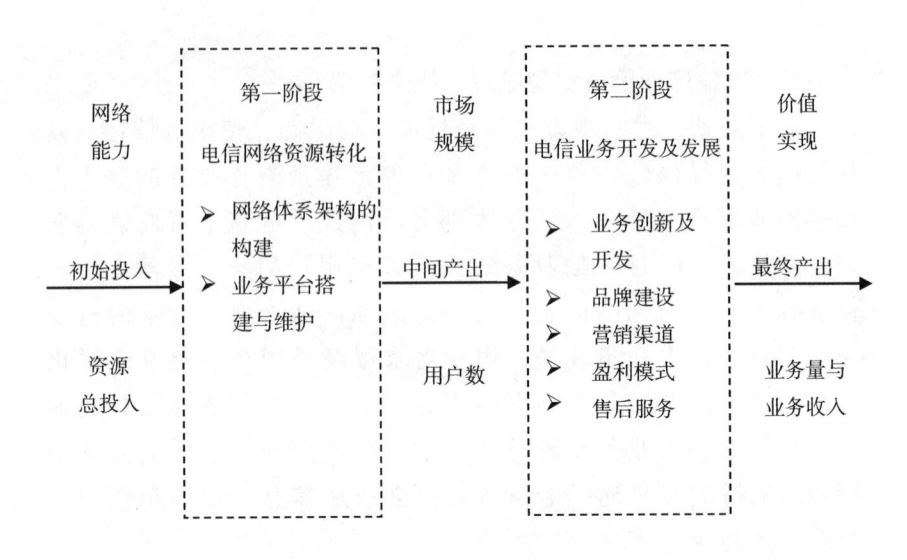

图 7-11　电信产业两阶段价值实现过程

三　指标选择与数据来源

对中国电信业两阶段 DEA 效率测算的关键是要确定模型的初始投入、中间产出及最终产出指标。那么，从以往采用传统 DEA 模型研究电信业效率问题的文献来看，学者 Sueyoshi（1998）[1]、Lien 和 Peng（2001）[2]、吕昌春和康飞（2010）[3] 和李再扬和杨少华（2010）[4] 在研究该问题时，在最初投入指标选择方面采用主线、总资产和职工人数作为投入变量指标，在最终的产出指标选择方面采用业务收入、业务总量、各种电信服务、用户数作为产出变量。对比现有文献，并根据电信业两阶段价值实现过程的概念框架与两

---

[1] Toshiyuki Sueyoshi, "Privatization of Nippon Telegraph and Telephone: Was It a Good Policy Decision?", *European Journal of Operational Research*, Vol. 107, No. 1, January 1998.

[2] Donald Lien, Yan Peng, "Competition and Production Efficiency Telecommunications in OECD Countries", *Information Economics and Policy*, Vol. 13, No. 1, January 2001.

[3] 吕昌春、康飞：《我国电信行业市场竞争、区域差异与生产效率》，《数量经济技术经济研究》2010 年第 2 期。

[4] 李再扬、杨少华：《中国省级电信业技术效率：区域差异及影响因素》，《中国工业经济》2010 年第 8 期。

阶段 DEA 模型的要求，我们认为在分析电信网络资源转化阶段的效率时，指标选取一般应涉及电信业的最初的资产投入和劳动投入，而在选择资本投入时常常需要考虑价格因素，价格因素又常受到不同区域与时间变化的影响，因此我们应该选取其他的实物变量将其替换，因而选取光缆线路长度（公里）、互联网宽带接入端口（万个）、局用交换机容量（万门）和移动电话交换机容量（万户）4 个指标作为初始投入指标，以反映电信业的多业务属性与产业融合趋势。另外，职工人数不宜作为劳动投入指标，这是因为一方面电信业属于资本与技术密集型产业，另一方面中国电信业由于其固有的行政垄断性，职工人数不能真实地反映电信业的劳动投入情况，因此在选取投入指标时宜剔除人员因素，以免影响到效率测算的准确性。通过研究网络资源转化阶段向业务开发及发展阶段的转变过程，我们发现电信产业只有在形成必要的市场规模基础上，才能获得最终价值的实现，因此，中间产出指标应该选取固定电话用户（万户）、移动电话用户（万户）和互联网宽带接入用户（万户）等用户数指标，以反映电信网络资源转化以及市场规模的形成情况。在业务开发及发展阶段，电信业主要依靠业务的开发、营销及售后服务等环节实现最终的价值，为了更直接地反映电信业的综合运营能力，选取电信业务总量（亿元）与电信主营业务收入（亿元）两个指标作为最终产出指标，而不宜选取各种电信服务作为最终产出指标。

选取 2011—2015 年全国 31 个省、自治区、直辖市作为决策单元，以便对电信产业阶段效率的动态变化与区域间阶段效率的差异性进行比较，所有数据来源于 2012—2016 年《中国统计年鉴》。

四 电信业产业价值链效率分析

基于网络 DEA 理论与效率评估模型，本部分主要对 2011—2015 年全国 31 个省、自治区、直辖市的电信业运营的"两阶段整体效率""网络资源转化效率"和"业务开发及发展效率"

进行测算，并且围绕区域电信运营阶段效率的比较、电信运营的四种模式展开实证分析。经模型计算，表7-3为2011—2015年我国电信业两阶段整体效率的结果。

表7-3　　2011—2015年我国电信业两阶段整体效率

省市	两阶段整体效率					平均值
	2015年	2014年	2013年	2012年	2011年	
北京	1.000000	1.000000	1.000000	1.000000	1.000000	1.000000
天津	0.830775	0.847299	0.886007	1.000000	0.899019	0.892620
河北	0.722606	0.715427	0.740252	0.805274	0.727367	0.742185
山西	0.667666	0.709817	0.729310	0.759709	0.648213	0.702943
内蒙古	0.929791	0.989665	0.969834	0.942128	0.846812	0.935646
辽宁	0.672827	0.695461	0.700221	0.875783	0.756881	0.740234
吉林	0.706308	0.764837	0.752953	0.809968	0.811388	0.769091
黑龙江	0.589104	0.624727	0.664265	0.738779	0.691689	0.661713
上海	0.989176	0.999153	1.000000	0.946890	1.000000	0.987044
江苏	0.701233	0.692678	0.731754	0.824911	0.721176	0.734350
浙江	0.719388	0.735842	0.726898	0.795524	0.778521	0.751235
安徽	0.530233	0.563490	0.646566	0.726282	0.722681	0.637850
福建	0.642849	0.685138	0.718051	0.748354	0.786024	0.716083
江西	0.617426	0.647744	0.645050	0.707799	0.625261	0.648656
山东	0.656694	0.653631	0.673224	0.702369	0.707727	0.678729
河南	0.672733	0.705022	0.707644	0.805100	0.755943	0.729288
湖北	0.603825	0.628988	0.639959	0.617010	0.544877	0.606932
湖南	0.711136	0.738748	0.741001	0.834208	0.688434	0.742705
广东	1.000000	0.975119	1.000000	1.000000	1.000000	0.995024

续表

省市	两阶段整体效率					平均值
	2015年	2014年	2013年	2012年	2011年	
广西	0.671843	0.656325	0.743507	0.803198	0.753153	0.725605
海南	0.792248	0.859802	0.907976	0.906266	1.000000	0.893258
重庆	0.628901	0.661259	0.611963	0.684104	0.649679	0.647181
四川	0.671383	0.689980	0.651775	0.749732	0.655300	0.683634
贵州	0.774505	0.840847	0.813353	0.767203	0.795223	0.798226
云南	0.832523	0.842435	0.830762	0.881019	0.752359	0.827820
西藏	1.000000	0.991044	1.000000	0.974941	1.000000	0.993197
陕西	0.727720	0.799890	0.773461	0.800234	0.781757	0.776612
甘肃	0.781636	0.794467	0.725248	0.704171	0.744918	0.750088
青海	0.776486	0.750247	0.768541	0.713040	0.676303	0.736923
宁夏	0.820197	0.896784	0.834959	0.821529	0.754574	0.825609
新疆	0.688991	0.783987	0.727741	0.843610	0.759619	0.760790

经模型计算，表7-4为2011—2015年我国电信业网络资源转化效率的结果。

表7-4　2011—2015年我国电信业网络资源转化效率

省市	网络资源转化效率					平均值
	2015年	2014年	2013年	2012年	2011年	
北京	1.000000	1.000000	1.000000	1.000000	1.000000	1.000000
天津	1.000000	1.000000	1.000000	1.000000	0.960074	0.992015
河北	1.000000	0.976189	0.981256	0.989904	0.964137	0.982297
山西	0.966438	1.000000	1.000000	1.000000	0.824518	0.958191
内蒙古	0.999034	1.000000	1.000000	1.000000	0.916841	0.983175
辽宁	0.987058	1.000000	1.000000	0.989696	0.834360	0.962223
吉林	1.000000	1.000000	0.999214	1.000000	1.000000	0.999843

续表

省市	网络资源转化效率					平均值
	2015年	2014年	2013年	2012年	2011年	
黑龙江	0.830562	0.828574	0.863833	0.838340	0.866846	0.845631
上海	1.000000	1.000000	1.000000	1.000000	1.000000	1.000000
江苏	1.000000	0.947135	0.946672	0.972005	0.841932	0.941549
浙江	0.921304	0.925008	0.919553	0.875934	0.844299	0.897220
安徽	1.000000	0.901366	1.000000	0.954505	0.965027	0.964180
福建	0.815338	0.914115	0.896679	0.748354	0.786024	0.832102
江西	0.911525	0.888926	0.808706	0.880651	0.786664	0.855294
山东	1.000000	1.000000	0.995606	0.851690	0.919740	0.953407
河南	1.000000	0.975585	0.963542	0.989892	0.901566	0.966117
湖北	0.941395	0.963956	0.995241	0.838927	0.854994	0.918903
湖南	1.000000	1.000000	0.969903	0.969813	0.817924	0.951528
广东	1.000000	0.975118	1.000000	1.000000	1.000000	0.995024
广西	0.936174	0.825226	0.914438	0.937162	0.933148	0.909230
海南	0.920375	0.982792	1.000000	1.000000	1.000000	0.980633
重庆	0.909111	0.900744	0.843298	0.841430	0.891567	0.877230
四川	0.961891	0.987252	0.954689	0.912809	0.890513	0.941431
贵州	0.974959	0.873412	0.914899	0.807736	0.827883	0.879778
云南	0.913224	0.852540	0.857818	0.881018	0.920098	0.884940
西藏	1.000000	0.991043	1.000000	1.000000	1.000000	0.998209
陕西	0.984867	0.990754	0.991247	0.939231	0.913921	0.964004
甘肃	1.000000	1.000000	0.909522	0.839757	0.957324	0.941321
青海	1.000000	1.000000	1.000000	1.000000	1.000000	1.000000
宁夏	1.000000	1.000000	0.985804	0.988732	0.938150	0.982557
新疆	0.815377	0.914925	0.901021	0.954381	0.816354	0.880412

经模型计算，表7-5为2011—2015年我国电信业务开发及发展的效率结果。

表7-5　　2011—2015年我国电信业务开发及发展效率

省市	电信业务开发及发展效率					平均值
	2015年	2014年	2013年	2012年	2011年	
北京	1.000000	1.000000	1.000000	1.000000	1.000000	1.000000
天津	0.830775	0.847299	0.886007	1.000000	0.936405	0.900097
河北	0.722606	0.732878	0.754393	0.813486	0.754423	0.755557
山西	0.690853	0.709817	0.729310	0.759709	0.786173	0.735172
内蒙古	0.930690	0.989665	0.969834	0.942128	0.923619	0.951187
辽宁	0.681649	0.695461	0.700221	0.884901	0.907139	0.773874
吉林	0.706308	0.764837	0.753546	0.809967	0.811388	0.769209
黑龙江	0.709284	0.753978	0.768973	0.881241	0.797938	0.782283
上海	0.989176	0.999153	1.000000	0.946890	1.000000	0.987044
江苏	0.701234	0.731340	0.772974	0.848669	0.856573	0.782158
浙江	0.780837	0.795498	0.790491	0.908201	0.922092	0.839424
安徽	0.530233	0.625151	0.646566	0.760899	0.748871	0.662344
福建	0.788445	0.749510	0.800789	1.000000	1.000000	0.867749
江西	0.677355	0.728682	0.797632	0.803722	0.794826	0.760443
山东	0.656694	0.653631	0.676195	0.824677	0.769486	0.716137
河南	0.672733	0.722666	0.734419	0.813321	0.838478	0.756323
湖北	0.641415	0.652507	0.643019	0.735475	0.637287	0.661941
湖南	0.711136	0.738748	0.763995	0.860175	0.841684	0.783147
广东	1.000000	1.000000	1.000000	1.000000	1.000000	1.000000
广西	0.717647	0.795328	0.813075	0.857054	0.807110	0.798043
海南	0.860788	0.874856	0.907976	0.906266	1.000000	0.909977
重庆	0.691776	0.734126	0.725678	0.813025	0.728694	0.738660
四川	0.697982	0.698890	0.682709	0.821345	0.735868	0.727359
贵州	0.794397	0.962716	0.889008	0.949819	0.960550	0.911298
云南	0.911630	0.988147	0.968460	1.000000	0.817695	0.937186
西藏	1.000000	1.000000	1.000000	0.974941	1.000000	0.994988
陕西	0.738902	0.807354	0.780291	0.852010	0.855388	0.806789

续表

省市	电信业务开发及发展效率					平均值
	2015 年	2014 年	2013 年	2012 年	2011 年	
甘肃	0.781636	0.794467	0.797395	0.838541	0.778125	0.798033
青海	0.776486	0.750247	0.768541	0.713039	0.676303	0.736923
宁夏	0.820197	0.896784	0.846983	0.830808	0.804321	0.839819
新疆	0.844996	0.856887	0.807685	0.883934	0.930502	0.864801

（一）电信运营阶段效率变化

2011—2015 年中国电信运营两阶段整体效率呈现轻微的波动变化（见图 7-12），2012 年整体效率为 0.8158，达到近五年的最高，而其他年份的整体效率基本在 0.77 附近变动，变化不是非常明显。电信网络资源转化效率则呈现一路走高的态势，从 2011 年的 0.9088 一直达到 2015 年的 0.9609，这表明各地区电信企业对电信网络资源的充分利用的意识很强，并且利用水平也较高，从而形成了与网络资源投入相匹配的市场规模，便于摊销高额的网络固定成本形成规模经济。而 2011—2015 年的电信业务开发及发展效率却呈现了先高后低的发展态势，2012 年的电信业务开发及发展效率达到近五年的最高 0.8721，而后则出现了逐渐降低的走势，2015 年的效率仅为 0.7761。这表明 2013 年的 3G 向 4G 的技术进步以及移动互联网的发展，为电信新业务开发与发展提出了新的需求，但业务开发模式与新技术的不适应性造成其效率的低下。

从总体来看，电信网络资源转化效率与电信业务开发及发展效率都是影响中国电信运营两阶段整体效率提升的重要因素，而电信业务开发及发展效率的低下成为制约整体效率提升的关键瓶颈因素。因此，如何提高电信业务开发及发展效率关乎整个电信业的快速发展。

第七章 中国电信业市场绩效

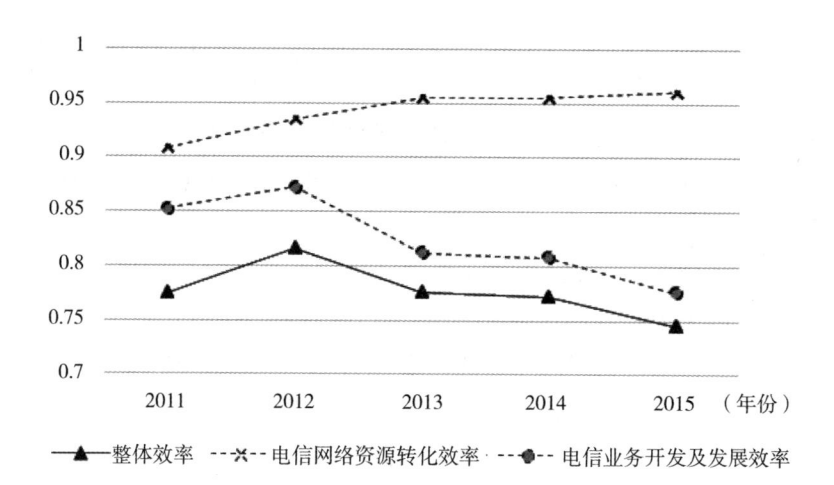

图 7-12 2011—2015 年我国电信业运营阶段效率趋势

（二）区域电信运营阶段效率比较

按照国务院发展研究中心在"十一五"期间提出八大综合经济区的划分，我们通过均值与标准差的计算得出各经济区的电信运营两大阶段的整体效率、电信网络资源转化效率和电信业务开发及发展效率，详见表 7-6。

表 7-6　　中国区域电信运营阶段效率测算值

	两阶段整体效率		电信网络资源转化效率		电信业务开发及发展效率	
	均值	标准差	均值	标准差	均值	标准差
北部沿海经济区	0.828384	0.134236	0.981930	0.036869	0.842948	0.126898
东部沿海经济区	0.824210	0.124625	0.946256	0.057324	0.869542	0.104316
南部沿海经济区	0.868122	0.129591	0.935920	0.087392	0.925909	0.091472
黄河中游经济区	0.786122	0.101950	0.967872	0.046681	0.812368	0.097133
长江中游经济区	0.659036	0.074858	0.922476	0.071095	0.716969	0.083921
大西南经济区	0.736493	0.079546	0.898522	0.048414	0.822509	0.104603
大西北经济区	0.813321	0.104598	0.960500	0.060497	0.846913	0.092904
东北综合经济区	0.723679	0.075045	0.935899	0.078639	0.775122	0.073002

由表7-6可知，各经济区域在电信网络资源转化阶段的效率差异性不大，最低的大西南经济区也达到了0.898522，然而较低的电信业务开发及发展效率及其差异性却造成了电信运营两阶段整体效率的巨大差异性。总体来看，整体效率沿海地区好于内地地区，经济发达地区好于经济落后地区，地理条件优越地区好于地理条件恶劣地区，例如，北部沿海经济区、东部沿海经济区和南部沿海经济区无论在经济发展水平还是地理条件上都优于八大经济区的其他地区，因而整体效率明显好于它们。并且，在八大经济区内南部沿海经济区的整体效率值最高，这得益于该地区的电信业务开发及发展效率水平较高，显然与其经济区内的广东、海南和福建当地的经济发展水平密不可分，但是区域内的效率值差异水平较大，也就是说，各效率值的标准差较大，这又反映了区域内经济发展的不均衡性。而各经济区域中长江中游经济区的效率值最低，仅为0.659036，造成其低下的直接原因是电信业务开发及发展效率的低水平。各区域的电信网络资源转化效率并没有呈现出明显的地域分布特征，相反在某些经济发展水平与地理条件相对较差的区域，电信网络资源转化效率却很高，比如，像黄河中游经济区与大西北经济区的第一阶段效率值竟达到0.967872与0.960500，仅次于八大经济区网络资源转化效率最高的北部沿海经济区的0.981930。而八大经济区的第一阶段效率值明显高于第二阶段效率值，第二阶段电信业务开发及发展效率基本与整体效率呈现相似的地区分布特征，并且第二阶段的效率值是影响整体效率变化的关键因素，其差异性显著高于第一阶段。

（三）电信运营的四种模式

通过对全国31省市地区的"网络资源转化效率"与"业务开发及发展效率"的年份均值计算，以电信运营的两阶段效率均值为基准，引入两条参考线，获得四象限的电信运营两阶段效率的区域分布，从而揭示电信运营的四种模式，如图7-13所示。

（1）粗放式低效率的电信运营模式——这类地区包括黑龙江、江西、重庆、广西、江苏、甘肃和四川7省市的电信业发展，具体表现为电信业的整体效率偏低,而这是由于当地电信部门网络的资源转化效率比其他地区低造成的,电信资源的利用水平偏低,造成用户规模市场的偏小。此外,电信业务开发及发展效率的低下也是造成其效率低下的重要原因,这集中反映了电信运营商的业务开发、创新及经营的水平低下。

(2)高转化低开发效率的电信运营模式——这类地区包括陕西、湖南、辽宁、吉林、河南、河北、吉林、山西、青海、山东和安徽11省,相比较前一种模式的地区来说,电信业的整体效率较高,但总的来说电信业的整体效率还处于较低水平。这表现为这些地区的资源转化效率比较高,用户市场规模比较大,然而由于电信业务开发及发展效率的偏低,业务的开发及运营能力低下,造成电信业整体运营效率低下。

(3)低转化高开发的电信运营模式——这类地区包括云南、贵州、福建、新疆和浙江5省,相比前2种模式,电信业的整体效率也较低,但造成其低下的原因则是由于网络资源转化效率的低下,表现为电信部门对网络资源利用的不充分,从而所形成的市场用户规模较小,但由于这些地区比较注重电信业务的开发与运营,从而在一定程度上提高了电信业的整体效率。

(4)集约式高效率的电信运营模式——这类地区包括北京、广东、上海、西藏、内蒙古、海南、天津和宁夏8省市,电信业整体效率较高,表现为电信网络资源转化效率与电信业务开发及发展效率的双高,一方面这些地区尤其是北上广的经济发展吸引了大量的外来人口,从而促进了电信网络资源的转化效率提升,并形成了较大的市场规模;另一方面反映了当地高速经济发展对电信业务的开发提出了新的需求,从而加大了电信部门的业务开发力度与提高了业务收入与盈利水平。

通过对比以上四种电信运营模式,我们发现集约式高效率的电信运营模式无疑是今后电信企业发展的首选。然而,如何从粗放式低效率的电信运营模式或是其他两种模式向集约式高效率模式转变,这需要我们对电信业整体及阶段效率的影响因素进行研究。

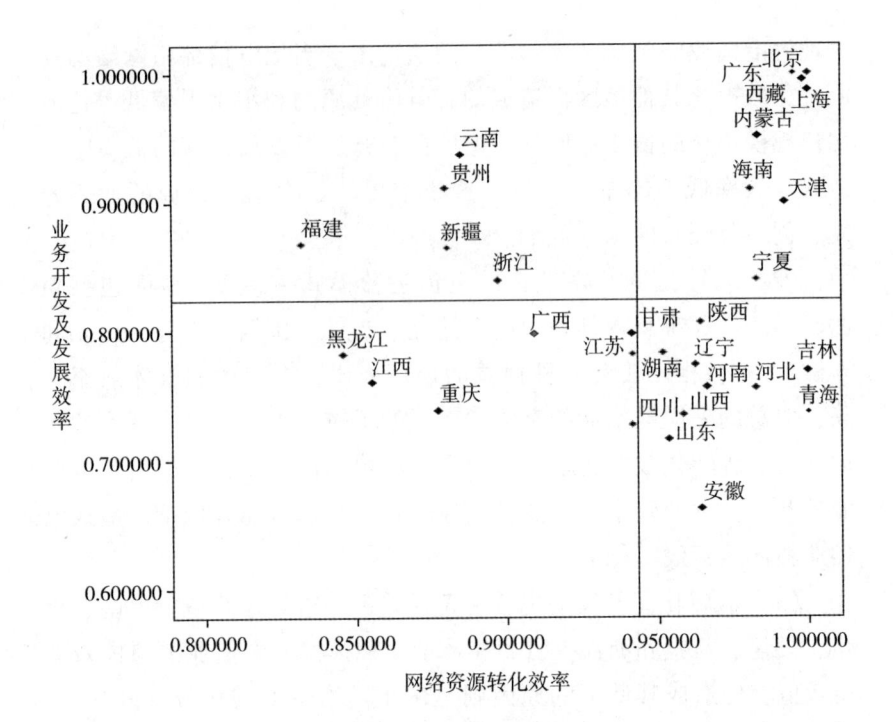

图7-13 电信运营模式

第三节 中国电信业社会福利损失

　　学者分析电信业绩效时忽视了产业特性，如规模经济性、网络外部性和成本的次可加性等产业属性。虽然，经济学理论认为当价格等于边际成本时，产业实现社会福利的最大化，为了增进消费者福利，产量在不断扩大的同时，边际成本与平均成本在一定产量范围内出现下降或是上升，当边际成本小于平均成本时，如果一味地按照边际成本制定价格，企业会出现亏损，那么难以实现社会福利的最大化[①]。而电信运营商具有较强的网络外部性，在一定的产品

[①] 王琦、陈起跃：《网络外部性在电信价格管制中的研究》，《北京邮电大学学报》（社会科学版）2005年第1期。

产量供给范围内,边际成本趋于零引起的规模经济效应①,对电信产品资费的降低与社会福利的增进产生积极的影响②。市场可竞争性理论认为产业通过市场竞争所形成的垄断即使在制定较高价格的情况下,也可能增进消费者福利。因而,企业通过市场竞争方式获取的高效率(主要指在提供同质产品的市场)短期垄断行为对社会福利提升是有益无害的。因此,在考虑如何提升产业绩效的问题时,如果单纯以产业集中度或者企业规模来判断产业的垄断程度,并认为垄断对产业效率、社会福利和消费者福利造成损害,就显得有些主观臆断了。

假如设定产业绩效的目标是社会福利的最大化,那么市场结构并不是造成社会福利损失的直接或者唯一原因,而应该考虑产业中垄断企业所具有的市场势力对社会福利损失的影响,而市场势力与效率之间或是福利损失与效率之间的关系才是解决这些困扰我们的问题。而垄断所形成的市场势力将会造成社会福利的损失与企业的"X-效率"损失。"X-效率"包括分配效率、生产效率和经济效率,是由于垄断企业处于垄断地位,缺乏竞争而丧失了通过实现成本最小化达到利润最大化的动力,致使垄断企业的平均生产成本远远高于完全竞争条件下的最优成本,从而造成社会资源的浪费。周光斌、蔡翔(2001)③认为"X-效率"能够更大程度地提高社会福利水平,而不仅仅是用户获益。汪贵浦、陈明亮(2007)④运用计量方法验证了邮电产业的市场势力对行业增长率具有负面影响,影响系数为-0.25,并提出应该进一步对邮电产业进行分拆以降低

---

① 陈金伟、苗建军:《模块化时代的垄断效率研究》,《产业经济研究》2008年第6期。
② 吕昌春、康飞:《我国电信行业市场竞争、区域差异与生产效率》,《数量经济技术经济研究》2010年第2期。
③ 周光斌、蔡翔:《电信政策与管制》,北京邮电大学出版社2001年版,第25页。
④ 汪贵浦、陈明亮:《邮电通信业市场势力测度及对行业发展影响的实证分析》,《中国工业经济》2007年第1期。

市场势力从而提高行业增长率。姜付秀、余晖（2007）[1]通过对中国垄断行业的福利损失低限测算，发现1997—2005年我国烟草、电信、铁路、石油等6大垄断产业的市场势力所造成的福利损失占到GNP的0.612%，并呈逐年上升的趋势，而且垄断市场势力还对收入分配产生了"马太效应"，使垄断行业的收入普遍高于竞争性行业的1.5倍，并且这种差距在逐渐扩大。

从现有研究来看，研究主要聚焦于效率、市场结构之间的关系研究，市场势力与行业收益的研究，垄断福利损失自身的测算，而对电信市场势力、福利损失和效率之间的关系研究较少。因此，接下来我们需要从市场势力、福利损失和效率测算入手，运用计量经济学的方法，努力揭示它们之间的关系及各自的影响因素，寻找出电信业改革的优化路径。

一 社会福利损失测度方法

与完全竞争市场相比，企业的垄断行为所产生的市场势力不但会造成消费者剩余向生产者转移，同时又会造成社会福利的损失，又称为垄断的社会成本。社会福利的损失是由于垄断企业制定了高于产品边际成本的价格而增加了生产者剩余，但由此使得消费者剩余的减少远大于生产者剩余的增加，而它们的和便构成了无谓损失（Dead Weight Loss，DWL），被称为"哈伯格三角形"。在1954年，美国经济学家哈伯格（Harberger）最早提出了社会福利损失的测量方法，并且他所测算的福利损失估计值通常被认为是社会福利损失的最低限的估计[2]。具体测算方法详见公式7.24：

$$DWL = \frac{1}{2}\Delta P \Delta Q = \frac{1}{2}(\Delta P)^2 \frac{\Delta Q}{\Delta P}$$

$$= \frac{1}{2}\left[\frac{P_m - c}{P_m}\right]^2 \frac{P_m \Delta Q}{Q_m \Delta P} P_m Q_m$$

---

[1] 姜付秀、余晖：《我国行政性垄断的危害——市场势力效应和收入分配效应的实证研究》，《中国工业经济》2007年第10期。

[2] 刘志彪：《产业的市场势力理论及其估计方法》，《当代财经》2002年第11期。

第七章 中国电信业市场绩效

$$= \frac{1}{2}\left[\frac{P_m Q_m - cQ_m}{P_m Q_m}\right]^2 \frac{P_m \Delta Q}{Q_m \Delta P} P_m Q_m$$

$$= \frac{1}{2}\pi^2 \xi P_m Q_m \qquad 7.24$$

在公式 7.24 中，P_m、Q_m 为企业在垄断条件下的价格和产出，它们的乘积为垄断企业收入，π 为垄断企业的经济利润率，ξ 为产业需求价格弹性。

DWL 计算的是绝对社会福利损失，我们很难将不同时期的社会福利损失情况进行比较，因此需要构建一个相对比率，详见公式 7.25、公式 7.26 和公式 7.27：

$$WLTY = \frac{DWL}{TY} \qquad 7.25$$

$$WLTR = \frac{DWL}{TR} \qquad 7.26$$

$$WLGDP = \frac{DWL}{GDP} \qquad 7.27$$

公式 7.25 中的 $WLTY$ 指标表示电信业务总量中社会福利损失占比，反映了社会福利损失对电信业务总量造成的损失，可以理解为经济效益损失。公式 7.26 中的 $WLTR$ 指标表示电信业务收入中社会福利损失占比，与 $WLTY$ 指标相似，也反映了社会福利损失对电信业收入造成的损失，同样可以理解为经济效益损失。公式 7.27 中 $WLGDP$ 指标表示国民生产总值中垄断产业社会福利损失的占比，反映了社会福利损失对国内生产总值造成的损失，可以理解为社会效益损失。

二　实证结果

本节选取 1998—2015 年我国电信业的业务总量、电信业务收入、利润总额等数据指标测算中国电信业 1999—2015 年的中国电信业社会福利损失、电信业务量中的社会福利损失占比、电信业务收入中的社会福利损失占比和国民生产总值中的社会福利损失占比，样本数据来源于 1998—2015 年《中国统计年鉴》《全国通信业发展统计公报》及各大电信运营商的财务年报。经模型测算，结果见表7-7。

表7-7　　中国电信业社会福利损失测算结果

指标 年份	中国电信业社会福利损失（亿元）	电信业务量中的社会福利损失占比（%）	电信业务收入中的社会福利损失占比（%）	国民生产总值中的社会福利损失占比（%）
1999	72.99	3.22	2.61	0.08
2000	61.30	1.95	2.01	0.06
2001	214.54	4.74	6.07	0.20
2002	292.29	7.21	7.01	0.24
2003	107.48	2.09	2.42	0.08
2004	145.32	2.27	3.01	0.09
2005	245.21	2.72	4.66	0.13
2006	239.92	2.13	4.17	0.11
2007	343.50	2.38	5.44	0.13
2008	165.87	0.90	2.00	0.05
2009	4.53	0.02	0.06	0.00
2010	66.95	0.26	0.77	0.02
2011	350.90	1.13	3.55	0.07
2012	606.30	1.56	5.63	0.12
2013	3150.82	7.36	26.96	0.55
2014	218.54	0.42	0.66	0.34
2015	136.87	0.22	0.45	0.20

由表7-7可知，中国电信业社会福利损失、电信业务量中的社会福利损失占比、电信业务收入中的社会福利损失占比和国民生产总值中的社会福利损失占比呈现不规律的波动变化趋势，年均值分别为377.84亿元、2.39%、4.56%和0.15%。为进一步分析中国电信业社会福利损失的变化趋势，我们以电信业务收入中的社会

福利损失占比为例,绘制折线图 7-14。

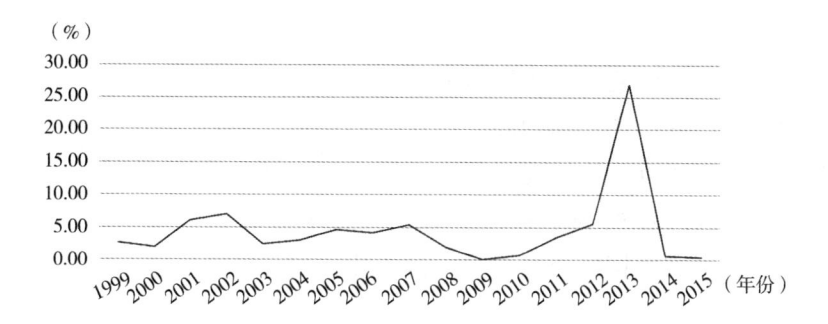

图 7-14 中国电信业务收入中的社会福利损失占比趋势图

由图 7-14 可知,中国电信业务收入中的社会福利损失占比整体呈现波浪式上升的态势,而每次上升或下降基本上都与电信业的重组分拆改革相关。1999 年,中国电信业进行了电信业务的纵向拆分改革,使得移动电信业务从原有的中国电信公司剥离出来成立了中国移动公司,实现了电信业务间的相互替代与竞争,2000 年的中国电信业务收入中的社会福利损失占比仅为 2.01%。随后,中国移动公司、中国电信公司分别在移动通信市场、固定通信市场上形成了绝对垄断地位,使得 2002 年中国电信业务收入中的社会福利损失占比达到 7.01%,成为 2000—2008 年社会福利损失最大的一年。因而,2002 年中国电信业进行了固定通信业务的横向拆分,将中国电信公司一分为二,南方为电信公司,北方为网通公司,双向进入以促进竞争。2003—2008 年,中国电信业务收入中的社会福利损失占比一直处于较为平稳态势,在 3.62% 上下小幅波动。然而,随着 2008 年中国电信业的"5 进 3"重组改革,三网间的融合趋势加强,3G 与 4G 技术的相继应用,中国电信业务收入中的社会福利损失占比呈现快速上升的趋势,从 2009 年的 0.06% 上升到 2013 年的 26.96%。由此来看,中国电信业究竟是因为市场势力造成的社会福利损失,还是缺乏效率造成的社会福利损失？学术界对此一直存在着分歧，而产生这种分歧是因为我们在分析电信业社会福利损失时忽略了一些重要因素：一是电信业的规模经济性，电信业务边际成本在一定的业务量范围内趋向于零所形成的规模经济效应，对电信业务价格的降低与社会福利的增加产生积极的影响作用；二是企业效率的提升，市场可竞争性理论认为企业通过市场竞争方式获取的高效率所形成的短期垄断行为，对社会福利提升是有益无害的。因此，我们需要探究造成中国电信业社会福利损失的真正原因。

第四节　中国电信业技术进步水平

通过 DEA 模型中的 Malmquist 生产率指数对中国电信产业的全要素生产率、综合规模技术效率、纯技术效率、规模效率和技术进步的变动进行测算，并比较 1998—2015 年中国电信业及电信企业间的效率及技术进步情况。王博文等（2011）[①] 利用 Malmquist 生产率指数方法对 2003—2008 年中国电信业全要素生产率（TFP）的变动进行测算，并对 TFP 变动的时序特征及空间差异进行分析。研究表明：2003—2008 年我国电信业 TFP 呈现增长态势，其动力来源于技术进步，技术效率对电信业 TFP 增长有一定抑制作用；电信业 TFP 增长存在显著的空间差异，中西部电信业发展明显落后于东部地区；中国电信业 TFP 不仅存在绝对趋同，而且形成东、中、西三大俱乐部趋同。郑珍远和施生旭（2011）[②] 通过建立电信行业竞争力评价指标体系，采用层次分析法（AHP）与专家咨询法相结合的方法确定评价指标权重，对福建省九个地市的电信行业竞争力进行全面综合评价。陈伟民（2010）[③] 采用 Malmquist 生产率

[①] 王博文、韩先锋、宋文飞：《中国电信业全要素生产率空间差异及趋同分析》，《科学学与科学技术管理》2011 年第 6 期。

[②] 郑珍远、施生旭：《基于 AHP 的福建省电信行业竞争力分析》，《福建师范大学学报》（哲学社会科学版）2011 年第 1 期。

[③] 陈伟民：《电信改革与中国电信业全要素生产率变动》，《求索》2010 年第 10 期。

指数测度了 1980—2007 年电信改革前后中国电信业全要素生产率的动态变化，并使用包括中国在内的部分 APEC 地区电信运营企业的微观数据，进一步分析了中国电信业全要素生产率增长的源泉和动力。研究表明：电信改革推动了中国电信业全要素生产率的增长；全要素生产率的增长来自电信技术进步，而电信技术效率的停滞和退步影响了全要素生产率的增长势头；"减员增效"将是下一阶段提高中国电信业技术效率和全要素生产率的捷径。

一 研究方法

假设有 k 个部门或单位［称为"决策单元"（Decision Making Units），DMU］，并且可以分成 T 期。那么，在 $t = 1, \cdots, T$ 每期都存在 n 个决策单元 DMU，每个决策单元都有 N 种投入，M 种产出，DMU_k^t 的输入输出向量为 $x_j^t = (x_{1j}^t, x_{2j}^t, \cdots, x_{Nj}^t) > 0, j = 1, \cdots, n$，$y_j^t = (y_{1j}^t, y_{2j}^t, \cdots, y_{Mj}^t) > 0, j = 1, \cdots, n$，$x_{ij}^t = DMU^t - j$ 为第 j 个部门或单位在第 t 时期输入的投入量，$y_{rj}^t = DMU^t - j$ 为第 j 个部门或单位在第 t 时期输出的产出量。因此，由以上决策单元构成的 t 时期规模报酬不变（CRS）的生产可能集为[1]：

$$T_{CRS} = \{(x^t, y^t) / \sum_{j=1}^{n} \lambda_j^t x_j^t \leq x, \sum_{j=1}^{n} \lambda_j^t y_j^t \leq y, \lambda^t \geq 0, j = 1, 2, \cdots, n\}$$

7.28

将 CRS 所构成的生产前沿面作为计算 Malmquist 生产率指数的参照技术，那么基于 t 与 $t+1$ 期的 Malmquist 生产指数可以表示为：

$$M_t(x^t, y^t, x^{t+1}, y^{t+1}) = \frac{D_C^t(x^{t+1}, y^{t+1})}{D_C^t(x^t, y^t)} \qquad 7.29$$

$$M_{t+1}(x^t, y^t, x^{t+1}, y^{t+1}) = \frac{D_C^{t+1}(x^{t+1}, y^{t+1})}{D_C^{t+1}(x^t, y^t)} \qquad 7.30$$

采用几何平均的方法，我们可以得到基于 t 到 $t+1$ 时期的综合

---

[1] 章祥荪、贵斌威：《中国全要素生产率分析：Malmquist 指数法评述与应用》，《数量经济技术经济研究》2008 年第 6 期。

Malmquist 生产指数：

$$M(x^t, y^t, x^{t+1}, y^{t+1}) = (M_t \times M_{t+1})^{\frac{1}{2}}$$

$$= \left[\frac{D_C^t(x^{t+1}, y^{t+1})}{D_C^t(x^t, y^t)} \times \frac{D_C^{t+1}(x^{t+1}, y^{t+1})}{D_C^{t+1}(x^t, y^t)} \right]^{\frac{1}{2}} \quad 7.31$$

其中，$D_C^t(x^{t+1}, y^{t+1})$ 代表了第 t 期的技术表示（即以第 t 期的 CRS 生产可能集为参考集）的 $t+1$ 期的技术效率水平；$D_C^t(x^t, y^t)$ 代表了第 t 期的技术表示的当期的技术效率水平；$D_C^{t+1}(x^{t+1}, y^{t+1})$ 代表以第 $t+1$ 期的技术表示（以第 $t+1$ 期的生产可能集为参考集）的当期技术效率水平；$D_C^{t+1}(x^t, y^t)$ 代表了以第 $t+1$ 期的技术表示第 t 期的技术效率水平。

按照 RD 的方法，综合 Malmquist 生产指数可以分解为：

$$M(x^t, y^t, x^{t+1}, y^{t+1}) = \frac{D_V^{t+1}(x^{t+1}, y^{t+1})}{D_V^t(x^t, y^t)} \times$$

$$\left[\frac{D_V^t(x^t, y^t)}{D_V^{t+1}(x^t, y^t)} \times \frac{D_V^t(x^{t+1}, y^{t+1})}{D_V^{t+1}(x^{t+1}, y^{t+1})} \right]^{\frac{1}{2}} \times$$

$$\left[\frac{D_C^t(x^{t+1}, y^{t+1})/D_V^t(x^{t+1}, y^{t+1})}{D_C^t(x^t, y^t)/D_V^t(x^t, y^t)} \times \frac{D_C^{t+1}(x^{t+1}, y^{t+1})/D_V^{t+1}(x^{t+1}, y^{t+1})}{D_C^{t+1}(x^t, y^t)/D_V^{t+1}(x^t, y^t)} \right]^{\frac{1}{2}}$$

$$= \Delta TE \times \Delta T \times \Delta S \quad 7.32$$

ΔTE、ΔT、ΔS 分别表示技术效率变动、技术水平变动与规模效率变动。其中，$D_V^t(x^{t+1}, y^{t+1})$ 代表了第 t 期的技术表示（以第 t 期基于 VRS 的生产可能集为参考集）的 $t+1$ 期的技术效率水平；$D_V^t(x^t, y^t)$ 代表了第 t 期的技术表示的当期的技术效率水平；$D_V^{t+1}(x^{t+1}, y^{t+1})$ 代表以第 $t+1$ 期的技术表示（以第 $t+1$ 期基于 VRS 的生产可能集为参考集）的当期技术效率水平；$D_V^{t+1}(x^t, y^t)$ 代表了以第 $t+1$ 期的技术表示第 t 期的技术效率水平。

假如计算任意相邻两年（第 s 年和第 t 年，$s = t+1$）的 Malmquist 生产率指数，对年份 t 的投入产出向量 (x^t, y^t) 就要计算四个不同的距离函数，分别是 $D_C^t(x^t, y^t)$、$D_C^{t+1}(x^t, y^t)$、$D_V^t(x^t, y^t)$ 与 $D_V^{t+1}(x^t, y^t)$，s 期的距离函数与之相似[①]。并且，距离函数恰好为 DEA 理论中 CRS 模型和 VRS 模型最优值的倒数。

$[D_C^t(x^t, y^t)]^{-1} = \min\theta$

Subject to：

$$\sum_{j=1}^n \lambda_j^t x_j^t \leqslant \theta x_k^t$$

$$\sum_{j=1}^n \lambda_j^t y_j^t \geqslant y_k^t \quad\quad 7.33$$

$$\lambda_j^t \geqslant 0, j = 1, 2, \cdots, n$$

$[D_C^{t+1}(x^t, y^t)]^{-1} = \min\theta$

Subject to：

$$\sum_{j=1}^n \lambda_j^{t+1} x_j^{t+1} \leqslant \theta x_k^t$$

$$\sum_{j=1}^n \lambda_j^{t+1} y_j^{t+1} \geqslant y_k^t \quad\quad 7.34$$

$$\lambda_j^{t+1} \geqslant 0, j = 1, 2, \cdots, n$$

$[D_V^t(x^t, y^t)]^{-1} = \min\theta$

Subject to：

$$\sum_{j=1}^n \lambda_j^t x_j^t \leqslant \theta x_k^t$$

$$\sum_{j=1}^n \lambda_j^t y_j^t \geqslant y_k^t$$

$$\sum_{j=1}^n \lambda_j^t = 1 \quad\quad 7.35$$

$$\lambda_j^t \geqslant 0, j = 1, 2, \cdots, n$$

$[D_V^{t+1}(x^t, y^t)]^{-1} = \min\theta$

Subject to：

---

① 常亚青、宋来：《中国企业相对效率和全要素生产率研究——基于 37 个行业 5 年数据的实证分析》，《数量经济技术经济研究》2006 年第 11 期。

$$\sum_{j=1}^{n} \lambda_j^{t+1} x_j^{t+1} \leqslant \theta x_k^t$$

$$\sum_{j=1}^{n} \lambda_j^{t+1} y_j^{t+1} \geqslant y_k^t \qquad 7.36$$

$$\sum_{j=1}^{n} \lambda_j^{t+1} = 1$$

$$\lambda_j^{t+1} \geqslant 0, j = 1, 2, \cdots, n$$

将相邻两时期所得出的距离函数（其余距离函数计算方法与公式 7.33—7.36 相似，在此省略）值代入公式 7.32 中，我们就可以计算出综合 Malmquist 生产率指数。Malmquist 生产率指数代表了全要素生产率（Total Factor Productivity，TFP）的发展水平，当 Malmquist 生产率指数大于 1 时，表示 TFP 水平提高；当 Malmquist 生产率指数小于 1 时，表示 TFP 水平下降；当 Malmquist 生产率指数等于 1 时，表示 TFP 水平保持不变。

由于 Malmquist 生产率指数可以分解成为 ΔTE、ΔT、ΔS，即 Malmquist 生产率指数可以表示为技术效率变动、技术水平变动和规模效率变动三者的乘积。其中，技术效率变动通过比较不同时期决策单元相对于生产前沿面的距离，反映两个时期内组织管理水平的变化，它衡量了生产单位是否更靠近当期的生产前沿面进行生产；技术水平变动通过比较不同时期生产前沿面的移动，代表了技术的进步和创新；规模效率变动表示不同时期投入在同一生产前沿面上的规模效率，反映了规模效率变动。

通过比较不同时期生产单位的综合 Malmquist 生产率指数以及技术效率变动、技术水平变动和规模效率变动，可以得出生产力的发展是依靠技术进步还是自身管理水平的改善。当构成 Malmquist 指数的技术效率变动、技术水平变动和规模效率变动大于 1 时，表示它是 TFP 增长的主要原因，反之，则是导致 TFP 下降的原因[1]。

---

[1] 李尽法、吴育华、潘海生：《基于 Malmquist 指数的钢铁企业效率测度分析》，《北京理工大学学报》（社会科学版）2008 年第 3 期。

二 数据指标选择及处理

选取1998—2015年能够反映中国电信业发展的数据指标，其中投入要素指标有3个，分别为资产总额、固定资产净值和电信企业职工人数；产出要素指标有2个，即电信企业营业收入与净利润。中国电信、中国移动和中国联通的市场份额占到整个电信市场的80%以上，因此，为了方便对电信业的动态效率进行比较，本书选取这3家运营商的财务数据进行模型计算。

（一）投入要素指标

投入要素指标主要选择电信企业职工人数、固定资产净值与资产总额三个指标。其中，电信企业职工人数反映了电信企业劳动力投入情况；固定资产净值也称为折余价值，是指固定资产原始价值或重置完全价值减去已提折旧后的净额，反映电信企业实际固定资产的运用情况；电信业资产总额反映了电信业用于生产经营活动所拥有和控制的全部资源。

（二）产出要素指标

产出要素指标主要选择电信企业营业收入与电信企业净利润。其中，电信企业营业收入指电信企业经营的基础电信业务和增值电信业务所取得的资费收入，以及电信企业之间网间互联电信业务的结算收入；电信企业净利润是指在利润总额中按规定缴纳了所得税以后公司的利润留存，一般也称为税后利润或净收入。它反映了企业经营的最终成果，净利润多，企业的经营效益就好；净利润少，企业的经营效益就差。

以上数据指标来自《全国通信业发展统计公报》（1998—2016年）、《中国统计年鉴》（1998—2015年）、《中国第三产业统计年鉴》（2007—2016年）和《中国信息产业年报》（2007—2016年）以及中国电信、中国移动、中国联通和中国网通各公司的年报。

三 实证结果

运用DEAP 2.1软件，采用Malmquist生产率指数方法，对

1999—2015年中国电信业全要素生产率（TFP）的变动进行测算，并将1999—2015年中国电信业的技术进步水平绘制成图7-15。

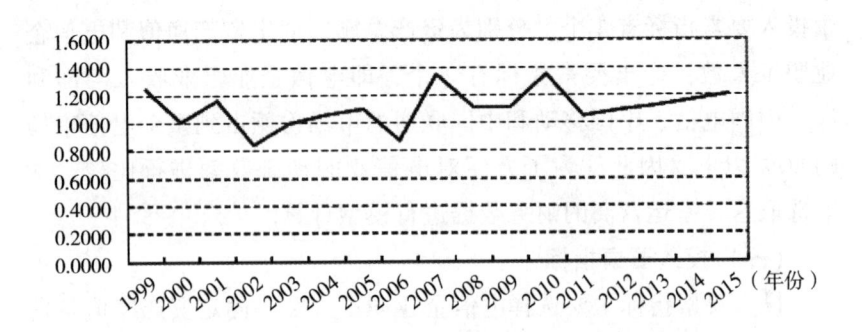

图7-15　1999—2015年中国电信业技术进步水平

由图7-15可知，1999—2015年中国电信业技术进步水平呈波浪式态势，并在0.8—1.4区间波动。2006年以前，中国电信业的技术进步水平在0.8—1.3区间波动。2007—2015年，电信业技术进步水平在1—1.4区间波动。这说明2006年以前的电信业增长主要依靠电信资源的投入，2007年以后，中国电信业的增长越来越依靠技术进步水平。

第五节　市场势力

市场势力（Market Power），是指企业在市场中的地位，或者企业将价格制定在竞争性水平（即边际成本）之上的能力。我们度量市场势力的一个关键指标就是勒纳指数，即"抬高价格的能力"，可以用价格与边际成本偏离程度表示。刘志彪（2002）[1]较早地提出市场势力勒纳指数的一般计算方法，石磊、马士国（2006）[2]在

---

[1] 刘志彪：《产业的市场势力理论及其估计方法》，《当代财经》2002年第11期。
[2] 石磊、马士国：《网络外部效应对产业投资的影响：以电信业为例》，《数量经济技术经济研究》2006年第7期。

勒纳指数的一般计算方法基础上,总结了不同竞争条件下的产业市场势力勒纳指数,而汪贵浦、陈明亮(2007)[①]巧妙地运用了电信统计指标的特性,直接计算得出了勒纳指数。因此,在总结以上方法的优劣势基础上,本书得出了计算电信产业市场势力勒纳指数的方法。

一 勒纳指数

产业市场势力勒纳指数量度的是价格与边际成本的偏离率。其计算公式为:

$$LI = \sum_{i=1}^{n} s_i \frac{P_i - MC_i}{P_i} \qquad 7.37$$

其中,LI 为勒纳指数,s_i 为产业中企业 i 的市场份额,P_i 为企业 i 的产品价格,MC_i 为企业 i 的边际成本。

不完全竞争市场中,企业都以利润最大化为目标,需满足边际收益等于边际成本,由微观经济理论可知,MR 为:

$$MR = P\left(1 - \frac{1}{\xi}\right) = MC \qquad 7.38$$

假设产业市场中 n 个企业间进行的是古诺竞争,即 n 个企业相互间没有任何勾结行为,但相互间都知道对方将怎样行动,从而各自怎样确定最优的产量来实现利润最大化。结合公式 7.37 与公式 7.38,我们可以得出产业市场势力勒纳指数为:

$$LI = \sum_{i=1}^{n} s_i \frac{1}{\xi_i} = \sum_{i=1}^{n} s_i^2 \frac{1}{s_i \xi_i} = \frac{H}{\xi} \qquad 7.39$$

H 为赫芬达尔指数,表示市场集中度,可以用 $H = \sum_{i=1}^{n} s_i^2$ 对其测量,ξ 为产业需求价格弹性,它们的比值为产业市场势力勒纳指数。它的取值在 0 与 1 区间内,$LI = 1$ 时,表示市场为独家企业垄断,垄断势力最强;当 $LI = 0$ 时,表示市场为完全竞争市场;当 $0 < LI < 1$,表示市场为垄断竞争。勒纳指数的数值在 0 和 1 之

[①] 汪贵浦、陈明亮:《邮电通信业市场势力测度及对行业发展影响的实证分析》,《中国工业经济》2007 年第 1 期。

间变动。在完全竞争条件下，$P = MC$，$LI = 0$；在垄断情况下，勒纳指数会大一些，但不会超过 1。可见，勒纳指数越大，市场的竞争程度就越低。因此，勒纳指数本身反映的是当市场存在支配能力时价格与边际成本的偏离程度，但是却无法反映企业为了谋取或巩固垄断地位而采取的限制性定价和掠夺性定价行为（在这两种情况中，勒纳指数接近 0，但是却不表明该市场是竞争性的）[①]。

由公式 7.39 可知，产业市场势力勒纳指数计算的关键在于对产业需求价格弹性的测算。根据电信产业数据统计的特点，我们可以根据电信业务总量和电信业务收入得出产业需求价格弹性，从而计算出产业市场势力勒纳指数。

电信业务总量是指以货币形式表示的电信业为社会提供各类电信服务的总数量，是用于观察电信业务发展变化总趋势的综合性总量指标。电信业务总量是以各类业务的实物量分别乘以相应的不变单价，得出各类业务的货币量再加总求得。具体可以表示为：

电信业务总量 = Σ（各类电信业务量 × 不变平均单价）+ 电信出租代维及其他业务收入

电信业务收入指电信企业经营的基础电信业务和增值电信业务所取得的资费收入，以及电信企业之间网间互联电信业务的结算收入，包括固定本地电话网业务收入、长途电话网业务收入、数据通信网业务收入、移动通信网业务收入、卫星通信网业务收入、无线寻呼网业务收入、专用通信网业务收入。具体可以表示为：

电信业务收入 = Σ［各类电信业务量 × 相应的产品价格（资费）］+ 电信出租代维及其他业务收入

电信业利润总额指企业在生产经营过程中，通过销售过程将商品卖给购买方实现收入，收入扣除当初的投入成本以及其他一系列费用，再加减非经营性质的收支及投资收益，即为企业的利润总额。

---

① 孙敬水：《市场结构与市场绩效的测度方法研究》，《统计研究》2002 年第 5 期。

第七章　中国电信业市场绩效

测算方法参照汪贵浦、陈明亮（2007）的方法①。

$$TR_t = P_t Q_t \quad 7.40$$

$$TY_t = P_f Q_t \quad 7.41$$

其中，TR_t、TY_t、P_t、P_f 和 Q_t 分别为第 t 时期电信业务收入、电信业务总量、当期平均价格、不变平均价格和当期电信业务量，结合公式 7.40 与公式 7.41，用公式 7.42 可计算产业需求价格弹性。

$$\xi = \frac{(Q_t - Q_{t-1})/Q_{t-1}}{(P_t - P_{t-1})/P_{t-1}} = \frac{(TY_t - TY_{t-1})/TY_{t-1}}{\left(\dfrac{TR_t}{TY_t} - \dfrac{TR_{t-1}}{TY_{t-1}}\right)/\dfrac{TR_{t-1}}{TY_{t-1}}} = \frac{(TY_t - TY_{t-1})/TY_{t-1}}{\dfrac{TR_t \times TY_{t-1}}{TY_t \times TR_{t-1}} - 1} \quad 7.42$$

将公式 7.42 计算得出的绝对值代入公式 7.39 中就得到产业市场势力勒纳指数。

二　中国电信产业市场势力

采用本章第三节的数据，由公式 7.39 测算得出我国电信业市场势力的勒纳指数，见表 7-8。

表 7-8　　　　　　我国电信业市场势力的勒纳指数

年份	勒纳指数
1999	0.20043
2000	0.33041
2001	0.09938
2002	0.13211
2003	0.25627
2004	0.18479
2005	0.28718
2006	0.32509

---

① 汪贵浦、陈明亮：《邮电通信业市场势力测度及行业发展影响的实证分析》，《中国工业经济》2007 年第 1 期。

续表

年份	勒纳指数
2007	0.35217
2008	0.34766
2009	0.32879
2010	0.31219
2011	0.52269
2012	0.14105
2013	0.03895
2014	0.40741
2015	0.44807

由公式 7.39 可知，电信业市场势力的勒纳指数与赫芬达尔指数成正比例关系，与需求价格弹性成反比例关系。因而，需求价格弹性越高，电信产业拥有的市场势力就越小，反之则越大；而电信产业的市场集中度越大，则市场势力越大，反之则越小。由表 7-8 可知，1999 至 2015 年间中国电信业市场势力的勒纳指数在 0.035 至 0.550 的区间内波动，其中 2011 年电信业市场势力的勒纳指数最大，达到 0.52269，2013 年的电信业市场势力的勒纳指数最小，仅为 0.03895。由此可知，电信业的拆分重组改革增强了电信运营商间的市场竞争程度，优化了电信业的市场结构水平，促进了电信业务的创新和资费的下降。这在一定程度上都对我国电信业市场势力的变化产生了影响。

第八章 中国电信业改革绩效评价及政策优化

第一节 市场结构与效率变动关系

早期，由于电信网所具有的"自然垄断性"，各国监管部门对电信业实行政企合一、垄断经营的体制。然而，随着信息通信技术的发展和应用引发了电信业的空前变革，各国监管部门对本国的电信业进行了不同程度的市场化改革，目的是增强电信企业自身的市场竞争能力和增进社会福利。近年来，中国电信业在经历了四次较大的拆分重组改革后，已经逐步成为存在着多个独立市场主体的竞争性行业，市场结构得到不断的优化。然而，摆在我们面前一个值得深思的问题是，电信产业高集中度的市场结构必然会导致不良的市场绩效吗？对于此问题的研究，国内外学者采用效率的参数估计方法——索洛余值与效率的非参数估计方法——DEA 对电信业的效率进行了测算。由于 DEA 方法在测算效率时不必事先决定函数形式，同时能够处理多项投入和产出数据，并且不受数据指标量纲的影响，因而，大多数学者倾向于采用 DEA 方法测算电信业的效率。在此基础上，国内外学者对电信业市场结构与效率间的关系进行了实证研究，大多研究结论表明电信业市场结构的优化对电信业效率提升具有显著的正向影响作用，具体表现为显著地提升了市场的资源配置效率与全要素生产率，而少量的研究结论却表明市场结构的优化对电信产业效率的提升影响并不显著，具体表现为市场结构优化在提升电信业配置效率的同时，却降低了电信业的纯技术效率，从而使电信业的整体效率呈不规律的变化。因此，本节运用格兰杰因果检验的方法，探究电信业市场结构演变与效率变动之间长期均衡的因果影响关系。

为防止普通回归方法易造成的"伪回归"现象的发生，我们采用格兰杰因果关系检验模型，把时间序列分析中短期动态模型与长期均衡模型的优点结合起来，以反映中国电信业市场结构演变与效率变动之间的长期稳定关系。为防止异方差的影响，分别对赫芬达尔指数、纯技术效率、配置效率等变量取对数，运用 Eviews 5.0 对变量间的格兰杰因果关系分三个步骤进行检验[①]。

一　单位根检验

ADF 检验法对变量进行单位根检验，结果见表 8-1。

表 8-1　　　　　　　　ADF 单位根检验结果

序列	ADF 检验值	临界值 1%	临界值 5%	临界值 10%	结论
△lnMS	-1.7009	-2.8861	-1.9959	-1.5991	平稳
△lnPTE	-3.0175	-2.8861	-1.9959	-1.5991	平稳
△lnSTE	-3.6755	-2.8861	-1.9959	-1.5991	平稳
△lnAE	-2.5650	-2.8861	-1.9959	-1.5991	平稳
lnSE	-2.1227	-2.8473	-1.9882	-1.6001	平稳

注：MS 为赫芬达尔指数，反映电信业的市场集中度情况，衡量电信业的市场结构水平。PTE 是纯技术效率。STE 是综合规模技术效率。SE 是规模效率。AE 是配置效率。

由表 8-1 可知，lnMS、lnPTE、lnSTE 和 lnAE 都属于一阶单整，lnSE 属于零阶单整。

[①] 张权、韦久丽、陆伟刚：《中国电信业市场结构演变与效率变动研究》，《西安邮电大学学报》2014 年第 3 期。

二 格兰杰因果检验

在5%的置信水平下对变量进行格兰杰因果检验,结果见表8-2。

表8-2　　　　　　　　格兰杰因果检验结果

滞后期	原假设	P值	结论
滞后2期	ln MS 非 ln PTE 的格兰杰原因	0.0042	拒绝原假设
	ln PTE 非 ln MS 的格兰杰原因	0.8912	接受原假设
滞后2期	ln MS 非 ln STE 的格兰杰原因	0.1221	接受原假设
	ln STE 非 ln MS 的格兰杰原因	0.1795	接受原假设
滞后2期	ln MS 非 ln AE 的格兰杰原因	0.0001	拒绝原假设
	ln AE 非 ln MS 的格兰杰原因	0.0487	拒绝原假设

由表8-2可知：lnAE 是 lnMS 的格兰杰原因，lnMS 是 lnAE 的格兰杰原因；lnPTE 非 lnMS 的格兰杰原因，而 lnMS 是 lnPTE 的格兰杰原因；lnSTE 非 lnMS 的格兰杰原因，lnMS 也非 lnSTE 的格兰杰原因。

三 协整检验

对同阶单整的变量与具有格兰杰因果关系的变量进行协整检验，并用图8-1对变量间的相互影响关系进行描述。

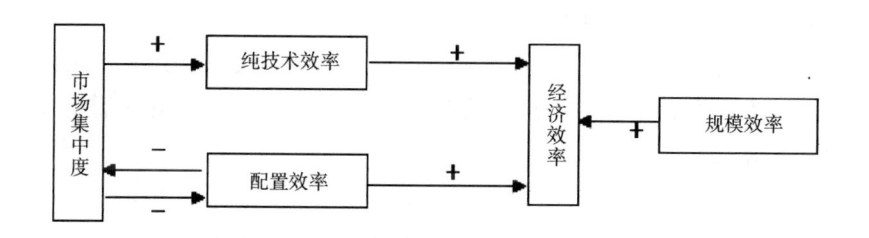

图8-1　电信市场结构水平与效率互动影响关系

由图8-1可知：（1）市场结构的优化对纯技术效率的提升具有显著的负向作用，而纯技术效率对市场集中度的影响并不显著，因而纯技术效率提升不是造成市场垄断加强的显著影响因素；（2）市场结构的优化显然改善了资源的配置效率，同时资源的配置效率也提升了市场结构的优化水平；（3）市场结构变动与规模效率之间没有长期稳定的因果关系；（4）市场结构变动与经济效率之间没有长期稳定的因果关系；（5）配置效率、规模效率和纯技术效率共同作用于经济效率，并具有长期显著正向的促进作用；（6）市场结构通过纯技术效率与配置效率间接作用于经济效率，并具有一正一负的促进与消减作用。

四 结论及启示

电信市场高集中度对纯技术效率的提升具有单向的正向影响作用；配置效率与电信市场集中度之间具有双向的互动因果关系。因此，这就为中国电信业的改革提供了重要的启示。

第一，市场结构要趋于合理，而不是简单地拆分。中国电信业1999年与2001年的横向拆分与纵向拆分改革使电信市场结构得到了优化，然而市场集中度的下降却引起了纯技术效率的下降，从而导致了经济效率的非最优。双寡头垄断市场主要是依靠纯技术效率的提升，达到促进经济效率增长的目的，而三寡头垄断市场主要是依靠配置效率的提升达到经济效率的提升。因此，政府在制定产业组织政策时，要充分地考虑到市场结构演变对效率变动的综合效应，而不是一味地加强垄断行业内的市场竞争程度，从而导致不必要的经济效率下滑。由此来看，2008年中国电信业的"5进3"改革，从市场上的竞争数量与企业实力上，恰恰形成了三寡头垄断的市场竞争局面。可以说，这一改革难以解决因技术效率下降而带来的经济效率下降问题。

第二，配置效率变动和市场结构变动具有双向因果关系，导致电信业垄断与竞争成为一个动态均衡过程。市场结构的优化促使了电信产业配置效率的提升，从而间接影响了电信业的经济效率的提升。但是，配置效率的提升不能必然得出经济效率提升的结论。反过来，只要纯技术效率与规模效率的提升足以抵消配置效率降低所引起的电信业经济效率的下降，那么垄断也是不错的选择。

第三，电信产业具有需求方规模经济特征以及高固定成本低边际成本的特性。这些产业特征决定了电信产业绩效不同于非网络外部性的产业绩效。我们不能一味强调市场的配置效率而忽略规模经济。

第二节 市场结构与技术进步关系

市场结构与技术进步之间存在较为显著的因果关系，然而到底是线性单调递增或递减，抑或非线性的关系，这一点很难说得清楚。文献①通过对两者关系的研究，认为电信业的去垄断化改革后，市场集中度的降低可以提高技术进步水平，然而他们并没给出两者之间关系影响强弱的具体数值。因而，对此问题需要进行深入的探讨。

一 模型构建

假设1999—2015年的电信技术进步水平指数为A_t，并且该指数以1998年的技术水平为基础（测算方法与结果参见本书第七章第四节内容）。当期市场结构水平为MS_t，上一期市场结构水平为MS_{t-1}。通过简单的相关分析，我们发现电信技术进步水平不仅与当期市场结构水平有较强的相关关系，同时还与当期结构水平的平方和上期市场结构水平之间存在着较强的相关关系。有鉴于此，可以构造回归模型，见公式8.1。

$$A_t = c + \beta_1 MS_t + \beta_2 MS_t^2 + \beta_3 MS_{t-1} + e \qquad 8.1$$

---

① 高锡荣：《中国电信市场的去垄断改革与技术进步》，《经济科学》2008年第6期；汪贵浦、陈明亮：《邮电通信业市场势力测度及行业发展影响的实证分析》，《中国工业经济》2007年第1期。

二 实证结果

经统计软件测算，得回归方程 8.2。

$$A_t = -0.798 + 13.141MS_t - 14.863MS_t^2 - 1.446MS_{t-1} + e_1 \quad 8.2$$

回归模型的整体拟合度可决系数 R^2 并不是十分高，仅为 0.502，F 统计值为 1.683，所对应的 sig 值为 0.285，并且自变量系数和常数项的检验值也不是十分显著，综合说明该回归模型不是十分理想，因此需要重新构造回归模型。

而本节只想考虑技术进步水平与市场结构水平当期之间的关系，因此在回归公式 8.2 的基础上，剔除上期市场结构水平对技术进步当期的影响，从而构造出新的技术进步指数 A_t'。

$$A_t' = A_t + 1.446MS_{t-1} \quad 8.3$$

经计算后，得回归方程 8.4。

$$A_t' = -0.799 + 13.149MS_t - 14.875MS_t^2 + e_2 \quad 8.4$$

相比一般线性回归及其他曲线回归模型，二次曲线回归模型的整体拟合度可决系数 R^2 较高，为 0.708，F 统计值为 7.272，所对应的 sig 值为 0.025，并且常数项和自变量系数的检验值较为显著，说明该回归模型比较理想。并由回归方程 8.4 可知，当市场集中度等于 0.4420 时，技术进步水平达到最大，为 2.1068。

三 结论

可见，电信业市场结构水平与电信业技术进步水平之间呈倒"U"型关系。因此，电信业不能竞争过于激烈，或者过于垄断，应保持适当的垄断竞争态势，以提升技术进步水平。

第三节 中国电信业市场势力、福利损失及"X-效率"关系

电信产业的改革问题历来受到政府、学者和普通消费者的普遍关注。而改革的核心无非是为了提高产业效率、降低垄断行

为发生的可能性与增进消费者福利。然而,电信业经过数十年的改革,每次改革都或多或少地存在着某些瑕疵,改革的结果往往背离了最初设定的目标。究其原因,或许是政策指导理论出现了问题,难以达到我们想要的结果,从而迫使我们重新思考电信业改革内在的关系。

因此,本节首先通过文献梳理得出电信业改革的内在联系,在模型的设定与实证结果的分析基础上,得出电信业改革的政策启示。

一 文献回顾

产业组织学的 SCP 研究范式认为市场结构与市场行为和绩效之间有着单向传导的因果关系,即高集中度的市场结构会产生垄断行为,导致不良的市场绩效,尤其是造成资源配置的低效率。因此,产业要想获得理想的市场绩效,就应该禁止产业内部企业间的兼并行为,避免市场势力的形成造成消费者福利与社会福利的损失。但 SCP 理论自身缺乏严谨的经济理论支撑,因此受到后来学者的普遍质疑。其中,以 20 世纪 70 年代所形成的芝加哥学派的理论为代表,在很大意义上颠覆了传统 SCP 理论,提出新的 SCP 理论。该理论认为市场结构与市场行为和绩效之间并不是简单的单向因果关系,而可能存在着双向的相互影响关系,即产业绩效与行为决定了市场结构,并且他们还认为高集中度的市场结构有利于产生高效率和低成本。对于 Bain 与芝加哥学派的争论,众多学者看法不一,他们运用实证研究的方法来验证各自观点,但得到的结果并不统一。其中,杨公仆等(2008)[1] 的研究结论揭示了产业市场集中度与企业利润存在着显著的正相关关系,他们认为高市场集中度所产生的垄断行为将造成市场低绩效与社会福利的损失;而 Demsetz (1973)[2] 的研究结论与之不同,他认为市场高集中度与高收益应

---

[1] 杨公仆、夏大慰、龚仰军:《产业经济学教程》,上海财经大学出版社 2008 年版,第 52—53 页。

[2] Harold Demsetz, "Industry, Structure Market Rivalry and Public Policy", *Journal of law and Economics*, Vol. 16, No. 1, January 1973.

该源于企业效率提高与降低成本的努力，而 Martin（1993）[①] 的研究结论进一步地支持了 Demsetz 的观点，他认为市场集中度和行为受潜在需求与技术的影响再作用于市场绩效，而市场绩效也会反过来影响市场集中度和市场行为。

鉴于此，我们需要从市场势力、福利损失和效率测算入手，运用计量经济学方法，揭示它们之间的关系及各自的影响因素，寻找出电信业改革的优化路径。

二 计量方程构建

为了检验哪些因素对电信业社会福利损失有影响作用及作用的强度大小，我们将第七章计算得出的市场势力勒纳指数、纯技术效率、配置效率及成本效率作为其影响因素，另外，还考虑了其他因素对它的影响，如价格上限规制政策、电信资费水平、电信业全要素生产率（TFP）、企业规模等因素，具体如下：

电信业中的企业规模。采用赫芬达尔指数表示电信行业中企业的规模大小和企业数量的多少，用 HHI 表示，并在 0—1 变化。包括所有企业的规模信息，能够克服行业集中度的缺陷；能够真实反映企业规模结构和企业之间规模差异。HHI 值越大表明行业内企业规模越大数量越少，HHI 值越小表明行业内企业规模越小数量越多。电信业是一个具有网络外部性属性的行业，因此企业规模的大小会影响社会福利损失、市场势力和效率。

电信资费水平。采用电信业资费的年增长率或下降率表示电信资费水平，用 PI 表示。PI 为负值时表明电信平均资费下降，为正值时表明电信平均资费上升，可根据公式 7.42 中的 $\frac{TR_t \times TY_{t-1}}{TY_t \times TR_{t-1}} - 1$ 计算得出。

激励性电信规制政策。采用电信业的价格上限规制政策表示，用 PCR 代表。当 $t \geq 2006$ 年时，$PCR = 1$；$t < 2006$ 年时，$PCR = 0$。

[①] Stephen Martin, *Industrial Economics: Economic Analysis and Public Policy*, London: Macmillan, 1993, p. 126.

电信行业全要素生产率。采用电信业务总量与全部要素投入量之比，即可用 $TFP = \dfrac{TY}{K^\alpha L^\beta}$ 表示。其中，K 为电信业资产总额，L 为电信业职工人数，α、β 分别为资本弹性与劳动力弹性系数。电信全要素生产率的增长率来源包括技术进步、组织创新、专业化和生产创新等。

电信资费的市场化水平。政府在 2003 年以后逐渐认识到市场定价对电信业务发展的重要性，因此放松了价格规制，减少了政府定价行为，而鼓励电信企业的自主定价，用 RPR 表示。当 $t \geqslant 2004$ 年时，$RPR = 1$；$t < 2004$ 年时，$RPR = 0$。

在作回归分析前，本书先将 DWL、$WLTY$、$WLTR$、$WLGDP$、LI、PTE、AE、TFP 和 RPR 等变量作相关分析，选取与被解释变量的相关系数在 0.4 以上的解释变量进行回归分析，并采用容许度 Tolerance 系数对解释变量进行筛选，当 Tolerance 系数大于 0.1 时，保留回归方程中的解释变量，当 Tolerance 系数小于 0.1 时，剔除回归方程中的解释变量，以避免多重共线性的发生。

三 实证结果

表 8 – 3 中各方程的调整 R^2 值除了方程 3 的值为 0.692，其他的都在 0.8 以上，最高为 0.963，这说明大多数方程的解释变量对被解释变量的解释能力较强。DW 值均控制在 2 左右的拒绝域，表明不存在自相关性，模型的回归程度较好。

表 8 – 3　　　　　　　　　　模型参数估计结果

解释变量	被解释变量			
	中国电信业社会福利损失	电信业务总量中的社会福利损失占比	电信业务收入中的社会福利损失占比	国民生产总值中的社会福利损失占比
	DWL	WLTY	WLTR	WLGDP
	方程 1	方程 2	方程 3	方程 4
C	625.664 (2.3E – 4)***	0.104 (0.001)***	0.092 (0.001)***	0.589 (1.0E – 4)***

续表

解释变量	被解释变量			
	中国电信业社会福利损失	电信业务总量中的社会福利损失占比	电信业务收入中的社会福利损失占比	国民生产总值中的社会福利损失占比
	DWL	WLTY	WLTR	WLGDP
	方程1	方程2	方程3	方程4
LI	—	—	-0.125 (0.059)*	—
PTE	—	—	—	—
AE	-329.421 (0.01)***	-0.081 (0.006)***	—	-0.256 (0.013)**
CE	—	—	—	—
HHI	-520.777 (0.004)***		-0.118 (0.071)*	-0.653 (3.2E-4)***
PI	434.960 (0.043)**	0.098 (0.020)**		0.227 (0.058)*
PCR	—			0.045 (0.038)**
TFP	583.683 (0.005)***	0.097 (0.006)***	0.1260 (0.098)*	0.672 (3.0E-4)***
RPR	—	-0.012 (0.025)**		-0.076 (0.006)***
R^2	0.891	0.934	0.776	0.983
$adj\ R^2$	0.829	0.897	0.692	0.963
F-stat.	14.326	24.831	9.236	48.277
Sig.	0.002	3.1E-4	0.006	2.9E-4
DW	1.686	2.069	1.899	2.702

注：括号中的数字为系数的t检验显著性检验值。＊＊＊、＊＊和＊分别表示显著性水平小于0.01、0.05和0.1。

表8-3中方程1列显示，社会福利损失绝对值（DWL）与资源

第八章　中国电信业改革绩效评价及政策优化

配置效率（AE）和电信业中的企业规模（HHI）呈显著负相关，而与电信资费水平（PI）和电信行业全要素生产率（TFP）呈显著正相关，其余变量不显著。社会福利损失绝对值（DWL）与资源配置效率（AE）呈显著负相关，这反映了资源配置效率的提高将会减少电信业的社会福利损失，并使社会福利得以增加，而有效的资源配置则得益于市场经济价格机制的运用和市场势力的削弱。社会福利损失绝对值（DWL）与电信业中的企业规模（HHI）呈显著负相关，这反映了电信业自身具有的高固定成本与低边际成本的规模经济属性。可见，电信业必须具有一定的企业规模，以充分发挥电信网的强网络性，并辅以市场竞争机制作用，从而保证电信市场消费者剩余和社会福利水平的增加。社会福利损失绝对值（DWL）与电信资费水平（PI）呈显著正相关，表明了电信资费水平的提高会降低消费者福利从而增加电信业的社会福利损失，造成社会成本的增加，反之亦然。社会福利损失绝对值（DWL）与电信行业全要素生产率（TFP）呈显著正相关，反映了技术进步水平的提高对中国电信业社会福利损失增加的影响，即技术进步水平每提高1%，中国电信业社会福利损失就会增加583.68%。这在一定意义上说明了电信市场的技术进步其实是市场竞争领先企业通过制定高价格获取超额经济利润的手段，比如，电信运营企业通过引入4G通信技术推出新业务，再采用市场策略强制或诱使消费者使用它们，从而强制提高价格，造成消费剩余的减少及社会福利损失的增加。例如，2010年北京联通进行的宽带光纤改造使原来的8M宽带网速扩展到20M，包年资费也由原来的1880元提高至5980元，而20M宽带业务每兆年均售价为299元，8M宽带业务每兆年售价仅为235元，相比8M宽带业务每兆年均售价提高了64元。

方程2列显示，电信业务总量中的社会福利损失占比（WLTY）与资源配置效率（AE）和电信资费的市场化水平（RPR）呈显著负相关，而与电信资费水平（PI）和电信行业全要素生产率（TFP）呈显著正相关，其余变量不显著。方程2中被解释变量WLTY与解释变量AE、PI和TFP的显著性结果与方程1类似。与之不同的是解释变量 HHI 在方程 2 中并不显著，而 WLTY 与 RPR 呈显著负相关。这反映了电信资费的市场化进程促进了电信企业加大降低成本与提高经济效率的努力，从而通过制定更低的价格获取更多的市场份额，实现消费者福利的增加，以降低电信业务总量中的社会福利损失占比，达到社会福利增加的目的。

方程 3 列显示，电信业务收入中的社会福利损失占比（WLTR）与产业市场势力勒纳指数（LI）和电信业中的企业规模（HHI）呈显著负相关，而与电信行业全要素生产率（TFP）呈显著正相关，其余变量不显著。相比方程 1 与方程 2，方程 3 中被解释变量 WLTR 与解释变量 HHI 和 TFP 有相似的显著性结果，但方程 3 特别强调了 WLTR 与 LI 和 HHI 的显著负相关关系。而它们之间存在的这种显著负相关关系显然与传统产业组织理论的结论相悖。但若从电信业的实际情况分析，我们发现解释变量 LI 与 HHI 两者存在正相关关系，HHI 越大则 LI 越大，反之亦然。LI 与 HHI 的降低在一定意义上意味着降低价格与低集中度的市场结构，我们可以认为这是由于电信市场中潜在厂商的进入降低了价格，而进入带来的社会福利增加则可能会被各个电信企业业务量的减少而导致的平均成本上升所抵消。因此，要想减少社会福利损失，必须保证电信企业具有一定程度的市场势力与企业规模，这是因为在长期可竞争的电信市场中电信业务量的增加可以引起平均成本的下降与边际成本趋向零，从而增加社会福利，否则，电信业的规模经济损失会抵消价格下降带来的社会福利增加。

方程 4 列显示，国民生产总值中的社会福利损失占比（WLGDP）与资源配置效率（AE）、电信业中的企业规模（HHI）和电信资费的市场化水平（RPR）呈显著负相关，与电信资费水平（PI）、激励性电信规制政策（PCR）和电信行业全要素生产率（TFP）呈显著正相关，其余变量不显著。与方程 1、方程 2、方程 3 相比，方程 4 中的被解释变量 WLGDP 与解释变量 AE、HHI、PI、TFP 和 RPR 有相似的显著性结果。而方程 4 强调了 WLGDP 与 PCR 的显著正相关关系，这反映了激励性电信规制政策对国民生产总值中的社会福利损失占比具有很强的影响作用。显然，激励性电信规制政策的价格上限规制（PCR）并没有按照当初政府设定规制目标的那样，迫使电信企业降低成本与提高经济效率以减少社会福利损失。这是由于电信企业在国际与国内长途电话市场、移动电话国内漫游市场和固定本地电话市场不同的服务市场上采取了价格上限规制策略。可见，当电信产品间的需求相互独立时，价格上限规制政策会增加消费者福利，反之则可能减少消费者福利。而实际上，电信产品间的需求并不是完全独立的，电信企业常常采用交叉补贴的策略（如长途业务补贴市话业务）来提高低收入消费群体的福利，但总体消费者福利未必增加，从而就可能造成国民生产总值中的社会福利损失占比增加。因此，在没有充分搞清楚电信业务间的需求关系和业务的需求价格弹性的情况下，政府规制部门盲目采用价格上限规制对其进行激励性规制，将会造成国民生产总值中的社会福利损失占比增加或变化的不确定性。

在方程1、2、3和4中，被解释变量与经济效率（CE）和纯技术效率（PTE）的关系都不显著，但被解释变量 DWL 和 WLTY 与 AE 呈显著负相关。AE 等于 CE 与 PTE 的比值，这间接说明被解释变量 DWL 和 WLTY 与 CE 呈显著负相关，而与 PTE 呈显著正相关。这反映了电信业的经济效率提高有利于社会福利损失与电信业务量中的社会福利损失占比减少，有利于社会福利的增进，而纯技术效率的提升则会加剧社会福利损失与电信业务量中的社会福利损失占比的增加。这是由于经济效率的提升有利于电信资费水平的下降，从而使电信业社会福利增加，而较高的纯技术效率更易造成垄断行为，从而不利于资源配置效率的提升和电信资费水平的下降，因此，更易造成社会福利损失的增加。

四 结论及政策建议

为进一步搞清楚福利损失与市场势力、X-效率之间的关系，我们通过建立计量模型方法分析电信业社会福利损失的影响因素，除了将市场势力、X-效率作为解释变量之外，模型还引入企业规模、电信资费水平、激励性管制政策、电信业全要素生产率和电信资费的市场化水平作为解释变量,以提高模型的解释程度。研究结果表明:(1) 由于电信业具有较强的规模经济与网络外部性属性,因此在可竞争的电信市场中,电信产业具有一定程度的市场势力与企业规模并不损害电信业的社会福利,相反在可竞争的电信市场中,电信企业通过竞争和效率的提高获得的市场势力和企业规模,会在一定程度上增加消费者福利与社会福利,减少社会成本,市场势力与企业规模每增加1%,电信业务收入中的社会福利损失占比相应减少0.125%与0.118%。(2) 资源的配置效率提高可以减少电信业社会福利损失,资源配置效率每提升1%,社会福利损失相应降低3.29亿元,电信业务总量中的社会福利损失占比相应降低0.081%,国民生产总值中的社会福利损失占比相应降低0.256%。(3) 技术进步推动了电信新业务的创新,技术进步 TFP 每增加1%,社会福利损失相应增加5.84亿元,电信业务总量中的社会福利损失占比相应增加0.097%,电信业务收入中的社会福利损失占比相应增加0.126%,国民生产总值中的社会福利损失占比相应增加0.672%。这表明电信企业为了获得超额经济利润,常常采用撇脂定价法,从而造成新业务的资费水平的大幅度提高,影响了消费者福利的增进,造成了电信业社会福利损失的增加。(4) 激励性电信管制政策的运用将增加国民生产总值中的社会福利损失占比,年均造成国民生产总值中的福利损失占比增加0.045%。(5) 电信资费水平的下降将会提高消费者福利与社会福利,减少电信业的社会福利损失,电信资费水平每下降1%,社会福利损失相应降低4.35亿元,电信业务总量中的社会福利损失占比相应降低0.098%,国民生产总值中的社会福利损失占比相应降低0.227%。(6) 电信资费的市场化水平提高将会减少电信业的社会福利损失,年均降低电信业务总量中的社会福利损失占比与国民生产总值中的社会福利损失占比分别为0.012%与0.076%。(7) 经济效率的提高肯定会减少电信业社会福利损失,但具体的影响程度难以确定。

因此,根据上述结论,我们可以得出以下几点政策启示:

（一）构建动态的电信市场势力与企业规模

相比动态的电信市场势力与企业规模而言，静态的电信市场势力与企业规模是依靠人为的政策安排所获得的规模经济效应，它破坏了机会均等和竞争自由的市场竞争机制，限制了电信企业在市场竞争中运用各种竞争手段获取竞争优势的机会，从而固化了各电信企业所拥有的市场势力和企业规模，造成具有较强市场势力与较大规模的电信企业滥用市场势力，从而增加了电信业的社会福利损失。而动态的电信市场势力与企业规模是建立在可竞争的市场基础上，并根据市场竞争情况不断发生变化。在有效的电信市场竞争中，电信企业为了获得一定的市场势力和超额经济利润，需要不断地通过有效的资源配置，努力地降低经营成本与提高效率的方式，从而使电信资费价格降低与企业规模扩大，实现消费者福利与社会福利增加，同时减少电信业社会福利的损失。因此，随着2008年电信业的"5进3"重组改革与三网融合的推进，政府应避免对电信企业的再次拆分，并允许广电与电信企业的双向进入，实现整个通信市场的有效竞争，并在竞争过程中形成一定的市场势力与企业规模，以促进电信业社会福利损失的降低。

（二）加强跨行业间的合作

电信产业的网络经济属性使得电信企业的渐进性技术进步一方面向市场推出了新业务，另一方面造成大量的沉没成本。然而，由于新旧电信技术与业务的替代效应较强，电信新业务并不能完全替代电信老业务并通过扩大用户规模以降低成本，因此为了弥补沉没成本，电信新业务的资费难以下降，造成电信业社会福利损失的增加。伴随着三网融合与4G通信技术的应用，广电网络由于业务发展的需要采用20M的本地带宽，但城际间的广电网络并没有形成统一的网络，并没有国际出口，而电信网络的互联网虽然占有全国97%的国际出口带宽和全国统一的网络，但带宽大多停留在4—8M。因此，如果允许企业间的横向与纵向的合作与兼并推出新的电信业务，则可以实现电信业的技术进步和福利的增加。例如，电信企业如果能够租用广电网络，那么就避免了本地网络的拓宽问题，而广电网络在国际互联网出口与电信企业合作就会避免大量的成本支出。

(三) 放松价格管制，加强企业自主定价

价格上限管制政策主要是为了制约依靠行政垄断的原电信企业，限制它们通过垄断地位获取超额经济利润并运用低价方式打压弱小电信企业。然而，由于中国电信市场机制的不健全与市场竞争不充分，如果单纯采用价格上限管制将会造成具有垄断主导地位的电信企业采用降价方式挤压弱小电信企业直至迫使其退出市场，从而形成独占市场的态势，不利于电信资费的下调。管制部门应同时采用价格上下限的管制政策，一方面鼓励电信市场的充分竞争，另一方面避免垄断主导企业采用恶性竞争的方式，击垮弱小电信企业，而形成事实上的垄断。因此，设置上下限管制，上限管制自2005年以来已实施多年，下限管制可以采用成本加一定回报率为标准，并且对电信资费管制不宜"一刀切"，应建立电信资费统一政策和分级管理的架构体系，允许竞争不充分的电信业务进行价格审批，而对竞争较充分的基础电信业务和电信增值业务实行市场调节价，将定价权交给企业。

第四节　电信产业价值链效率影响因素

通过建立面板数据回归模型分析电信业整体效率、电信网络资源转化效率和电信业务开发及发展效率的影响因素，为相关政策的提出提供借鉴与支撑。

一　影响因素选取

根据现有文献[①]，影响一个电信业阶段效率的因素主要有经济

[①] 吕昌春、康飞：《我国电信行业市场竞争、区域差异与生产效率》，《数量经济技术经济研究》2010年第2期；李再扬、杨少华：《中国省级电信业技术效率：区域差异及影响因素》，《中国工业经济》2010年第8期；孙巍、李何、何彬等：《现阶段电信业市场结构与价格竞争行为关系的实证研究》，《中国工业经济》2008年第4期；常硕、崔静宜：《中国电信业效率测评及影响因素分析》，《产经评论》2011年第5期。

第八章 中国电信业改革绩效评价及政策优化

发展水平、电信消费支出、电信消费适应度系数、电信业务综合价格指数、移动对固定替代效应、区域科技发展水平和电信服务数量。因此，我们选择上述七项影响因素作为解释变量，通过面板数据回归模型对其影响作用进行测算。

（1）经济发展水平，以人均 GDP 代表，所以用 GDP 表示。李再扬、杨少华（2010）[①]认为电信发展对于经济发展具有很大的促进作用，同时也受到经济发展的影响。经济发展水平越高的省级行政区，其电信业的技术效率往往也越高。

（2）电信消费支出，用城镇居民家庭平均每人全年通信支出量表示，用 TCE 代表。

（3）电信消费适应度系数，用 TCI 表示。

（4）电信业务综合价格指数，反映各省电信业务的综合价格水平，用电信业务收入与电信业务总量的比值表示。依据电信统计指标的解释，电信业务总量是以不变单价表示的电信业为社会提供各类通信服务的总和。电信业务收入指电信企业经营的基础电信业务和增值电信业务所取得的资费收入，以及电信企业之间网间互联电信业务的结算收入，用 P 表示。

（5）FMS 代表移动对固定的替代效应，用移动电话用户数对固定电话用户数之比表示。

（6）区域科技发展水平，选取各省申请专利数代表该区域的科技发展水平。电信产业本身就是技术密集型的产业，所以区域的科研能力和科研水平的作用将会越来越突出，用 TL 表示。

（7）电信服务数量，表示电信企业向用户提供的业务种类和数量，采用电信业务总收入代替，而电信业务总收入由于受到电信价格波动的影响，因而宜采用不变价格计算的电信业务总量来表示电信服务数量，并用 S 表示。

[①] 李再扬、杨少华：《中国省级电信业技术效率：区域差异及影响因素》，《中国工业经济》2010 年第 8 期。

二 模型设定

建立电信业创新效率与其影响因素间的面板数据回归模型，模型的因变量用 $E_{i,t}$、$E_{i,t}^1$ 和 $E_{i,t}^2$ 表示，分别表示 t 时期样本 i 的电信整体效率、电信网络资源转化效率和电信业务开发及发展效率，再以经济发展水平等 7 个变量作为解释变量。其中，i 代表中国各省、自治区和直辖市组成的 31 个横截面样本，t 表示 2011—2015 年 5 年间的时间序列单元。

运用 Eviews 5.1 分别对面板数据回归模型进行混合截面回归、随机效应回归和固定效应回归的 F 检验和豪斯曼检验。首先，通过 F 统计量检验判断应该建立混合截面回归模型还是固定效应回归模型，结果显示在5%的显著性水平下拒绝混合截面回归模型，故应建立固定效应回归模型；其次，通过豪斯曼检验判断应该建立随机效应回归模型还是固定效应回归模型，结果显示在5%的显著性水平下拒绝随机效应回归模型，故应建立固定效应回归模型。

综上分析，2011—2015 年中国 31 个省（区、市）的电信整体效率、电信网络资源转化效率及电信业务开发及发展效率与经济发展水平、电信综合价格等影响因素之间的固定效应回归模型，建立如下：

$$\ln E_{i,t} = \alpha_i + \beta_1 \ln GDP_{i,t} + \beta_2 \ln TCE_{i,t} + \beta_3 \ln TCI_{i,t} + \beta_4 \ln P_{i,t} + \beta_5 \ln FMS_{i,t} + \beta_6 \ln TL_{i,t} + \beta_7 \ln S_{i,t} + u_{i,t} \qquad 8.5$$

$$\ln E_{i,t}^1 = \alpha_i^1 + \beta_1^1 \ln GDP_{i,t} + \beta_2^1 \ln TCE_{i,t} + \beta_3^1 \ln TCI_{i,t} + \beta_4^1 \ln P_{i,t} + \beta_5^1 \ln FMS_{i,t} + \beta_6^1 \ln TL_{i,t} + \beta_7^1 \ln S_{i,t} + u_{i,t}^1 \qquad 8.6$$

$$\ln E_{i,t}^2 = \alpha_i^2 + \beta_1^2 \ln GDP_{i,t} + \beta_2^2 \ln TCE_{i,t} + \beta_3^2 \ln TCI_{i,t} + \beta_4^2 \ln P_{i,t} + \beta_5^2 \ln FMS_{i,t} + \beta_6^2 \ln TL_{i,t} + \beta_7^2 \ln S_{i,t} + u_{i,t}^2 \qquad 8.7$$

三 实证结果

经公式 8.5、公式 8.6 和公式 8.7 求解，结果见表 8-4。

表8-4　　　　电信运营阶段效率影响因素实证分析结果

解释变量	电信整体效率 E 方程1	电信网络资源转化效率 E^1 方程2	电信业务开发及发展效率 E^2 方程3
C	-5.2980*** (-4.341)	2.1890** (2.253)	-6.3360*** (-5.502)
lnGDP	-0.6079*** (-4.172)	0.3052*** (2.643)	-0.7264*** (-5.283)
lnTCE	0.3344** (2.243)	-0.2344* (-1.919)	0.4436*** (3.153)
lnTCI	-0.4742*** (-3.230)	0.1917 (1.569)	-0.5050*** (-3.645)
ln$P$	0.3022*** (3.360)	—	0.2564*** (3.021)
lnFMS	-0.1648*** (-3.166)	0.0837* (1.866)	-0.2321*** (-4.724)
lnTL	-0.0477* (-1.919)	—	-0.0813*** (-3.468)
ln$S$	0.6083*** (6.316)	-0.1686* (-2.370)	0.6868*** (7.558)
adj R^2	0.9079	0.6930	0.8992
F	31.2078	7.6745	28.2143
DW	1.9740	2.2539	2.5367

注：括号内为t统计量，***、**、*分别表示在1%、5%和10%的显著性水平下。

从表8-4可知，方程1、方程2和方程3的调整 R^2 值落在0.693—0.9079范围内，表明各方程的解释变量对被解释变量的解释能力尚可。DW值均控制在2左右的拒绝域内，表明解释变量不存在自相关性，模型的回归程度较好。由方程2和方程3可以看出，经济发展水平对电信网络资源转化效率与电信业务开发及发展效率具有一正一负的不同影响作用，这表明越是经济发达的东部沿海经济区人口越是相对集中，消费支付能力越强，从而为电信基础网络的建设提供了资金和动力，用户数量不断增加。然而由于没有根本改变原有的电信纵向一体化的运营模式，制约了电信业务的创新与开发能力，相比庞大的用户规模群，应用业务的开发和销售不能适应快速变化的客户需求，造成对电信业务开发及发展效率的负面影响，因而越是经济欠发达地区的电信业务开发及发展效率反而越高。电信用户消费支出对电信网络资源转化效率与电信业务开发及发展效率具有一负一正的影响作用，这说明了支付能力较强的高端用户偏重于尝试新业务的应用，从而对提高电信业务开发及发展效率有正向的积极影响作用。

电信消费适应度系数对电信网络资源转化效率与电信业务开发及发展效率也具有一正一负的影响作用。这恰反映了经济发展水平和电信用户消费支出对它们的综合作用。而经济发展水平在一定程度上强于电信用户消费支出对它们的影响，因而反映为电信消费适应度系数的影响与经济发展水平的影响具有同步性。电信综合价格水平对电信业务开发及发展效率的提升具有正向作用，而对电信网络资源转化效率作用不明显。这是因为差异化的业务必然推高成本，而高价格恰好弥补了新业务成本的增加，意味着业务销售收入的大幅度增加，从而提升了电信业务开发及发展效率。

FMS（移动对固定替代效应）对电信网络资源转化效率与电信业务开发及发展效率都具有一正一负的影响作用，FMS效应的增强意味着移动电话的普及率提高，而本地固网电信运营商则会通过与优势业务捆绑或搭售的方式提高固话的市场占有率以及开拓新业务市场。例如，2008年以后，中国电信成为全业务运营商后，通过xDSL宽带接入业务与固定电话业务的捆绑销售策略，来挽救日渐低迷的固网电话市场，同时再采用搭售的方式开拓3G通信新业务市场，从而充分利用电信自身的网络资源，提升了电信网络资源转化效率。然而，在日渐饱和的电信市场中，FMS效应的增强也仅是增加了电信用户在不同通信网络间的选择权，从而加剧了电信网络与运营商间的竞争，同质业务竞相降价，而新业务开发的不足也就导致了电信业务开发及发展效率的低下。因此，移动对固定替代效应对电信业务开发及发展效率具有负面作用。

各地区的专利数代表该区域的科技发展水平，科技水平越高的地区，其他服务替代电信新业务的可能性也就越大，这恰恰说明了科技发展水平对电信业务开发及发展效率负的影响作用。电信服务数量对电信网络资源转化效率与电信业务开发及发展效率具有一负一正的影响作用，这表明电信服务数量的增加会加大网络资源的投入量，而电信服务数量的增加却在一定程度上为用户提供了差异化的电信服务，从而提高了电信业务收入。电信整体效率与电信业务开发及发展效率变化趋势趋同。这表明电信整体效率的提高不再取决于单纯的网络资源的转化，即单纯地依靠用户规模的扩大，而是需要依靠新业务的创新、开发和推广。固定效应模型地区效应参数的估计结果见表8-5。

表8-5　　　　固定效应模型地区效应参数的估计结果

省市	电信整体效率	电信网络资源转化效率	电信业务开发及发展效率
北京	0.195701	0.026185	0.230335
天津	0.634484	-0.128752	0.715123
河北	-0.417026	0.133835	-0.486275
山西	-0.139975	0.016779	-0.168942
内蒙古	0.390170	-0.064257	0.375196
辽宁	-0.306683	0.078853	-0.309469
吉林	0.104044	0.019140	0.056279
黑龙江	-0.255749	-0.082342	-0.156462
上海	0.204223	0.032104	0.238336
江苏	-0.582123	0.133120	-0.532652

续表

省市	电信整体效率	电信网络资源转化效率	电信业务开发及发展效率
浙江	-0.449481	0.089087	-0.392810
安徽	-0.378780	0.110485	-0.447001
福建	-0.294779	-0.041802	-0.206623
江西	-0.227713	-0.063715	-0.179543
山东	-0.596015	0.137465	-0.586894
河南	-0.448856	0.160145	-0.518084
湖北	-0.404946	0.020210	-0.357694
湖南	-0.271774	0.098623	-0.312452
广东	-0.597665	0.331876	-0.706285
广西	-0.195976	0.023952	-0.227272
海南	0.718033	-0.137347	0.678340
重庆	0.005292	-0.093945	0.080345
四川	-0.484598	0.150877	-0.537220
贵州	0.132617	-0.047247	0.134748
云南	0.011392	-0.007264	0.003793
西藏	1.470870	-0.301513	1.432127
陕西	-0.056145	0.059339	-0.089276
甘肃	0.184709	-0.035269	0.139752
青海	0.965738	-0.271478	0.974852
宁夏	1.002590	-0.247844	1.027287
新疆	0.088420	-0.099299	0.128439

贾志永等 (2009)[①] 认为面板数据回归模型除了可以分析显变量 (可观测与度量) 对因变量的影响关系, 同时还可以通过固定影响变截距模型分析潜变量对因变量的影响关系。由表 8-5 可知,

---

[①] 贾志永、朱五龙、刘高峰:《基于固定效应模型的省域建筑产业竞争力的实证研究》,《统计与决策》2009 年第 24 期。

电信整体效率、电信网络资源转化效率和电信业务开发及发展效率三个因变量除了受到经济发展水平、电信用户消费支出、电信消费适应度系数、电信服务数量等7个因素影响外，还受到地区差异性的影响，地区差异性也可以称其为地区效应，综合反映了一个地区的经济状况、社会环境以及市场经济成熟程度等方面，因而作为影响电信效率的难以被直接观测与度量的潜变量来分析。通过表8－5可以看出，广东、河南、四川、山东和河北5省在电信网络资源转化效率上排在全国前列，而天津、海南、宁夏、青海和西藏5省的排名则靠后，西藏、宁夏、青海、天津和海南五省在电信业务开发及发展效率上排在全国前列，河南、江苏、四川、山东和广东5省的排名则靠后，而电信整体效率与电信业务开发及发展效率的地区效应相似。对于电信网络资源转化效率来说，广东、河南、四川、山东和河北这些地区要么是经济发达的南部沿海地区吸引了大量外来务工人员，从而增加该地区的人口总量与密度；要么是人口大省，人口密度和总量高于我国其他地区。因此，我们可以得出高密度人口地区的电信网络资源转化效率要远高于人口稀少和密度较低区域的结论。对于电信业务开发及发展效率来说，则反映了电信业务的开发与创新远远滞后于经济的发展水平。在经济发达地区，市场化水平高，基础业务的竞争程度相对较高，价格水平较低，而由于科技和经济水平较高，新电信业务的替代率较高，单纯依靠基础业务的竞争增加收入的电信运营商，势必造成较低的用户ARPU。而经济发展水平相对落后的西北地区，由于市场竞争的不充分从而导致高水平电信业务价格，而用户需求的水平较低，又以基础电信业务竞争为主。因而，就造成了电信业务开发及发展效率在经济发展水平较好的地方较低，而在经济发展水平较弱的地方反而较高，揭示了电信企业在进行业务开发及发展时不能只关注产品的本身，同时要关注消费者的意愿与支付能力。

四 结论及政策建议

区域经济发展水平与电信业务需求相匹配可以提升电信业务开

发及发展效率。人口总量大与密度高的省市地区电信网络资源转化效率高于人口稀少和密度较低的区域。电信整体效率与电信业务开发及发展效率变化趋势趋同，电信整体效率的提升更依赖于电信新业务的创新、开发和推广。

（一）拓展农村基础电信业务市场规模

在传统电信市场中，移动电话业务和宽带业务还蕴藏着巨大的发展潜力。然而，与电信发达国家相比较，中国移动电话渗透率仍较低，例如，美国的移动电话普及率为70%，英国为114%，中国香港为171%，中国仅为60.5%，差距十分明显。并且，中国移动电话普及率在不同区域间也存在着巨大的差距，沿海地区及大城市移动电话普及率远高于其他地区及中小城市，而中西部地区尤其是广大农村地区的移动电话普及率则更低。这显然不符合农业产业现代化发展对乡镇级信息平台建设和信息服务的迫切需求现状。因此，农村对移动电话市场和宽带业务市场等基础电信业务存在着巨大需求潜力，如果想要提高农村电信用户规模和电信网络资源转化效率，我们就必须有针对性地根据地区和客户需求差异，采取差异化的推广策略：一是对于地广人稀，投资回报率较低的地区，应以网络布局维护，维系高端客户为主，逐步培育消费市场，借机扩大用户市场规模；二是对东部人口密集，投资回报率较高的农村地区，可适度加大投资，拓展市场规模；三是通过制定适宜的电信资费标准，努力扩大用户市场规模。经济欠发达的农村电信用户的价格敏感性较强，比较在意通话质量和网络的稳定性，而对产品创新的要求不是很高。因此，电信运营商要在降低资费标准拓展农村客户群的同时，注重以服务创新挖掘农村消费潜力，按照农民消费特点，制定符合农民需求的业务套餐，提高单位用户的消费需求。

（二）推动新技术的应用与新业务市场的开发

随着4G网络的推广与三网融合的推进，移动互联网与物联网将成为电信业务创新与收入增加的突破点与创新点。电信运营商在移动互联网市场中通过准确的定位，在资源整合的基础上，准确把握用户需求的变化趋势，形成差异化的优势。例如：中国移动以应用软件飞信为启动点，将其庞大的传统移动手机用户群逐渐导入移动互联网市场，并模仿苹果的 App Store 模式，通过"MM 百万创业计划"，在移动互联网用户与产品开发者之间搭建桥梁，在双向互动中扩大中国移动在移动互联网市场的影响力。物联网，指的是利用各种信息传感设备，如射频识别装置、传感器节点、GPS、激光扫描器、嵌入式通信模块、摄像头等组成的传感网络，将所获取的物理世界的各种信息经由通信网络的传输，到达集中化的信息处理与应用平台，为用户提供智能化的解决方案。物联网的出现扩展了通信的服务范围，现在的通信已超越了电话、手机、电脑这些传统的 IT 类电子产品，拓展到电冰箱、空调、电饭煲等过去在人们看来几乎与通信不沾边的生活用品和设备。美国研究机构 Forrester 预测，物联网所带来的产业价值要比互联网大 30 倍，物联网将会形成下一个万亿元级别的信息产业业务。电信运营商通过发展物联网应用，可以扩大市场规模，提高业务收入，在物联网产业价值链中形成主导地位。电信运营商通过移动互联网业与物联网业务的发展，一方面可以提高用户规模，另一方面可以增加语音以外的业务收入，解决增量不增收的问题。

（三）建立集成的产业链合作机制

电信业重组后和三网融合的推进，促使电信、广电、互联网置于同一竞争领域。新的竞争环境要求电信运营商能够把握伴随技术融合而来的业务革新动向，能够在新的产业链中合理定位，通过与上下游产业的多向合作应对竞争压力，从而实现终端创新与业务集成间的有效配合、丰富增值业务的种类和优化信息服务的内容。因而，从产业链视角来看，电信业务要创新，电信业就必须积极地打造开发合作的集成产业链模式，从而取代过去低效率的封闭传统产业链发展模式。在新的产业链发展模式中，电信运营商需要进一步加强与内容提供商、互联网应用提供商、终端厂商、IT 系统集成商及其他行业实体之间的合作，积极整合合作伙伴的竞争优势，从而开拓新的市场。随着 4G 网络带宽的提高与移动互联网技术应用，电信运营商可以通过打造媒体内容分发平台，丰富4G业务内容、功能。电信运营商与互联网内容提供商合作，将优秀互联网资源移动化，以便用户能够在手机上实现固网互联网业务的应用。电信运营商与终端厂商合作，采用捆绑营销策略，提高新业务的开发与销售能力。另外，电信运营商还需与其他行业实体进行跨行业合作，如与零售、航空以及金融机构等行业机构合作，推动移动支付、电子票务、移动CRM等服务的应用。

附录 A 我国电信业务种类

根据工信部 2016 年 3 月 1 日起施行的《电信业务分类目录（2015 年版）》[①]，本书对其摘编后得出我国电信业务类型，见附表 1。

附表 1　　　　　　　　　我国电信业务类型

业务分类			业务简介
基础电信业务	第一类基础电信业务	固定通信业务	该业务指通信终端设备与网络设备之间主要通过有线或无线方式固定连接起来，向用户提供话音、数据、多媒体通信等服务，进而实现的用户间相互通信，其主要特征是终端的不可移动性或有限移动性。包括固定网本地通信业务、固定网国内长途通信业务、固定网国际长途通信业务和国际通信设施服务业务
		蜂窝移动通信业务	蜂窝移动通信是采用蜂窝无线组网方式，在终端和网络设备之间通过无线通道连接起来，进而实现用户在活动中可相互通信。其主要特征是终端的移动性，并具有越区切换和跨本地网自动漫游功能。蜂窝移动通信业务是指经过由基站子系统和移动交换子系统等设备组成蜂窝移动通信网提供的话音、数据、多媒体通信等业务。包括第二代数字蜂窝移动通信业务、第三代数字蜂窝移动通信业务和第四代数字蜂窝移动通信业务

---

① 业务资源处：《工业和信息化部相关负责人解读〈电信业务分类目录（2015 年版）〉》，2015 年 12 月，中华人民共和国工业和信息化部（http://www.miit.gov.cn/n1146285/n1146352/n3054355/n3057709/n3057716/c4564319/content.html）。

续表

业务分类			业务简介
基础电信业务	第一类基础电信业务	第一类卫星通信业务	卫星通信业务是指经通信卫星和地球站组成的卫星通信网提供的话音、数据、多媒体通信等业务。包括卫星移动通信业务和卫星固定通信业务
		第一类数据通信业务	数据通信业务是通过互联网、帧中继、异步转换模式（ATM）网、X.25分组交换网、数字数据网（DDN）等网络提供的各类数据传送业务。包括互联网国际数据传送业务、互联网国内数据传送业务、互联网本地数据传送业务和国际数据通信业务
		IP电话业务	IP电话业务在此特指由固定网或移动网和互联网共同提供的电话业务。包括国内IP电话业务和国际IP电话业务
	第二类基础电信业务	集群通信业务	集群通信业务是指利用具有信道共用和动态分配等技术特点的集群通信系统组成的集群通信共网，为多个部门、单位等集团用户提供的专用指挥调度等通信业务。包括数字集群通信业务、无线寻呼业务、第二类卫星通信业务、卫星转发器出租、出售业务和国内甚小口径终端地球站通信业务
		无线寻呼业务	无线寻呼业务是指利用大区制无线寻呼系统，在无线寻呼频点上，系统中心（包括寻呼中心和基站）以采用广播方式向终端单向传递信息的业务。无线寻呼业务可采用人工或自动接续方式
		第二类卫星通信业务	第二类卫星通信业务包括卫星转发器出租、出售业务，国内甚小口径终端地球站通信业务。其中，卫星转发器出租、出售业务是指根据使用者需要，在我国境内将自有或租用的卫星转发器资源（包括一个或多个完整转发器、部分转发器带宽及容量等）向使用者出租或出售，以供使用者在境内利用其所租赁或购买的卫星转发器资源为自己或其他单位或个人用户提供服务的业务；国内甚小口径终端地球站（VSAT）通信业务是指利用卫星转发器，通过VSAT通信系统中心站的管理和控制，在国内实现中心站与VSAT终端用户（地球站）之间、VSAT终端用户之间的话音、数据、多媒体通信等传送业务

附录 A 我国电信业务种类

续表

业务分类		业务简介
基础电信业务	第二类基础电信业务 第二类数据通信业务	该类业务主要指固定网国内数据传送业务,是指互联网数据传送业务以外的,在固定网中以有线方式提供的国内端到端数据传送业务
	网络接入设施服务业务	网络接入设施服务业务是指以有线或无线方式提供的、与网络业务节点接口(SNI)或用户网络接口(UNI)相连接的接入设施服务业务。包括无线接入设施服务业务、有线接入设施服务业务和用户驻地网业务
	国内通信设施服务业务	国内通信设施服务业务是指建设并出租、出售国内通信设施的业务,如地面传输网络和网络元素
	网络托管业务	网络托管业务是指受用户委托,代管用户自有或租用的国内网络、网络元素或设备,包括为用户提供设备放置、网络管理、运行和维护服务,以及为用户提供互联互通和其他网络应用的管理和维护服务
增值电信业务	第一类增值电信业务 互联网数据中心业务	互联网数据中心(IDC)业务是指利用相应的机房设施,以外包出租的方式为用户的服务器等互联网或其他网络相关设备提供放置、代理维护、系统配置及管理服务,以及提供数据库系统或服务器等设备的出租及其存储空间的出租、通信线路和出口带宽的代理租用和其他应用服务
	内容分发网络业务	内容分发网络(CDN)业务是指利用分布在不同区域的节点服务器群组成流量分配管理网络平台,为用户提供内容的分散存储和高速缓存,并根据网络动态流量和负载状况,将内容分发到快速、稳定的缓存服务器上,提高用户内容的访问响应速度和服务的可用性服务
	国内互联网虚拟专用网业务	国内互联网虚拟专用网业务(IP-VPN)是指经营者利用自有或租用的互联网网络资源,采用TCP/IP协议,为国内用户定制互联网闭合用户群网络的服务。互联网虚拟专用网主要采用IP隧道等基于TCP/IP的技术组建,并提供一定的安全性和保密性,专网内可实现加密的透明分组传送

221

续表

业务分类		业务简介
增值电信业务	第一类增值电信业务 互联网接入服务业务	互联网接入服务业务是指利用接入服务器和相应的软硬件资源建立业务节点，并利用公用通信基础设施将业务节点与互联网骨干网相连接，为各类用户提供接入互联网的服务。用户可以利用公用通信网或其他接入手段连接到其业务节点，并通过该节点接入互联网
	第二类增值电信业务 在线数据处理与交易处理业务	在线数据处理与交易处理业务是指利用各种与公用通信网或互联网相连的数据与交易/事务处理应用平台，通过公用通信网或互联网为用户提供在线数据处理和交易/事务处理的业务。在线数据处理与交易处理业务包括交易处理业务、电子数据交换业务和网络/电子设备数据处理业务
	国内多方通信服务业务	国内多方通信服务业务是指通过多方通信平台和公用通信网或互联网实现国内两点或多点之间实时交互式或点播式的话音、图像通信服务
	存储转发类业务	存储转发类业务是指利用存储转发机制为用户提供信息发送的业务。存储转发类业务包括语音信箱、电子邮件、传真存储转发等业务
	呼叫中心业务	呼叫中心业务是指受企事业等相关单位委托，利用与公用通信网或互联网连接的呼叫中心系统和数据库技术，经过信息采集、加工、存储等建立信息库，通过公用通信网向用户提供有关该单位的业务咨询、信息咨询和数据查询等服务。包括国内呼叫中心业务和离岸呼叫中心业务
	信息服务业务	信息服务业务是指通过信息采集、开发、处理和信息平台的建设，通过公用通信网或互联网向用户提供信息服务的业务。信息服务的类型按照信息组织、传递等技术服务方式，主要包括信息发布平台和递送服务、信息搜索查询服务、信息社区平台服务、信息即时交互服务、信息保护和处理服务等
	编码和规程转换业务	编码和规程转换业务指为用户提供公用通信网与互联网之间或在互联网上的电话号码、互联网域名资源、互联网业务标识（ID）号之间的用户身份转换服务。编码和规程转换业务在此特指互联网域名解析服务业务

附录 B 电信业改革效率测算结果

运用 DEAP 2.1 软件测算 1998—2015 年中国电信业的综合规模技术效率、规模效率、纯技术效率、配置效率和经济效率，结果如下：

一 综合规模技术效率测算结果

Results from DEAP Version 2.1

Instruction file = eg1 – ins.txt

Data file = eg1 – dta.txt

Input orientated DEA

Scale assumption: CRS

Single – stage DEA – residual slacks presented

EFFICIENCY SUMMARY:

firm	crste
1	1.000
2	1.000
3	0.999
4	0.958
5	1.000
6	0.892
7	0.974
8	1.000

firm	
9	0.979
10	1.000
11	1.000
12	0.956
13	1.000
14	1.000
15	1.000
16	0.975
17	1.000
18	1.000

mean 0.985

SUMMARY OF OUTPUT SLACKS:

firm output:	1	2	3
1	0.000	0.000	0.000
2	0.000	0.000	0.000
3	0.000	0.000	1404.099
4	2731.068	0.000	323.063
5	0.000	0.000	0.000
6	0.000	0.000	317.976
7	0.000	0.000	996.892
8	0.000	0.000	0.000
9	0.000	0.000	616.851
10	0.000	0.000	0.000
11	0.000	0.000	0.000
12	0.000	0.000	3074.259
13	0.000	0.000	0.000
14	0.000	0.000	0.000

附录 B 电信业改革效率测算结果

15	0.000	0.000	0.000
16	5673.514	0.000	0.000
17	0.000	0.000	0.000
18	0.000	0.000	0.000
mean	466.921	0.000	374.063

SUMMARY OF INPUT SLACKS：

firm input：	1	2	3
1	0.000	0.000	0.000
2	0.000	0.000	0.000
3	12790.818	341.098	0.000
4	0.000	357.350	0.000
5	0.000	0.000	0.000
6	0.000	0.000	0.000
7	234.853	0.000	0.000
8	0.000	0.000	0.000
9	558.568	0.000	0.000
10	0.000	0.000	0.000
11	0.000	0.000	0.000
12	0.000	195.530	0.000
13	0.000	0.000	0.000
14	0.000	0.000	0.000
15	0.000	0.000	0.000
16	0.000	0.000	0.000
17	0.000	0.000	0.000
18	0.000	0.000	0.000
mean	754.680	49.665	0.000

SUMMARY OF PEERS:

firm	peers:			
1	1			
2	2			
3	10	5		
4	15	5		
5	5			
6	1	5	10	2
7	2	5	8	
8	8			
9	8	5	10	
10	10			
11	11			
12	10	13	18	
13	13			
14	14			
15	15			
16	15	17	1	14
17	17			
18	18			

SUMMARY OF PEER WEIGHTS:
(in same order as above)

firm	peer weights:	
1	1.000	
2	1.000	
3	0.178	0.712

附录 B　电信业改革效率测算结果

4	0.151	0.800		
5	1.000			
6	0.094	0.536	0.172	0.245
7	0.056	0.257	0.714	
8	1.000			
9	0.406	0.024	0.569	
10	1.000			
11	1.000			
12	0.191	0.632	0.159	
13	1.000			
14	1.000			
15	1.000			
16	0.164	0.574	0.185	0.181
17	1.000			
18	1.000			

PEER COUNT SUMMARY:

firm	peer count:
1	2
2	2
3	0
4	0
5	5
6	0
7	0
8	2
9	0

10	4
11	0
12	0
13	1
14	1
15	2
16	0
17	1
18	1

SUMMARY OF OUTPUT TARGETS:

firm output:	1	2	3
1	28425.500	28200.300	2927.700
2	35954.700	32000.700	3684.600
3	47692.700	32151.400	6171.399
4	41612.068	33882.600	6014.563
5	44675.300	36267.700	6581.700
6	50818.100	36062.800	6144.976
7	65198.500	37596.100	7633.492
8	72413.800	37087.200	8033.700
9	81207.400	36119.700	8160.551
10	89184.000	35491.700	8333.600
11	97503.700	36096.300	4323.600
12	102069.200	32585.100	4131.659
13	118815.500	33170.500	3227.500
14	37811.700	34555.400	5160.700
15	38963.500	32306.200	4970.500
16	48464.914	35837.400	4588.200

附录 B 电信业改革效率测算结果

17	52146.200	33159.300	3994.800
18	62556.900	30414.900	3133.200

SUMMARY OF INPUT TARGETS:

firm input:	1	2	3
1	61002.800	1573.700	57.200
2	75696.700	1418.700	72.000
3	95403.116	1777.405	60.748
4	100219.910	2151.702	58.147
5	112175.900	2008.900	60.800
6	99458.338	1908.645	72.521
7	107517.437	1902.829	83.642
8	104269.200	1830.600	89.600
9	94555.508	1898.830	93.586
10	87059.700	1946.300	98.000
11	82375.100	2315.500	110.900
12	73332.152	2665.559	113.705
13	75341.800	2485.800	130.900
14	64472.000	2655.700	95.700
15	69500.900	3616.000	63.100
16	66991.209	3659.348	93.270
17	56745.200	3992.600	95.700
18	57078.500	4539.100	77.100

FIRM BY FIRM RESULTS:

Results for firm: 1

Technical efficiency = 1.000

PROJECTION SUMMARY:

variable	original	radial value	slack movement	projected movement	value
output	1	28425.500	0.000	0.000	28425.500
output	2	28200.300	0.000	0.000	28200.300
output	3	2927.700	0.000	0.000	2927.700
input	1	61002.800	0.000	0.000	61002.800
input	2	1573.700	0.000	0.000	1573.700
input	3	57.200	0.000	0.000	57.200

LISTING OF PEERS:

peer　lambda weight

1　　1.000

Results for firm: 2

Technical efficiency = 1.000

PROJECTION SUMMARY:

variable	original	radial value	slack movement	projected movement	value
output	1	35954.700	0.000	0.000	35954.700
output	2	32000.700	0.000	0.000	32000.700
output	3	3684.600	0.000	0.000	3684.600
input	1	75696.700	0.000	0.000	75696.700
input	2	1418.700	0.000	0.000	1418.700
input	3	72.000	0.000	0.000	72.000

LISTING OF PEERS:

peer　lambda weight

2　　1.000

附录 B 电信业改革效率测算结果

Results for firm: 3
Technical efficiency = 0.999
PROJECTION SUMMARY:

variable	original	radial value	slack movement	projected movement	value
output	1	47692.700	0.000	0.000	47692.700
output	2	32151.400	0.000	0.000	32151.400
output	3	4767.300	0.000	1404.099	6171.399
input	1	108285.700	-91.766	-12790.818	95403.116
input	2	2120.300	-1.797	-341.098	1777.405
input	3	60.800	-0.052	0.000	60.748

LISTING OF PEERS:

peer	lambda weight
10	0.178
5	0.712

Results for firm: 4
Technical efficiency = 0.958
PROJECTION SUMMARY:

variable	original	radial value	slack movement	projected movement	value
output	1	38881.000	0.000	2731.068	41612.068
output	2	33882.600	0.000	0.000	33882.600
output	3	5691.500	0.000	323.063	6014.563
input	1	104619.600	-4399.690	0.000	100219.910
input	2	2619.200	-110.148	-357.350	2151.702
input	3	60.700	-2.553	0.000	58.147

LISTING OF PEERS:

peer　lambda weight

15　0.151

5　0.800

Results for firm: 5

Technical efficiency = 1.000

PROJECTION SUMMARY:

variable	original	radial value	slack movement	projected movement	value
output	1	44675.300	0.000	0.000	44675.300
output	2	36267.700	0.000	0.000	36267.700
output	3	6581.700	0.000	0.000	6581.700
input	1	112175.900	0.000	0.000	112175.900
input	2	2008.900	0.000	0.000	2008.900
input	3	60.800	0.000	0.000	60.800

LISTING OF PEERS:

peer　lambda weight

5　1.000

Results for firm: 6

Technical efficiency = 0.892

PROJECTION SUMMARY:

variable	original	radial value	slack movement	projected movement	value
output	1	50818.100	0.000	0.000	50818.100
output	2	36062.800	0.000	0.000	36062.800
output	3	5827.000	0.000	317.976	6144.976

附录 B 电信业改革效率测算结果

input	1	111498.500	-12040.162	0.000	99458.338
input	2	2139.700	-231.055	0.000	1908.645
input	3	81.300	-8.779	0.000	72.521

LISTING OF PEERS:

peer	lambda weight
1	0.094
5	0.536
10	0.172
2	0.245

Results for firm: 7

Technical efficiency = 0.974

PROJECTION SUMMARY:

variable	original	radial value	slack movement	projected movement	value
output	1	65198.500	0.000	0.000	65198.500
output	2	37596.100	0.000	0.000	37596.100
output	3	6636.600	0.000	996.892	7633.492
input	1	110661.300	-2909.010	-234.853	107517.437
input	2	1954.200	-51.371	0.000	1902.829
input	3	85.900	-2.258	0.000	83.642

LISTING OF PEERS:

peer	lambda weight
2	0.056
5	0.257
8	0.714

Results for firm: 8

Technical efficiency = 1.000

PROJECTION SUMMARY:

variable	original	radial value	slack movement	projected movement	value
output	1	72413.800	0.000	0.000	72413.800
output	2	37087.200	0.000	0.000	37087.200
output	3	8033.700	0.000	0.000	8033.700
input	1	104269.200	0.000	0.000	104269.200
input	2	1830.600	0.000	0.000	1830.600
input	3	89.600	0.000	0.000	89.600

LISTING OF PEERS:

peer　　lambda weight

8　　　1.000

Results for firm: 9

Technical efficiency = 0.979

PROJECTION SUMMARY:

variable	original	radial value	slack movement	projected movement	value
output	1	81207.400	0.000	0.000	81207.400
output	2	36119.700	0.000	0.000	36119.700
output	3	7543.700	0.000	616.851	8160.551
input	1	97161.300	-2047.224	-558.568	94555.508
input	2	1939.700	-40.870	0.000	1898.830
input	3	95.600	-2.014	0.000	93.586

LISTING OF PEERS:

附录 B　电信业改革效率测算结果

peer	lambda weight
8	0.406
5	0.024
10	0.569

Results for firm: 10

Technical efficiency = 1.000

PROJECTION SUMMARY:

variable	original	radial value	slack movement	projected movement	value
output	1	89184.000	0.000	0.000	89184.000
output	2	35491.700	0.000	0.000	35491.700
output	3	8333.600	0.000	0.000	8333.600
input	1	87059.700	0.000	0.000	87059.700
input	2	1946.300	0.000	0.000	1946.300
input	3	98.000	0.000	0.000	98.000

LISTING OF PEERS:

peer	lambda weight
10	1.000

Results for firm: 11

Technical efficiency = 1.000

PROJECTION SUMMARY:

variable	original	radial value	slack movement	projected movement	value
output	1	97503.700	0.000	0.000	97503.700
output	2	36096.300	0.000	0.000	36096.300
output	3	4323.600	0.000	0.000	4323.600

input	1	82375.100	0.000	0.000	82375.100
input	2	2315.500	0.000	0.000	2315.500
input	3	110.900	0.000	0.000	110.900

LISTING OF PEERS:

peer lambda weight

11   1.000

Results for firm: 12

Technical efficiency = 0.956

PROJECTION SUMMARY:

variable	original	radial value	slack movement	projected movement	value
output	1	102069.200	0.000	0.000	102069.200
output	2	32585.100	0.000	0.000	32585.100
output	3	1057.400	0.000	3074.259	4131.659
input	1	76682.400	−3350.248	0.000	73332.152
input	2	2991.800	−130.712	−195.530	2665.559
input	3	118.900	−5.195	0.000	113.705

LISTING OF PEERS:

peer lambda weight

10   0.191

13   0.632

18   0.159

Results for firm: 13

Technical efficiency = 1.000

PROJECTION SUMMARY:

附录 B 电信业改革效率测算结果

variable	original	radial value	slack movement	projected movement	value
output	1	118815.500	0.000	0.000	118815.500
output	2	33170.500	0.000	0.000	33170.500
output	3	3227.500	0.000	0.000	3227.500
input	1	75341.800	0.000	0.000	75341.800
input	2	2485.800	0.000	0.000	2485.800
input	3	130.900	0.000	0.000	130.900

LISTING OF PEERS：

peer   lambda weight

13   1.000

Results for firm：14

Technical efficiency = 1.000

PROJECTION SUMMARY：

variable	original	radial value	slack movement	projected movement	value
output	1	37811.700	0.000	0.000	37811.700
output	2	34555.400	0.000	0.000	34555.400
output	3	5160.700	0.000	0.000	5160.700
input	1	64472.000	0.000	0.000	64472.000
input	2	2655.700	0.000	0.000	2655.700
input	3	95.700	0.000	0.000	95.700

LISTING OF PEERS：

peer   lambda weight

14   1.000

Results for firm：15

Technical efficiency = 1.000

PROJECTION SUMMARY:

variable	original	radial value	slack movement	projected movement	value
output	1	38963.500	0.000	0.000	38963.500
output	2	32306.200	0.000	0.000	32306.200
output	3	4970.500	0.000	0.000	4970.500
input	1	69500.900	0.000	0.000	69500.900
input	2	3616.000	0.000	0.000	3616.000
input	3	63.100	0.000	0.000	63.100

LISTING OF PEERS:

peer   lambda weight
15   1.000

Results for firm: 16

Technical efficiency = 0.975

PROJECTION SUMMARY:

variable	original	radial value	slack movement	projected movement	value
output	1	42791.400	0.000	5673.514	48464.914
output	2	35837.400	0.000	0.000	35837.400
output	3	4588.200	0.000	0.000	4588.200
input	1	68736.800	-1745.591	0.000	66991.209
input	2	3754.700	-95.352	0.000	3659.348
input	3	95.700	-2.430	0.000	93.270

LISTING OF PEERS:

附录 B 电信业改革效率测算结果

peer   lambda weight
15   0.164
17   0.574
1   0.185
14   0.181

Results for firm: 17

Technical efficiency = 1.000

PROJECTION SUMMARY:

variable	original	radial value	slack movement	projected movement	value
output	1	52146.200	0.000	0.000	52146.200
output	2	33159.300	0.000	0.000	33159.300
output	3	3994.800	0.000	0.000	3994.800
input	1	56745.200	0.000	0.000	56745.200
input	2	3992.600	0.000	0.000	3992.600
input	3	95.700	0.000	0.000	95.700

LISTING OF PEERS:

peer   lambda weight
17   1.000

Results for firm: 18

Technical efficiency = 1.000

PROJECTION SUMMARY:

variable	original	radial value	slack movement	projected movement	value
output	1	62556.900	0.000	0.000	62556.900
output	2	30414.900	0.000	0.000	30414.900

output	3	3133.200	0.000	0.000	3133.200
input	1	57078.500	0.000	0.000	57078.500
input	2	4539.100	0.000	0.000	4539.100
input	3	77.100	0.000	0.000	77.100

LISTING OF PEERS：

peer　lambda weight

18　1.000

二　规模效率与纯技术效率测算结果

Results from DEAP Version 2.1

Instruction file = eg2 – ins.txt

Data file = eg2 – dta.txt

Input orientated DEA

Scale assumption：VRS

Single – stage DEA – residual slacks presented

EFFICIENCY SUMMARY：

firm	crste	vrste	scale	
1	1.000	1.000	1.000	—
2	1.000	1.000	1.000	—
3	0.999	1.000	0.999	irs
4	0.958	0.987	0.970	irs
5	1.000	1.000	1.000	—
6	0.892	0.918	0.972	drs
7	0.974	1.000	0.974	drs
8	1.000	1.000	1.000	—
9	0.979	0.979	1.000	—
10	1.000	1.000	1.000	—
11	1.000	1.000	1.000	—
12	0.956	0.960	0.997	irs

附录 B 电信业改革效率测算结果

13	1.000	1.000	1.000	—
14	1.000	1.000	1.000	—
15	1.000	1.000	1.000	—
16	0.975	1.000	0.975	drs
17	1.000	1.000	1.000	—
18	1.000	1.000	1.000	—
mean	0.985	0.991	0.994	

Note: crste = technical efficiency from CRS DEA
vrste = technical efficiency from VRS DEA
scale = scale efficiency = crste/vrste

Note also that all subsequent tables refer to VRS results
SUMMARY OF OUTPUT SLACKS:

firm output:	1	2	3
1	0.000	0.000	0.000
2	0.000	0.000	0.000
3	0.000	0.000	0.000
4	1835.468	419.692	0.000
5	0.000	0.000	0.000
6	1937.817	0.000	894.431
7	0.000	0.000	0.000
8	0.000	0.000	0.000
9	0.000	0.000	608.178
10	0.000	0.000	0.000
11	0.000	0.000	0.000
12	0.000	415.853	3031.308
13	0.000	0.000	0.000
14	0.000	0.000	0.000

15	0.000	0.000	0.000
16	0.000	0.000	0.000
17	0.000	0.000	0.000
18	0.000	0.000	0.000
mean	209.627	46.419	251.884

SUMMARY OF INPUT SLACKS:

firm input:	1	2	3
1	0.000	0.000	0.000
2	0.000	0.000	0.000
3	0.000	0.000	0.000
4	3571.390	682.796	0.000
5	0.000	0.000	0.000
6	0.000	0.000	0.000
7	0.000	0.000	0.000
8	0.000	0.000	0.000
9	735.060	0.000	0.000
10	0.000	0.000	0.000
11	0.000	0.000	0.000
12	0.000	53.572	0.000
13	0.000	0.000	0.000
14	0.000	0.000	0.000
15	0.000	0.000	0.000
16	0.000	0.000	0.000
17	0.000	0.000	0.000
18	0.000	0.000	0.000
mean	239.247	40.909	0.000

SUMMARY OF PEERS:

附录 B 电信业改革效率测算结果

```
firm   peers:
1      1
2      2
3      3
4      1    5
5      5
6      2    5    14   8
7      7
8      8
9      5    1    10   8
10     10
11     11
12     10   13   18
13     13
14     14
15     15
16     16
17     17
18     18
```

SUMMARY OF PEER WEIGHTS:

(in same order as above)

```
firm   peer weights:
1      1.000
2      1.000
3      1.000
4      0.244   0.756
5      1.000
6      0.076   0.494   0.092   0.338
7      1.000
8      1.000
```

9	0.022	0.004	0.572	0.402
10	1.000			
11	1.000			
12	0.172	0.621	0.207	
13	1.000			
14	1.000			
15	1.000			
16	1.000			
17	1.000			
18	1.000			

PEER COUNT SUMMARY：

firm	peer count：
1	2
2	1
3	0
4	0
5	3
6	0
7	0
8	2
9	0
10	2
11	0
12	0
13	1
14	1
15	0
16	0
17	0
18	1

附录 B 电信业改革效率测算结果

SUMMARY OF OUTPUT TARGETS:

firm output:	1	2	3
1	28425.500	28200.300	2927.700
2	35954.700	32000.700	3684.600
3	47692.700	32151.400	4767.300
4	40716.468	34302.292	5691.500
5	44675.300	36267.700	6581.700
6	52755.917	36062.800	6721.431
7	65198.500	37596.100	6636.600
8	72413.800	37087.200	8033.700
9	81207.400	36119.700	8151.878
10	89184.000	35491.700	8333.600
11	97503.700	36096.300	4323.600
12	102069.200	33000.953	4088.708
13	118815.500	33170.500	3227.500
14	37811.700	34555.400	5160.700
15	38963.500	32306.200	4970.500
16	42791.400	35837.400	4588.200
17	52146.200	33159.300	3994.800
18	62556.900	30414.900	3133.200

SUMMARY OF INPUT TARGETS:

firm input:	1	2	3
1	61002.800	1573.700	57.200
2	75696.700	1418.700	72.000
3	108285.700	2120.300	60.800
4	99708.934	1902.875	59.923
5	112175.900	2008.900	60.800
6	102325.879	1963.674	74.612

7	110661.300	1954.200	85.900
8	104269.200	1830.600	89.600
9	94423.284	1899.714	93.629
10	87059.700	1946.300	98.000
11	82375.100	2315.500	110.900
12	73585.714	2817.409	114.098
13	75341.800	2485.800	130.900
14	64472.000	2655.700	95.700
15	69500.900	3616.000	63.100
16	68736.800	3754.700	95.700
17	56745.200	3992.600	95.700
18	57078.500	4539.100	77.100

FIRM BY FIRM RESULTS:

Results for firm: 1

Technical efficiency = 1.000

Scale efficiency = 1.000 (crs)

PROJECTION SUMMARY:

variable	original	radial value	slack movement	projected movement	value
output	1	28425.500	0.000	0.000	28425.500
output	2	28200.300	0.000	0.000	28200.300
output	3	2927.700	0.000	0.000	2927.700
input	1	61002.800	0.000	0.000	61002.800
input	2	1573.700	0.000	0.000	1573.700
input	3	57.200	0.000	0.000	57.200

LISTING OF PEERS:

附录 B 电信业改革效率测算结果

peer　　lambda weight

1　　1.000

Results for firm: 2

Technical efficiency = 1.000

Scale efficiency = 1.000 (crs)

PROJECTION SUMMARY:

variable	original	radial value	slack movement	projected movement	value
output	1	35954.700	0.000	0.000	35954.700
output	2	32000.700	0.000	0.000	32000.700
output	3	3684.600	0.000	0.000	3684.600
input	1	75696.700	0.000	0.000	75696.700
input	2	1418.700	0.000	0.000	1418.700
input	3	72.000	0.000	0.000	72.000

LISTING OF PEERS:

peer　　lambda weight

2　　1.000

Results for firm: 3

Technical efficiency = 1.000

Scale efficiency = 0.999 (irs)

PROJECTION SUMMARY:

variable	original	radial value	slack movement	projected movement	value
output	1	47692.700	0.000	0.000	47692.700
output	2	32151.400	0.000	0.000	32151.400
output	3	4767.300	0.000	0.000	4767.300

input	1	108285.700	0.000	0.000	108285.700
input	2	2120.300	0.000	0.000	2120.300
input	3	60.800	0.000	0.000	60.800

LISTING OF PEERS:

peer   lambda weight
3   1.000

Results for firm: 4

Technical efficiency = 0.987

Scale efficiency = 0.970 (irs)

PROJECTION SUMMARY:

variable		original value	radial movement	slack movement	projected value
output	1	38881.000	0.000	1835.468	40716.468
output	2	33882.600	0.000	419.692	34302.292
output	3	5691.500	0.000	0.000	5691.500
input	1	104619.600	-1339.276	-3571.390	99708.934
input	2	2619.200	-33.529	-682.796	1902.875
input	3	60.700	-0.777	0.000	59.923

LISTING OF PEERS:

peer   lambda weight
1   0.244
5   0.756

Results for firm: 5

Technical efficiency = 1.000

Scale efficiency = 1.000 (crs)

PROJECTION SUMMARY:

附录 B 电信业改革效率测算结果

variable	original	radial value	slack movement	projected movement	value
output	1	44675.300	0.000	0.000	44675.300
output	2	36267.700	0.000	0.000	36267.700
output	3	6581.700	0.000	0.000	6581.700
input	1	112175.900	0.000	0.000	112175.900
input	2	2008.900	0.000	0.000	2008.900
input	3	60.800	0.000	0.000	60.800

LISTING OF PEERS:

peer   lambda weight
5   1.000

Results for firm: 6

Technical efficiency = 0.918

Scale efficiency = 0.972 (drs)

PROJECTION SUMMARY:

variable	original	radial value	slack movement	projected movement	value
output	1	50818.100	0.000	1937.817	52755.917
output	2	36062.800	0.000	0.000	36062.800
output	3	5827.000	0.000	894.431	6721.431
input	1	111498.500	-9172.621	0.000	102325.879
input	2	2139.700	-176.026	0.000	1963.674
input	3	81.300	-6.688	0.000	74.612

LISTING OF PEERS:

peer   lambda weight
2   0.076

5   0.494

14   0.092

8   0.338

Results for firm: 7

Technical efficiency = 1.000

Scale efficiency = 0.974 (drs)

PROJECTION SUMMARY:

variable	original	radial value	slack movement	projected movement	value
output	1	65198.500	0.000	0.000	65198.500
output	2	37596.100	0.000	0.000	37596.100
output	3	6636.600	0.000	0.000	6636.600
input	1	110661.300	0.000	0.000	110661.300
input	2	1954.200	0.000	0.000	1954.200
input	3	85.900	0.000	0.000	85.900

LISTING OF PEERS:

peer   lambda weight

7   1.000

Results for firm: 8

Technical efficiency = 1.000

Scale efficiency = 1.000 (crs)

PROJECTION SUMMARY:

variable	original	radial value	slack movement	projected movement	value
output	1	72413.800	0.000	0.000	72413.800
output	2	37087.200	0.000	0.000	37087.200

附录 B　电信业改革效率测算结果

variable		original	radial value	slack movement	projected movement	value
output	3		8033.700	0.000	0.000	8033.700
input	1		104269.200	0.000	0.000	104269.200
input	2		1830.600	0.000	0.000	1830.600
input	3		89.600	0.000	0.000	89.600

LISTING OF PEERS：

peer　lambda weight

8　　1.000

Results for firm：9

Technical efficiency = 0.979

Scale efficiency = 1.000（crs）

PROJECTION SUMMARY：

variable		original radial value	slack movement	projected movement	value
output	1	81207.400	0.000	0.000	81207.400
output	2	36119.700	0.000	0.000	36119.700
output	3	7543.700	0.000	608.178	8151.878
input	1	97161.300	-2002.955	-735.060	94423.284
input	2	1939.700	-39.986	0.000	1899.714
input	3	95.600	-1.971	0.000	93.629

LISTING OF PEERS：

peer　lambda weight

5　　0.022

1　　0.004

10　　0.572

8　　0.402

Results for firm：10

251

Technical efficiency = 1.000
Scale efficiency = 1.000 (crs)
PROJECTION SUMMARY:

variable	original	radial value	slack movement	projected movement	value
output	1	89184.000	0.000	0.000	89184.000
output	2	35491.700	0.000	0.000	35491.700
output	3	8333.600	0.000	0.000	8333.600
input	1	87059.700	0.000	0.000	87059.700
input	2	1946.300	0.000	0.000	1946.300
input	3	98.000	0.000	0.000	98.000

LISTING OF PEERS:
peer   lambda weight
10   1.000

Results for firm: 11
Technical efficiency = 1.000
Scale efficiency = 1.000 (crs)
PROJECTION SUMMARY:

variable	original	radial value	slack movement	projected movement	value
output	1	97503.700	0.000	0.000	97503.700
output	2	36096.300	0.000	0.000	36096.300
output	3	4323.600	0.000	0.000	4323.600
input	1	82375.100	0.000	0.000	82375.100
input	2	2315.500	0.000	0.000	2315.500
input	3	110.900	0.000	0.000	110.900

附录 B 电信业改革效率测算结果

LISTING OF PEERS:

peer   lambda weight

11   1.000

Results for firm: 12

Technical efficiency = 0.960

Scale efficiency = 0.997 (irs)

PROJECTION SUMMARY:

variable	original	radial value	slack movement	projected movement	value
output	1	102069.200	0.000	0.000	102069.200
output	2	32585.100	0.000	415.853	33000.953
output	3	1057.400	0.000	3031.308	4088.708
input	1	76682.400	-3096.686	0.000	73585.714
input	2	2991.800	-120.819	-53.572	2817.409
input	3	118.900	-4.802	0.000	114.098

LISTING OF PEERS:

peer   lambda weight

10   0.172

13   0.621

18   0.207

Results for firm: 13

Technical efficiency = 1.000

Scale efficiency = 1.000 (crs)

PROJECTION SUMMARY:

variable	original	radial value	slack movement	projected movement	value

253

output	1	118815.500	0.000	0.000	118815.500
output	2	33170.500	0.000	0.000	33170.500
output	3	3227.500	0.000	0.000	3227.500
input	1	75341.800	0.000	0.000	75341.800
input	2	2485.800	0.000	0.000	2485.800
input	3	130.900	0.000	0.000	130.900

LISTING OF PEERS：

peer　lambda weight

13　1.000

Results for firm：14

Technical efficiency = 1.000

Scale efficiency = 1.000 （crs）

PROJECTION SUMMARY：

variable	original	radial value	slack movement	projected movement	value
output	1	37811.700	0.000	0.000	37811.700
output	2	34555.400	0.000	0.000	34555.400
output	3	5160.700	0.000	0.000	5160.700
input	1	64472.000	0.000	0.000	64472.000
input	2	2655.700	0.000	0.000	2655.700
input	3	95.700	0.000	0.000	95.700

LISTING OF PEERS：

peer　lambda weight

14　1.000

Results for firm：15

Technical efficiency = 1.000

附录 B 电信业改革效率测算结果

Scale efficiency = 1.000 (crs)

PROJECTION SUMMARY:

variable	original	radial value	slack movement	projected movement	value
output	1	38963.500	0.000	0.000	38963.500
output	2	32306.200	0.000	0.000	32306.200
output	3	4970.500	0.000	0.000	4970.500
input	1	69500.900	0.000	0.000	69500.900
input	2	3616.000	0.000	0.000	3616.000
input	3	63.100	0.000	0.000	63.100

LISTING OF PEERS:

peer	lambda weight
15	1.000

Results for firm: 16

Technical efficiency = 1.000

Scale efficiency = 0.975 (drs)

PROJECTION SUMMARY:

variable	original	radial value	slack movement	projected movement	value
output	1	42791.400	0.000	0.000	42791.400
output	2	35837.400	0.000	0.000	35837.400
output	3	4588.200	0.000	0.000	4588.200
input	1	68736.800	0.000	0.000	68736.800
input	2	3754.700	0.000	0.000	3754.700
input	3	95.700	0.000	0.000	95.700

LISTING OF PEERS:

peer   lambda weight

16   1.000

Results for firm: 17

Technical efficiency = 1.000

Scale efficiency = 1.000 (crs)

PROJECTION SUMMARY:

variable	original	radial value	slack movement	projected movement	value
output	1	52146.200	0.000	0.000	52146.200
output	2	33159.300	0.000	0.000	33159.300
output	3	3994.800	0.000	0.000	3994.800
input	1	56745.200	0.000	0.000	56745.200
input	2	3992.600	0.000	0.000	3992.600
input	3	95.700	0.000	0.000	95.700

LISTING OF PEERS:

peer   lambda weight

17   1.000

Results for firm: 18

Technical efficiency = 1.000

Scale efficiency = 1.000 (crs)

PROJECTION SUMMARY:

variable	original	radial value	slack movement	projected movement	value
output	1	62556.900	0.000	0.000	62556.900
output	2	30414.900	0.000	0.000	30414.900

output	3	3133.200	0.000	0.000	3133.200
input	1	57078.500	0.000	0.000	57078.500
input	2	4539.100	0.000	0.000	4539.100
input	3	77.100	0.000	0.000	77.100

LISTING OF PEERS:

peer   lambda weight

18   1.000

三 配置效率与经济效率测算结果

Results from DEAP Version 2.1

Instruction file = eg3 – ins.txt

Data file = eg3 – dta.txt

Cost efficiency DEA

Scale assumption: CRS

EFFICIENCY SUMMARY:

firm	crste	ae	ce
1	1.000	0.802	0.802
2	1.000	0.737	0.737
3	0.999	0.573	0.572
4	0.958	0.692	0.663
5	1.000	0.698	0.698
6	0.892	0.736	0.657
7	0.974	0.742	0.722
8	1.000	0.844	0.844
9	0.979	0.879	0.860
10	1.000	1.000	1.000
11	1.000	0.925	0.925
12	0.956	0.965	0.923
13	1.000	1.000	1.000
14	1.000	1.000	1.000

15	1.000	0.922	0.922
16	0.975	0.959	0.934
17	1.000	1.000	1.000
18	1.000	1.000	1.000
mean	0.985	0.860	0.848

Note: te = technical efficiency

ae = allocative efficiency = ce/te

ce = cost efficiency

SUMMARY OF COST MINIMISING INPUT QUANTITIES:

firm input:	1	2	3
1	48258.910	3395.503	81.388
2	54762.499	3853.097	92.356
3	60350.558	2973.163	90.600
4	67554.363	2441.367	93.776
5	75673.568	2487.106	100.330
6	70500.855	2810.014	100.311
7	77491.658	2893.861	104.866
8	86338.571	2207.562	102.471
9	82434.828	2448.684	100.538
10	87059.700	1946.300	98.000
11	74830.344	3267.035	123.465
12	70221.161	3155.579	115.034
13	75341.800	2485.800	130.900
14	64472.000	2655.700	95.700
15	61331.503	2490.343	89.599
16	62776.762	3906.629	102.336
17	56745.200	3992.600	95.700
18	57078.500	4539.100	77.100

参考文献

一 中文参考文献

敖永春、唐杰：《3G时代电信价格规制的思考》，《中国新通信》2007年第6期。

百度百科：《二部定价法》（https：//baike.baidu.com/item/%E4%BA%8C%E9%83%A8%E5%AE%9A%E4%BB%B7%E6%B3%95/3437394？fr=aladdin）。

百度百科：《中华人民共和国邮电部》（https：//baike.baidu.com/item/%E4%B8%AD%E5%8D%8E%E4%BA%BA%E6%B0%91%E5%85%B1%E5%92%8C%E5%9B%BD%E9%82%AE%E7%94%B5%E9%83%A8/2134228？fr=aladdin）。

百度百科：《电信普遍服务》（https：//baike.baidu.com/item/%E7%94%B5%E4%BF%A1%E6%99%AE%E9%81%8D%E6%9C%8D%E5%8A%A1/105835#reference-[1]-702693-wrap）。

北京诺达咨询有限公司：《全球三网融合发展研究报告2010》（http：//www.docin.com/p-125164468.html）。

毕功兵、梁樑、杨锋：《资源约束型两阶段生产系统的DEA效率评价模型》，《中国管理科学》2009年第2期。

白秀广、闻捷、赵雪峰：《电信运营企业经营效率与影响因子分析》，《北京邮电大学学报》（社会科学版）2007年第6期。

柏正蕙：《互联互通与中国电信行业法律规制》，硕士学位论文，复旦大学，2005年。

陈凯华、官建成：《共享投入型关联两阶段生产系统的网络DEA效率测度与分解》,《系统工程理论与实践》2011年第7期。

陈凯华、官建成、寇明婷等:《网络 DEA 模型在科技创新投资效率测度中的应用研究》,《管理评论》2013年第12期。

陈金伟、苗建军:《模块化时代的垄断效率研究》,《产业经济研究》2008年第6期。

常亚青、宋来:《中国企业相对效率和全要素生产率研究——基于37个行业5年数据的实证分析》,《数量经济技术经济研究》2006年第11期。

常硕、崔静宜:《中国电信业效率测评及影响因素分析》,《产经评论》2011年第5期。

陈伟民:《电信改革与中国电信业全要素生产率变动》,《求索》2010年第10期。

曹宁:《基于 RSCP 的中国电信业改革实证研究》,《西安邮电大学学报》2015年第5期。

程璞:《非线性定价在我国电信业务资费中的应用》,《合作经济与科技》2007年第11期。

陈山枝:《电信运营商业模式变化的探讨》,《电信科学》2004年第7期。

程子阳:《电信业务资费均衡与定价模式研究》,博士学位论文,北京邮电大学,2010年。

冯登国、徐静、兰晓:《5G 移动通信网络安全研究》,《软件学报》2018年第2期。

高潮:《"十五计划"期间中国电信普遍服务浅议》,2002年4月,人民网(http://www.people.com.cn/GB/it/50/145/20020422/714764.html)。

高锡荣:《中国电信市场的去垄断改革与技术进步》,《经济科学》2008年第6期。

顾成彦、胡汉辉:《基于 Malmquist 指数的中国电信业动态效率研究》,《软科学》2008年第4期。

胡鞍钢:《反垄断:一场深刻的社会经济变革》,《中国改革》2001

年第 7 期。

侯广吉、梁雄健：《电信资费形成机制的研究》，北京邮电大学出版社 2010 年版。

何霞：《我国电信行业规制中的上限价格理论应用》，《北京工商大学学报》（社会科学版）2009 年第 7 期。

韩晶晶：《基于 ASP 的电信商业模式发展分析》，《商场现代化》2008 年第 6 期。

韩晶晶：《中国电信业改革历程及市场结构比较》，《西安邮电学院学报》2010 年第 2 期。

韩江卫：《中国电信产业价值增进研究》，博士学位论文，西北大学，2011 年。

韩文琰、唐任伍：《基于 DEA 的我国电信行业 X 效率实证研究》，《徐州工程学院学报》（社会科学版）2010 年第 2 期。

侯云龙：《"铁塔公司"有望拉开新一轮电信改革大幕》，2014 年 7 月，经济参考网（http：//news. xinhuanet. com/fortune/2014 – 07/11/c_ 126742447. htm）。

国家计划委员会：《国家计划委员会关于联通公司资费管理和联通公众 GSM 数字移动电话业务资费标准问题的批复》，1995 年 7 月，中华人民共和国工业和信息化部（http：//www. miit. gov. cn/n1146295/n1146592/n3917132/n4062109/n4062121/n4062124/n4062125/c4140012/content. html）。

国家统计局：《中国统计年鉴》，中国统计出版社 1981 年版。

国家统计局：《改革开放 30 年报告之十三：邮电通信业在不断拓展中快速发展》，2008 年 11 月，中华人民共和国国家统计局（http：//www. stats. gov. cn/ztjc/ztfx/jnggkf30n/200811/t20081112_ 65699. html）。

国家统计局综合司：《"十五"时期邮电通信业持续快速健康发展》，2006 年 3 月，中国人民共和国国家统计局（http：//www. stats. gov. cn/ztjc/ztfx/15cj/200603/t20060320_ 56326. html）。

国家统计局综合司：《系列报告之十五：邮电通信业发展突飞猛进》，2009 年 9 月，中华人民共和国国家统计局（http：//www.

stats. gov. cn/ztjc/ztfx/qzxzgcl60zn/200909/t20090924_ 68647. html）。

工业和信息化部：《2000 年前邮电通信能力发展情况》（http：//www. miit. gov. cn/n1146312/n1146904/n1648372/c3484181/content. html）。

工业和信息化部、国家发展改革委：《关于电信业务资费实行市场调节价的通告》，2014 年 5 月，中华人民共和国国家发展和改革委员会（http：//www. ndrc. gov. cn/zcfb/zcfbtz/201405/t20140519_611988. html）。

国研网行业研究部：《2016 年 4 季度通信行业分析报告》（http：//d. drcnet. com. cn/eDRCnet. common. web/docview. aspx? chnid = 5204 &leafid = 23098&docid = 4621632&uid = 78040206&version = dReport）。

IMT－2020（5G）推进组：《5G 概念白皮书》，2015 年 2 月，中国信息通信研究院（http://www. caict. ac. cn/kxyj/qwfb/bps/201512/P020151211378943259494. pdf）。

姜昆：《中国电信价格规制模式的选择：理论及案例研究》，硕士学位论文，湖南大学，2007 年。

焦兵、周凯：《基于市场结构的电信业效率影响因素分析》，《中国管理信息化》2008 年第 10 期。

金碚：《产业组织经济学》，经济管理出版社 1999 年版。

姜付秀、余晖：《我国行政性垄断的危害——市场势力效应和收入分配效应的实证研究》，《中国工业经济》2007 年第 10 期。

贾熟村：《李鸿章与中国电讯事业》，《安徽史学》1997 年第 2 期。

姜正新：《电信资费模式研究》，《经济理论与经济管理》2005 年第 11 期。

贾志永、朱五龙、刘高峰：《基于固定效应模型的省域建筑产业竞争力的实证研究》，《统计与决策》2009 年第 24 期。

刘博：《5G 移动通信发展趋势与关键技术》，《中国新通信》2018 年第 2 期。

李伯阳：《电信行业反垄断的法律规制探析》，《科技经济导刊》2016 年第 25 期。

林春霞：《电信业改革坚冰即将打破》，《中国经济时报》2017年6月5日第4版。

李丹、米运生：《电信普遍服务理论综述》，《重庆邮电大学学报》2008年第6期。

吕昌春、康飞：《我国电信行业市场竞争、区域差异与生产效率》，《数量经济技术经济研究》2010年第2期。

刘广生、吴启亮：《基于ESCP范式的中国电信业基础运营市场分析》，《中国软科学》2011年第4期。

连海霞：《有效竞争与中国电信业规制体制改革》，《经济评论》2002年第4期。

零镜网：《厉害了华为！实现全球首个5G通话 华为已成为5G领域的领跑者》，2018年2月，搜狐（http://www.sohu.com/a/223830481_793224）。

李倩：《我国国有垄断部门社会福利损失的实证研究》，硕士学位论文，北京交通大学，2014年。

骆品良：《产业组织学》，复旦大学出版社2006年版。

梁如意：《基于交易费用视角下我国移动互联网产业链整合模式研究》，硕士学位论文，西安邮电大学，2013年。

刘新梅、董康宁：《中国电信业市场结构与X效率的实证研究》，《预测》2005年第4期。

李晓亚、崔晋川：《基于DEA方法的额外资源分配算法》，《系统工程学报》2007年第1期。

刘艳婷：《经济全球化条件下的垄断寡占市场结构及其效率、政策研究》，硕士学位论文，西南财经大学，2009年。

刘志彪：《产业的市场势力理论及其估计方法》，《当代财经》2002年第11期。

李再扬、杨少华：《中国省级电信业技术效率：区域差异及影响因素》，《中国工业经济》2010年第8期。

吕志勇、陈宏民：《定价约束、社会福利与电信普遍服务机制设计》，《上海交通大学学报》2005年第3期。

李新征：《我国电信业价格规制实证研究》，《经济论坛》2010年第12期。

吴子阳：《我国电信产业市场分析及规制趋向研究》，硕士学位论文，福建师范大学，2015年。

马凌、卢安文、何建洪：《通信企业竞争优势战略》，人民邮电出版社2007年版。

[美] Alexander L. Factor：《应用服务提供商（ASP）解决方案》，孙延明译，王知衍审校，电子工业出版社2003年版。

[美] 迈克尔·波特：《竞争战略》，陈小悦译，华夏出版社1997年版。

牟清：《中国电信业产业组织研究》，上海财经大学出版社2007年版。

牟清：《全业务竞争形势下中国电信业规制研究》，上海财经大学出版社2011年版。

人事教育司：《2017年外网公开的关键业绩指标完成情况》，2018年2月，中华人民共和国工业和信息化部。

工信部：《国家无线电管理"十二五"规划》，2011年6月，中华人民共和国工业和信息化部（http：//www. miit. gov. cn/n1146295/n1146562/n1146650/c3074197/content. html）。

工信部：《三部委关于深化电信体制改革的通告》（http：//www. miit. gov. cn/n1146290/n1146397/c4269183/content. html）。

人民网：《电信业重组即将启动》（http：//ccnews. people. com. cn/GB/87473/114982/）。

苏东水：《产业经济学》，高等教育出版社2000年版。

360百科：《中国铁塔股份有限公司》（https：//baike. so. com/doc/7488150 - 7758532. html）。

石磊、马士国：《网络外部效应对产业投资的影响：以电信业为例》，《数量经济技术经济研究》2006年第7期。

宋灵恩：《基于有效竞争的中国电信价格规制研究》，博士学位论文，华中科技大学，2007年。

孙敬水：《市场结构与市场绩效的测度方法研究》，《统计研究》2002年第5期。

孙巍、李何、何彬等：《现阶段电信业市场结构与价格竞争行为关系的实证研究》，《中国工业经济》2008年第4期。

唐守廉、张静、郑丽：《电信竞争三部曲》，《电信科学》2003年第1期。

[法] 泰勒尔：《产业组织理论》，张维迎总译校，马捷等译，中国人民大学出版社1997年版。

唐兴：《移动通信技术的历史及发展趋势》，《江西通信科技》2008年第2期。

通信司：《工业和信息化部、国务院国有资产监督管理委员会关于实施深入推进提速降费、促进实体经济发展2017专项行动的意见》，2017年5月，中华人民共和国工业和信息化部（http：//www.miit.gov.cn/n1146285/n1146352/n3054355/n3057674/n3057680/c5645542/content.html）。

谭艳梅、曹华：《从1G到3G移动通信技术》，《广西质量监督导报》2008年第8期。

王博文、韩先锋、宋文飞：《中国电信业全要素生产率空间差异及趋同分析》，《科学学与科学技术管理》2011年第6期。

汪贵浦、陈明亮：《邮电通信业市场势力测度及对行业发展影响的实证分析》，《中国工业经济》2007年第1期。

王慧炯、陈小洪：《产业组织及有效竞争》，中国经济出版社1991年版。

王俊豪：《现代产业组织理论与政策》，中国经济出版社2000年版。

王金祥：《生产前沿面构造及应用研究》，博士学位论文，天津大学，2002年。

王林林、王良元：《提升服务品质的有效途径——电信互动服务模型分析》，《通信企业管理》2003年第5期。

王琦、陈起跃：《网络外部性在电信价格管制中的研究》，《北京邮电大学学报》（社会科学版）2005年第1期。

魏权龄、闫洪：《广义最优化理论和模型》，科学出版社2003年版。

吴基传：《中国通信发展之路》，新华出版社1997年版。

王育民：《从电信价值链到产业生态系统》，《通信企业管理》2004年第3期。

吴和成：《投入产出模型若干问题的研究》，博士学位论文，河海大学，2004年。

王红梅：《电信全球竞争》，人民邮电出版社2000年版。

魏权龄、庞立永：《链式网络DEA模型》，《数学的实践与认识》2010年第1期。

吴燕萍：《基于SCP分析范式的中国移动通信产业研究》，硕士学位论文，广东外语外贸大学，2014年。

王一秋：《中国邮电：30年间脱胎换骨》，《中国报道》2008年第11期。

卫志民：《20世纪产业组织理论的演进与最新前沿》，《国外社会科学》2002年第5期。

西安昌大电子科技有限责任公司：《移动手机支付平台技术建议书》，2006年。

许书国：《基于R-SCP理论框架下的我国移动通信产业市场分析》，硕士学位论文，北京邮电大学，2009年。

杨公仆、夏大慰、龚仰军：《产业经济学教程》，上海财经大学出版社2008年版。

杨宏伟：《中国电信业的产业组织与变迁》，博士学位论文，复旦大学，2005年。

苑春荟：《规制治理：中国电信产业改革实证研究》，人民邮电出版社2009年版。

苑春荟、张迅：《中国电信业拆分重组的市场绩效评估》，《北京邮电大学学报》（社会科学版）2008年第10期。

杨锋、翟笃俊、梁樑等：《两阶段链形系统生产可能集与DEA评价模型》，《系统工程学报》2010年第3期。

严高剑、马添翼：《关于DEA方法》，《科学管理研究》2005年第

2期。

原磊：《商业模式体系重构》，《中国工业经济》2007年第231期。

运行监测协调局：《2016年通信运营业统计公报》，2017年1月，中华人民共和国工业和信息化部（http：//www.miit.gov.cn/n1146312/n1146904/n1648372/c5498087/content.html）。

运行监测协调局：《2017年通信业统计公报》，2018年2月，中华人民共和国工业和信息化部（http：//www.miit.gov.cn/n1146312/n1146904/n1648372/c6048643/content.html）。

尹栾玉：《社会性规制的经济学分析》，博士学位论文，吉林大学，2005年。

业务资源处：《电信业务分类目录》，2015年12月，中华人民共和国工业和信息化部（http：//www.miit.gov.cn/n1146285/n1146352/n3054355/n3057709/n3057714/c4564270/content.html）。

业务资源处：《工业和信息化部关于发布〈电信业务分类目录（2015年版）〉的通告》，2015年12月，中华人民共和国工业和信息化部（http：//www.miit.gov.cn/n1146285/n1146352/n3054355/n3057709/n3057714/c4564270/content.html）。

业务资源处：《工业和信息化部相关负责人解读〈电信业务分类目录（2015年版）〉》，2015年12月，中华人民共和国工业和信息化部（http：//www.miit.gov.cn/n1146285/n1146352/n3054355/n3057709/n3057716/c4564319/content.html）。

政策法规司：《公用电信网间互联管理规定》，2014年9月，中华人民共和国工业和信息化部（http：//www.miit.gov.cn/n1146295/n1146557/n1146624/c3554802/content.html）。

政策法规司：《中华人民共和国电信条例》，2016年6月，中华人民共和国工业和信息化部（http：//www.miit.gov.cn/newweb/n1146295/n1146557/n1146619/c4860613/content.html）。

植草益：《微观规制经济学》，中国发展出版社1992年版。

政策法规司：《中华人民共和国电信条例》，2016年2月，中华人民共和国工业和信息化部（http：//www.miit.gov.cn/newweb/

n1146295/n1146557/n1146619/c4860613/content. html)。

［美］张伯仑：《垄断竞争理论》，郭家麟译，生活·读书·新知三联书店1958年版。

张超、张权、张鸿：《中国电信业改革历程及效率评价》，《统计与信息论坛》2010年第7期。

张东辉、初佳颖：《中国电信产业的规制效率分析》，《财经问题研究》2008年第4期。

张立贵：《中国电信辉煌的五十年》，《当代通信》1999年第18期。

中华人民共和国国家统计局：《国际统计年鉴2016》，中国统计出版社2017年版。

中国互联网络信息中心：《中国互联网络发展状况统计报告》，2018年1月，中国网信网（http：//www. cac. gov. cn/2018 - 01/31/c_1122347026. htm）。

中国信息通信研究院：《国内增值电信业务许可情况分析报告（2017. 12）》（http：//www. caict. ac. cn/kxyj/qwfb/qwsj/201801/P02018 0110333810343122. pdf）。

中国信息通信研究院：《5G经济社会影响白皮书》，2017年6月，工业和信息化部电信研究院（http：//www. caict. ac. cn/kxyj/qwfb/bps/201706/P020170711295172767080. pdf）。

中国移动：《流量可选包（2017年版）》（http：//shop. 10086. cn/goods/100_ 100_ 1053379_ 1042284. html）。

中国移动：《套餐名称：飞享套餐》（http：//www. 10086. cn/fee/detail/sh/fee_ rate_ detail_ 10996. html）。

周光斌、蔡翔：《电信政策与管制》，北京邮电大学出版社2001年版。

周鸿铎：《网络经济》，经济管理出版社2003年版。

张鸿、张利、杨润等：《产业价值链整合视角下电信商业运营模式创新》，科学出版社2010年版。

朱金周：《电信竞争力——理论与实践》，北京邮电大学出版社2006年版。

赵琳：《基于SCP理论的我国电信运营业改革绩效研究》，硕士学位论文，西安理工大学，2007年。

赵萌：《中国制造业生产效率评价：基于关联决策单元的动态DEA方法》，《系统工程理论与实践》2012年第6期。

张强：《我国电信产业规制改革研究》，硕士学位论文，东北财经大学，2015年。

张权：《基于ASP的电信商业模式研究》，硕士学位论文，西安邮电学院，2008年。

张权：《基于产业价值链的移动支付商业模式》，《西安邮电学院学报》2010年第2期。

张权、韩江卫、张彦涛：《开放式电信产业价值链价值创造及构建研究——基于iPhone视角》，《商业研究》2014年第2期。

张权、王红亮：《中国电信业去垄断化改革前后经济效率比较》，《西安邮电大学学报》2013年第4期。

张权、韦久丽、陆伟刚：《中国电信业市场结构演变与效率变动研究》，《西安邮电大学学报》2014年第3期。

张权、张超、杨洵：《SaaS商业模式构建及创新策略研究》，《图书与情报》2012年第1期。

詹若涛：《电信网与电信技术》，人民邮电出版社1999年版。

张韬：《知情人士透漏：联通已获iPhone三年独家销售权》，2009年7月，上海证券报（http：//www.alibuybuy.com/posts/8559.html）。

钟庭军、刘长全：《论规制、经济性规制和社会性规制的逻辑关系与范围》，《经济评论》2006年第2期。

周伟：《电信普遍服务的历史演进》，《求实》2006年第S3期。

章祥荪、贵斌威：《中国全要素生产率分析：Malmquist指数法评述与应用》，《数量经济技术经济研究》2008年第6期。

张欣、曲创：《纵向分离、进入壁垒与电信行业改革》，《经济与管理研究》2017年第1期。

中央政府门户网站：《两部门有关负责人解读调整部分电信资费管理方式》，2009年11月，人民日报（http：//www.gov.cn/jrzg/2009-11/25/content_1472405.htm）。

郑珍远、施生旭：《基于 AHP 的福建省电信行业竞争力分析》，《福建师范大学学报》（哲学社会科学版）2011 年第 1 期。

二　英文参考文献

A. Charnes, W. W. Cooper, E. Rhodes, "Measuring the Efficiency of Decision Making Units", *European Journal of Operational Research*, Vol. 2, No. 6, June 1978.

Chiang Kao, Shiuh – Nan Hwang, "Decomposition of Technical and Scale Efficiencies in Two – Stage Production Systems", *European Journal of Operational Research*, Vol. 211, No. 3, May 2011.

Donald Lien, Yan Peng, "Competition and Production Efficiency Telecommunications in OECD Countries", *Information Economics and Policy*, Vol. 13, No. 1, January 2001.

Feng Li, Jason Whalley, "Deconstruction of the Teleconmmunications Industry: From Value Chains to Value Network", *Telecommunications Policy*, Vol. 26, No. 9 – 10, September 2002.

Fransman, Martin, "Analysing the Evolution of Industry: The Relevance of the Telecommunications Industry", *Economics of Innovation & New Technology*, Vol. 10, No. 2 – 3, March 2001.

Harold Demsetz, "Industry, Structure Market Rivalry and Public Policy", *Journal of law and Economics*, Vol. 16, No. 1, January 1973.

Joe Staten Bain, *Industrial Organization*, New York: Harvard University Press, 1959.

Joe Zhu, *Modeling Data Irregularities and Structural Complexities in Data Envelopment Analysis*, New York: Spinger Sicence, 2007.

Kenneth W. Clarkson, Leroy Roger Miller, *Industrial Organization: Theory, Evidence, and Public Policy*, New York: McGraw – Hill, 1982.

Lawrence M. Seiford, Joe Zhu, "Infeasibility of Super – Efficiency Data Envelopment Analysis Models", *Information Systems & Operational Research*, Vol. 37, No. 2, February 1999.

参考文献

Liang Liang, Wade D. Cook, Joe Zhu, " DEA Models for Two: Tage Processes: Game Approach and Efficiency Decomposition", *Naval Research Logistics*, Vol. 55, No. 7, July 2010.

Rolf Färe, Shawna Grosskopf, *Intertemporal Production Frontiers: With Dynamic DEA*, Boston: Kluwer Academic Publishers, 1996.

Rolf Färe, Shawna Grosskopf, C. A. Knox Lovell, *Production Frontiers*, London: Cambridge University, 1994.

Shiuh – Nan Hwang, Tong – Liang Kao, " Using Two – Stage DEA to Measure Managerial Efficiency Change of Non – Life Insurance Companies in Taiwan", *International Journal of Management and Decision Making*, Vol. 9, No. 4, April 2008.

Stephen Martin, *Industrial Economics: Economic Analysis and Public Policy*, London: Macmillan, 1993.

Tim Coelli, "A Guide to DEAP Version 2.1: A Data Envelopment Analysis (computer) Program" (http://www.une.edu.au/econometrics/cepa.htm).

Toshiyuki Sueyoshi, "Privatization of Nippon Telegraph and Telephone: Was It a Good Policy Decision? ", *European Journal of Operational Research*, Vol. 107, No. 1, January 1998.

Yao Chen, Joe Zhu, "Measuring Information Technology's Indirect Impact on Firm Performance", *Information Technology and Management*, Vol. 5, No. 1 – 2, January 2004.

Yao Chen, Liang Liang, Feng Yang, "A DEA Game Model Approach to Supply Chain Efficiency", *Annals of Operations Research*, Vol. 145, No. 1, January 2006.